찰나의 기억,
냄새

찰나의 기억, 냄새
문학으로 본 후각의 문화사

아시아의 미 26

초판 1쇄 발행 2025년 10월 20일

지은이　　김성연
펴낸이　　이영선
책임편집　김종훈

편집　　이일규 김선정 김문정 김종훈 이민재 이현정 조유진
디자인　김회량 위수연
독자본부　김일신 손미경 정혜영 김연수 김민수 박정래 김인환

펴낸곳 서해문집 | 출판등록 1989년 3월 16일(제406-2005-000047호)
주소 경기도 파주시 광인사길 217(파주출판도시)
전화 (031)955-7470 | 팩스 (031)955-7469
홈페이지 www.booksea.co.kr | 이메일 shmj21@hanmail.net

ⓒ 김성연, 2025
ISBN 979-11-94413-65-3 04910
ISBN 978-89-7483-667-2 (세트)

《아시아의 미Asian beauty》는 아모레퍼시픽재단의 지원으로 출간합니다.

아시아의 미 26
Asian beauty

찰나의 기억, 냄새

문학으로 본
후각의
문화사

김성연
지음

서해문집

차례

008　prologue

I   문명의 접촉 지대: 타자만이 냄새를 맡는다

- 024　헬렌 켈러의 선물, 조선의 후경(嗅景, smellscape)
- 041　조선의 봄 내음, 제비꽃
- 050　악취: 공존과 불안의 감각
- 063　"냄새 문제는 전적으로 교육에 달려 있다!"
- 074　종교와 위생의 냄새: 유향과 몰약에서 물과 비누로

2   향수, 근대적 취향의 형성

- 088　근대의 척도, 개성의 지표
- 109　불란서 향수의 권좌
- 122　신체의 확장, 손수건과 손 편지에 뿌려진 향수
- 129　타락과 방종의 징표, '자유부인'의 베드퍼퓸

3 작가의 코

- **145** 이효석, 향기 수집가
- **173** 고향 내음새를 채집한 시인, 백석
- **191** 모던보이 이상의 얄궂은 코
- **203** 근엄한 도덕군자의 탈취와 자취증이라는 부작용
- **213** K박사는 과연 '똥내'를 제거할 수 있는가?
- **224** 식민지 조선을 횡단하는 염상섭의 코

4 도시의 냄새

- **251** 서울 냄새, 고향 냄새, 선을 넘는 냄새들
- **273** 1960년, 첫사랑의 비누 냄새
- **284** 어머니, 냄새로 남다

5 미래의 냄새: SF가 예견한 감각의 변화

- **305** "오도로포닉스(odorophonics)"의 시대가 임박했다
- **323** 그대, 다른 감각의 존재를 만날 준비가 되었는가
- **332** '냄새'가 사라진다면?

342 epilogue

- **347** 감사의 말
- **352** 주
- **376** 참고문헌

〈일러두기〉

- 이 책의 전체 아이디어는 〈취향과 감각의 근대성: 후각의 의미, 콩디야크 조각상에게 묻다〉(《문화과학》, 99, 2019)에 담겨 있다.
- 1장 1절 '헬렌 켈러의 선물, 조선의 후경'은 〈근대의 기적 서사 〈헬렌 켈러 자서전〉의 식민지 조선 수용〉(《사이》 13, 2012)을 바탕으로 다시 썼다.
- 1장 2절 '조선의 봄 내음, 제비꽃'은 〈근대 초기 선교사 기록에 담긴 후각 감각을 통해 본 문화번역의 가능성〉(《인문과학》 124, 2022)을 바탕으로 다시 썼다.
- 3장 6절 '식민지 조선을 횡단하는 염상섭의 코'는 〈식민지 조선 지식인의 자기 신경 절연과 감각의 회복: 식민지 소설에서 후각 주체의 부상이 갖는 의미〉(《구보학보》 23, 2019)를 바탕으로 다시 썼다.
- 5장 1절 '오도로포닉스의 시대가 임박했다'는 〈미래의 냄새, SF가 선도하는 감각의 변화〉(《마니에르 드 부아르》 12, 2023)를 바탕으로 다시 썼다.

prologue

어머니를 잃은 사람이 있었다. 그이는 그해 겨울 주말마다 동이 트길 기다렸다. 아침이면 도심을 빠져나가 어머니가 생전에 즐겨 머물던 산속 오두막으로 올라갔다. 폐허가 된 정원과 집에서 햇살 아래 가만히 앉아 빈집 냄새, 흙냄새, 켜켜이 쌓여 축축해진 낙엽 냄새를 맡았다. 아무 소리도 들리지 않고 볼만한 풍경도 남지 않은 그곳에서, 차가운 공기를 깊게 들이켜고 익숙한 듯 낯선 냄새를 차례로 맡고 나면 마음이 편안해졌다. 그러면 다시 잠시 일상으로 돌아갈 수 있었다. 그해 겨울, 그이는 그렇게 애도의 시간을 견뎠다고 한다.

  냄새가 어떻게 위로가 될 수 있을까? 기억과 망각 사이에 있는 애도의 시간에 냄새는 어떤 역할을 할까? 아직 그 답은 모르지만 분명한 것은 냄새는 홀로 존재하지 않는다는 사실이다. 기다림의 시간, 산속 오두막으로 가는 길목, 고요함, 그 모든 것이

깊은 호흡을 둘러싸고 있다. 그때 감지되는 냄새는 '어머니가 생전에 즐겨 머물던 산속 오두막'이라는 기억의 맥락에서만 의미가 있다. 그리고 이는 발터 베냐민(Walter Benjamin)이 산딸기 오믈렛 일화에서 아우라(aura)라고 명했던 것, 대체 불가능한 총체적 경험으로서 미감이다.[1] 일화 속 왕은 젊은 시절에 쫓기다가 숲속 오두막에서 뜻하지 않게 산딸기 오믈렛을 대접받는다. 그 맛을 그리워한 왕이 요리사에게 오믈렛을 만들어 내라고 지시하지만, 맛을 둘러싼 그때 상황과 경험의 기억은 결국 재현해 낼 수 없었다. 냄새는 몸과 집과 사물에 배어, 혹은 그로부터 발향되어 당신과 나 사이를 메운다. 늘 어떠한 인과관계에 따라 생겨나는 냄새에는 그것을 맡는 장소와 사람과 행위와 감정이 깃들어 있다. 그렇게 냄새는 이야기가 된다.

그래서 냄새에 관한 기억은 마음을 동반한다. 설렘, 황홀, 소중함, 그리움, 당황, 고통, 공포, 무어라 설명할 수 없는 간질간질한 것. 이러한 냄새에 관한 경험은 좀처럼 수치화되거나 공식으로 환원되지 못한다. 공기 중으로 퍼지는 냄새와 조우하는 일은 순간의 경험이며, 아직은 사진도 영상도 그것을 담아낼 수 없다. 그 현장과 기억의 영역에서는 후각 경험을 구성하는 여러 요소가 한데 어우러져 존재한다. 그런데 냄새가 관찰과 실험과 분석의 대상이 될 때, 그것은 엄밀하게 분절되어 '질'과 '세기'와 '쾌락성'이라는 각각의 항목으로 측정될 수밖에 없다.² 그래서 아직 후각 경험의 의미에 관한 온전한 기록은 가장 아날로그적인 방법에 의존한다. 오직 언어로만 전달된다는 뜻이다.

인류 문명에서 가장 오래된 기록 매체인 '문자'만이 찰나의 감각과 그것이 불러일으킨 맥락을 기록해 왔다. 그런데 사실 대부분의 언어권에서는 달다, 쓰다, 맵다, 짜다, 시다 등 기본 미각어와 같은 기본 후각어조차 정리되어 있지 않다. 한국어도 마찬가지로, 오롯이 후각 의미를 지시하는 기본 후각어로 '구리다, 누리다, 비리다, 구수하다, 고소하다'가 언급되는 정도였다.³ 이들 역시 특정 냄새를 뜻하는 기본 의미 말고도 마음의 상태나 가치 판단을 가리키는 확장된 의미로도 활용된다.

그래서 우리는 후각 경험을 이야기할 때 단도직입적으로 냄새의 진원지가 되는 사물을 지시하거나, 다른 감각 어휘를 빌려오거나, 여러 비유를 동원하여 설명하기도 한다. 후각 언어는 언어학자 소쉬르(Ferdinand de Saussure)가 언어의 본질을 설명하며 구조화한 '대상-개념-기표' 관계를 기준으로 보면, '냄새 대상-냄새 특성-냄새 이름'이 흥미로운 방식으로 연결되어 있다. 후각 언어는 그 지시 대상을 특정한 의미나 이미지와 결부하는 개념화 과정을 만들어 낸다.⁴ 향미가 그득한 와인이나 커피를 설명할 때조차 정작 향 그 자체를 지시하는 명료한 단어를 찾지 못하여, 혹은 한 단어로는 담아낼 수 없는 풍부함을 전달하기 위하여, 다양한 관형사·명사·형용사를 동원해 기나긴 구문을 생성해 내는 것을 보면 알 수 있다. 와인의 맛과 향을 매혹적으로 전달하기 위해 소믈리에는 자연과 사람의 이야기를 동원한다. 미각과 긴밀히 연관된 후각 경험을 재현할 때는 늘 서사에 의존해 왔다.

이야기만이 냄새가 놓인 맥락을 설명해 줄 수 있다는 깨달음은 문학 전공자를 신나게 만들었다. '글'은 '인간에게 후각이 무엇인지'를 보여 주는 유일한 아카이브다. 신경과학 분야조차 "감각에 대한 지각을 기술하는 언어 문제가 해결되기 전에는 후각의 문제를 해결할 수 없다"[5]라고 고백한다. 이는 동일한 감각에 관한 경험의 질적 차이, 즉 감각질(感覺質, qualia)의 차이이며 냄새에는 문맥성이 있음을 뜻한다.

지난 7년간 틈틈이 사라진 냄새, 낯선 냄새, 익숙해진 냄새의 기원과 흔적을 찾았다. 이를 통해 근대화 과정에서 시간, 공간, 존재 사이를 연결하거나 단절하며 시각성을 보완 혹은 전복하는 역할을 해 온 후각의 의미를 이야기하고자 했다. 근대 문학과 언론 매체는 관련한 여러 대목을 발견할 수 있는 보고(寶庫)였다. 근대화라는 변화의 냄새를 감지하는 흥미로운 장면들은 작가의 소설·시·수필에서도, 이방인의 기록에서도, 근대 독자의 공통 감각을 주조해 가던 일간지의 기사와 광고에서도 찾아볼 수 있었다. 변화의 도입부였던 19세기 후반부터 20세기 전반의 기록을 주로 보되, 해방 후 도시화가 가속화된 시기와 감수성의 변화가 급격히 일어난 최근의 SF 장르도 일부 다루었다. 냄새는 실제 경험이나 수사적 의미로 등장하기도 했지만, 좀처럼 분리되지 않는 경우가 많았고, 그것이 냄새의 본질이기도 하여 이들을 아울러 살펴보았다. 냄새와 이야기는 현재를 '과거와 미래' 사이로, 우리를 '존재와 부재' 사이로 연결한다는 공통점이 있었다. 과거의 기억과 미래의 상상력을 매개하는 '이야기'는 존재의 흔적인 냄새와 그렇게 친연성이 있다.

반갑게도 2020년을 전후하여 후각 문화에 관한 관심이 높아졌고, 관련 저작과 번역서들이 출간되었다. 덕분에 다양한 분야의 저자들을 만날 수 있었는데, 각자의 목적과 관점에서 '냄새란 무엇인지' 골몰하는 동행자들 덕분에 즐거웠다. 이들이 다 만나는 자리가 펼쳐지면 얼마나 신날지 생각해 본다.

그리고 이러한 변화는 애초에 감각과 몸에 관한 새로운 관점으로부터 시작될 수 있었다. 감각 자체 혹은 시각 이외의 감각을 터부시한 근대 이성 중심의 사상적 계보 속에서 독일 철학자 게오르크 지멜(Georg Simmel)은 감각의 사회적 역할에 주목했다.[6] 발터 베냐민은 도시 산책자의 새로운 감각 경험을 통해 도시화와 기술 진보가 가져온 미적·정치적 감각의 변화를 간파했다.[7]

'나'는 감각을 매개로 세계를 인식한다. 비록 감각에 한계가 있어 대상의 본질에 도달하지 못한다고 해도, 여전히 인간은 자신의 신체와 정신을 연결하는 감각을 통해 타인과 세계를 인지하고 이해할 수밖에 없다. 그중에서도 후각은 오랫동안 본질적이지 않은 감각 영역, 일시적이고 피상적이며 동물적 영역으로 인식되었다.

1980년대 후반부터 본격적으로 '냄새'에 관해 이야기해 볼 만한 시대가 되었다. 한 프랑스 사회학자는 플라톤과 칸트로 이어진 서구 철학의 계보 속에서 감각 특히 후각이 외면받아 온 역사를 비판적으로 검토했다.[8] 그리고 18세기 중반부터 19세기 후반까지 도시화, 산업화, 과학화가 진행되던 도시 파리에서 냄새의 계급성과 정치성을 포착하는 것으로 후각 문화사의 포문을 본격적으로 열었다. 미국의 사회학자는 종교 의례와 자본주의의 역사 속에서 냄새가 지닌 정치적 의미를 문화인류학적으로 분석했다.[9] 영국의 문학 비평가는 인도와 영국, 스페인을 거쳐 간 작가 조지 오웰(George Orwell)의 생애와 작품에 숨겨진 냄새를 복기하는 방식으로 그의 글이 지닌 정치성과 전복성을 재독했다.[10] 독일의 심리학자는 냄새가 어떻게 인간의 행동을 지배하는지 생물심리학적으로 밝혔다.[11] 미국의 인지과학자는 화학, 생물학, 뇌과학을 동원하여 후각 감각 기관과 그에 따른 뇌 작용을 명쾌하게 설명했다.[12] 한국의 한 건축학자는 사진으로도 담아내기 어려운 도시의 분위기와 사람들의 모습을 후각 경험을 통해 경험할 수 있도록 안내했다.[13] 한국 근현대 시 연구자는 시 문학사에서 악취 중심의 후각 이미지를 모아 그 메타포에서 실존적 고뇌와 정치적 저항 의식을 독해했다.[14] 일본의 근대 문학 연구자는 일본의 근대 예술을 통해 '공(公)'과 '사(私)' 사이에서 부각되는 '감각'의 문제를 다루며 냄새의 무의식을 분석했다.[15] 조향사가 향수의 원료에 집중하며 기록한 기행문이나 일기, 사전도 흥미로운 텍스트들이었다.[16] 그 밖에도 지면상 언급하지 못한 후각 관련 저서들이 도처에서 출간되고 있다.

후각 수용체 유전자에 관한 린다 벅(Linda B. Buck)과 리처드 액설(Richard Axel)의 연구는 2004년 노벨 생리의학상을 받았다. 인간이 어떻게 냄새를 감각하고 인식하게 되는지 그 생리적 작동 원리는 최근에 와서야 일부 규명되었고, 여전히 밝혀야 할 대목이 많다. 인공 코, 냄새 전송 기술도 개발되고 있다. 하지만 감각과 경험의 표준화 문제, 즉 그것을 수치화하거나 코드화하는 데는 여전히 어려움이 많다고 한다. 다른 어떤 감각보다도 정서, 기억과 가장 긴밀히 연결된 감각이라는 점에서 객관적이고 과학적 분석 대상이자 도구가 되기 어려운 지점이 있다는 뜻이다. 숫자와 단어로 온전히 환원될 수 없는 행간들은 사람과 사회와 자연이 역동적으로 교호해 온 문화의 맥락 속에서만 파악될 것이다.

그동안 냄새와 기억, 후각에 관한 탐닉을 이야기할 때는 마르셀 프루스트(Marcel Proust)의 《잃어버린 시간을 찾아서(À la recherche du temps perdu)》(1913~1927)와 파트리크 쥐스킨트(Patrick Süskind)의 〈향수(Das Parfum)〉(1985)가 즐겨 언급되었다. 홍차에 적신 마들렌의 맛과 향이 떠오르게 한 유년 시절의 기억, 그리고 그루누이의 가학적이고 미학적인 조향의 여정은 가장 널리 알려진 후각의 문학이었다. 이제 한국 근현대 문학과 기록에 숨어 있던 후각의 흔적을 통해 지금-여기-우리의 후각 경험이 어떻게 시작되고 변화되었는지 추적해 본다. 서구화, 도시화, 과학화, 산업화, 개인화로 진행되는 근대화 시기에 인간 존재와 관계는 변화를 겪었다. 이러한 변화 속에서 경험한 감각은 지금은 부재하거나 혹은 익숙해진 무엇이다. 그 감각들은 한국이라는 장소성과 역사성이 지닌 고유성을 일부 담고 있기도 하지만, 사실상 서구형 근대와 다를 바 없는 보편적 경험을 드러내기도 한다.

그리고 여기서 세계를 인식하는 주체로서 근대적 개인이라는 존재가 부상한다. 미국의 민주주의적 감수성을 연 시인으로 평가받는 월트 휘트먼(Walt Whitman, 1819~1892)은 19세기 중반 〈나 자신의 노래(Song of Myself)〉에서 인간의 육체성을 신성화하는 시도를 통해 인간 존재의 위대함을 표현했다. 그 도발적 문구 중

하나가 바로 "내가 만지는 것, 나를 만지는 것 그 무엇이든 나를 성화"하며, 인간 "겨드랑이의 냄새는 기도보다 더 아름다운 향기"라는 것이었다. 이는 육체의 한계에 갇힌 존재인 인간이 감각의 주체에서 인식의 주체로 당당히 나아가고자 하는 도발적이고 상징적인 선언이었다.

오늘날 닿을 수 있는 세계는 무한히 확장되었는데, 정작 개인은 더 개인화·파편화되고 있다는 우려의 목소리가 높다. 친절한 알고리즘이 유사한 취향의 짧은 시각 정보를 제공해 주니, 예상치 않은 세계를 만날 기회와 공감할 수 있는 세계의 폭은 더 좁아지고 있다. 여기에 더해 비대면과 비접촉으로 대표되는 코로나19 시대를 거치며 타인의 호흡은 감염의 공포를 불러일으키는 대상으로 전락했고, 함께 호흡한다는 의미는 퇴색했다. 최근에는 인공지능에 '몸'이 주어지면 어떤 변화가 일어날지를 두고 여러 가설과 실험이 이루어지고 있다. 인공지능의 '몸'이 어떻게 신체적 감각을 경험하고 정보를 처리하게 할지에 관한 기술적 연구에서부터, '감각'하게 되는 '지능'에는 과연 '감정'과 '자아'와 '의지'가 생길지에 관한 질문과 기대, 우려의 목소리도 있다. 이러한 전환의 시대에 인간의 감각 경험이 지닌 의미에 관한 숙고는 더욱 절실하다.

우리는 자신과 타인으로부터 공기 중에 나온 보이지 않는 것들과 교감한다. 문학을 통해 타인의 호흡을 차분히 들이켜 보는 시도는 진정 그가 되어 보는 첫 관문일 것이다. 어떤 냄새는 눈으로 보이지 않는 사물의 이면을, 현상과는 다른 사태의 본질을 드러내어 주기도 한다. 여기에는 시각에 치우쳤던 근대의 중심을 후각으로 이동하려는 의도가 있는 것은 아니다. 오감의 균형과 조화를 통해 공감각(synesthesia)을 일깨우고 공감(empathy)을 발현하며 공통 감각(common sense)에 도달하려는 장구한 노정에 동참하기 위한 과정이다.[17] 냄새 맡기는 그 자체로도 즐겁고 흥미로운 경험인데, 냄새의 기록을 읽는 일은 이렇게 진지하기까지 하다.

이민진 소설이 원작인 드라마 〈파친코〉(2022)의 주인공 '선자'는 사라진 냄새 때문에 타지에서 처음으로 울음을 터뜨린다. 일제 강점기, 고향과 고국에서 쫓기듯 떠나며 가슴에 품었던 보자기에는 어머니가 싸 준 마른오징어가 담겨 있었다. 씩씩한 선자는 그 고릿한 냄새를 맡으며 어머니와 고향을 향한 향수를 달래며 버티고 있었는데, 어느 날 보자기가 깨끗이 빨려 냄새가 흔적도 없이 사라져 버렸다. 선자는 코를 묻고 눈을 감으면 고향 마을 어머니에게 도달할 수 있던 텔레포트 도구를 잃어버린 셈이다.

'냄새가 어떻게 위로가 될 수 있을까?'

처음 던졌던 질문에 아직 정답은 없다. 다만 근대 작가들은 세계의 변화 속에서 애도와 사랑과 욕망과 절망과 공포와 갈등, 혹은 각성의 순간에 함께했던 냄새의 의미를 펼쳐줄 것이다. 냄새의 배경에는 일상과 과학과 종교와 예술과 정치가 가로놓여 있다. 그 공감의 기쁨과 발견의 즐거움을 독자들과도 나눌 수 있으면 좋겠다. 이제 호흡을 가다듬고 그들의 코를 따라가 본다. 제비꽃 향, 코티분 내, 똥내, 시궁창 내, 비누 냄새, 오존 냄새, 가솔린 냄새, 무이징게국 내음새, 풋송이 내음새, 그리고 냄새 없는 행성이라는 정거장이 기다리고 있다. 문학의 후경(嗅景, smellscape)으로 초대한다.

I

헬렌 켈러의 선물, 조선의 후경(嗅景, smellscape)

조선의 봄 내음, 제비꽃

악취: 공존과 불안의 감각

"냄새 문제는 전적으로 교육에 달려 있다!"

종교와 위생의 냄새: 유향과 몰약에서 물과 비누로

문명의
접촉 지대:

타자만이
  냄새를
맡는다

타자만이 이곳, 우리의 냄새를 온전히 맡을 수 있다. 타자만이 그 낯선 경험을 다른 비교 지표들과 함께 다소 과장된 감상을 곁들여 기록할 수 있다. 다른 인종과 문명이 만나는 접촉 지대에서 촉발되는 후각적 자극은 서로를 감지하는 주체 모두에게 새로운 후각적 정체성을 형성하게 한다. 이는 주체가 타인과 타지를 온전히 받아들이고 공존할 수 있을지 고심하게 되는 관계 맺음의 첫 번째 관문이자, 보이지 않고 인지하지 못했던 자기 정체성을 깨닫게 되는 여정의 시작이다. 이 장에서는 지금으로부터 100여 년 전 이 땅에 도착해 호흡했던 외부인들의 문자 기록을 살펴본다. 이들은 타인의 일상 공간에서 함께 어우러져 살아가야만 했거나 다른 감각이 차단된 자이기도 했다. 100년 전 이 땅의 초목과 거리와 집과 사람이 보여 주는 후경을 만나 본다.

헬렌 켈러의 선물,
조선의 후경
(嗅景, smellscape)

영화 〈여인의 향기(Scent of a Woman)〉(1992)는 시각 장애로 퇴역한 장교 프랭크와 청년 찰리가 직면한 생의 위기를 그린 작품이다. 프랭크는 눈이 먼 인생에 절망하며 자살하기 위한 여행을 떠난다. 그리고 그와 동행하게 된 찰리는 반대로 자신의 눈으로 목격한 사건 때문에 문제 상황에 휘말리게 된다. 이 영화에서 널리 알려진 장면은 눈먼 퇴역 장교를 연기한 배우 알 파치노가 아름다운 젊은 여성 도나와 탱고 춤을 추는 장면이다. '냄새를 통해 여자의 모든 걸 알 수 있다'는 프랭크는 도나가 사용한 비누 향이 무엇인지 섬세하게 맞혀 그녀의 눈빛을 흔들리게 한다. 그는 탱고 리듬과 움직임의 문법에도 능숙하다. 앞이 보이지 않는 나이 든 프랭크가 소리와 냄새와 촉각으로 시력이 온전한 젊은 여성 도나를 리드하고 무대를 채우는 모습은 인상적이다. 격동적이지만 절제된 탱고 음악에 맞춘 춤과 함께, '여인의 향기'라는

영화 〈여인의 향기〉(1992) 속 한 장면

영화의 제목도 강렬한 인상을 남기는 데 한몫했다.

다른 감각이 차단된 상태에서는 살아 있는 감각이 발달한다. 헬렌 켈러(Helen Keller, 1880~1968)는 보고 듣고 말하지 못하는 이들을 대표하는 상징적 인물이다. 그녀는 1937년 중일전쟁의 전운이 감도는 가운데 식민지 조선 땅을 밟았다. 그녀에게 남아 있는 감각은 후각, 촉각, 미각이었다. 그녀는 바로 이 후각을 통해, 일본을 거쳐 바다를 건너 조선 땅에 도착했음을 감각할 수 있었다. 후각은 그녀가 자신의 좌표를 파악할 수 있게 해 주는 유일한 감각이었다.

시각 중심의 세계에서는 원근법에 근거한 풍경(landscape)으로 공간과 대상을 파악한다. 오랜 세월 '지도'는 공간의 좌표에서 무엇을 볼 수 있는지를 재현하는 방식으로 제작되어 왔다. 그런데 시공간을 구성하는 다른 감각들에 주목한다면 소리 지도(soundscape)와 냄새 지도(smellscape)도 가능할 것이다. 도시나 병원의 냄새와 같이 특정한 공간의 냄새 분포와 흐름을 시각화하는 시도들도 있었다.[1] 소리와 냄새는 물리적으로 고정된 실체가 아니므로 시간의 흐름, 사람의 이동, 공간의 쓰임에 따라 유동적으로 변화한다. 그래서 정보가 박제되는 인쇄 문명의 시대에는 그것을 재현할 길이 묘연하지만, 실시간으로 변화하는 정보를 생성하고 소비하는 디지털 시대에는 새롭게 주목될 수 있다. 기술과 미디어와 감각의 변화는 함께하기 때문이다.

20세기 초 가장 원초적인, 그러나 가장 미지의 미디어인 인간의 신체가 지닌 감각의 편향성 혹은 다원성에 주목하게 해 준 인물이 바로 헬렌 켈러였다. 그녀가 우리에게 보여 준 후경의 세계로 들어가 보자. 우선 헬렌 켈러는 어떻게 조선에 방문하게 되었을까? 1937년 4월, 헬렌 켈러는 뉴욕항을 떠나 일본으로 향했다. 당시 미국 루스벨트 대통령은 그녀의 일본 방문이 지닌 '미일 친선'의 상징적 의미를 강조했다. 그리고 이에 제국 일본은 헬

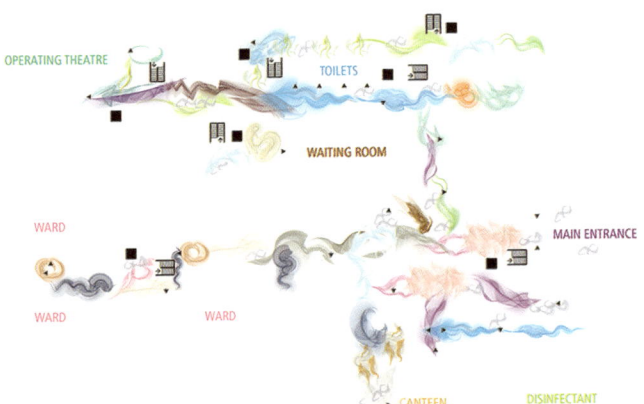

KEY TO SMELL COLOURS

PEOPLE
- Nail varnish remover
- Slightly sweet and difficult to identify; floral, leftover smell of passer-by's perfume
- Old people
- Many bodies in a space, odours from all orifices and on clothing, sheets, seats…

FROM THE OPERATING THEATRE
- Chemically metallic, silver and rouge – tubing
- Metallic stale blood
- Soap in a bowl of hot water used to find a vein for chemo
- Latex gloves
- Something sterile

FROM THE WARD
- Hot wipes
- Rubber mattress
- Welcome slices of buttered toast
- First cup of tea after general anaesthetic (cosy and warm)

FROM THE CANTEEN
- Weak insipid coffee
- Heart-sinking yet also nostalgic canteen food
- Coffee and nachos

DISINFECTANT
- Clean, like citrus
- Bleach/disinfectant used in loos
- Disinfectant wipes (sickly sweet layered over artificial flowers)
- Disinfectant
- Purell, alcohol wipes

COMBINATION
- Mix of a floor cleaner & rubber
- Rubber, disinfectant, mince and an acrid smell that cut through from the dressings cupboards

FROM THE WAITING ROOM
- A lingering smell of food in corridors (quite a meaty smell, like cottage pie)
- Burnt chicken, or toast
- Sweaty/sticky/stale odour of a waiting room
- Non-specific disinfectanty smell found particularly in hospital corridors

Welcome to a virtual
Hospital Corridor Smellscape

Olfactory data recalled by 27 former hospital patients, workers and visitors. February 2020.

INTENSE • PERVASIVE • CONTINGENT

감각 지도로 재현한 병원의 냄새 지도 예시 (sensorymaps.com)

렌 켈러가 제국의 '내지(內地)' 일본과 '외지(外地)' 조선 그리고 전략적 기지인 괴뢰국 만주를 순회하는 프로젝트를 적극 지원했다. 그녀가 총 5개월여 동안 '일본-조선-만주'를 횡단한 전체 거리는 총 1만 4000킬로미터였으며, 강연 횟수는 98회, 청중은 19만 6700여 명으로 집계되었다.[2] 일본 황실은 그녀를 국빈급으로 대우했고, 그녀는 여성으로서는 처음으로 신성한 불상을 손으로 만질 수 있었다. 그녀는 제국과 식민과 민간과 언론이 모두 떠들썩하게 환대한 소위 1930년대의 셀럽(celebrity)이었던 셈이다. 그녀가 일본에 방문하고 동북아시아를 순회하는 프로젝트를 이끈 이는 이와하시 다케오(岩橋武夫)라는 시각 장애인이었다.[3] 그는 일본 시각 장애인 단체 라이트하우스 창설자며, 기독교 학교인 간사이대학(関西大學)의 철학 교수로 시각 장애인 복지 사업에 적극적이었다.

이러한 상황에서 헬렌 켈러의 조선 방문이 기획되었으며 식민지 조선의 주요 일간지들은 그녀의 방문을 예고하기 시작했다. 조선총독부 기관지《매일신보》는 3월부터, 조선어 민간 신문《동아일보》와《조선일보》는 6월부터 그녀의 방문 예고 기사를 게재했다. 그녀가 일본을 거쳐 조선에 체류하는 동안 일간지는 그녀의 강연, 인터뷰를 포함한 일거수일투족을 보도했다. 일간지 지면에는 기사가 하루에도 몇 컷씩 그녀를 위해 할애되면서, 그녀는 미디어의 공인(公人)이 되었다.

대구, 경성, 평양으로 이어진 강연 장소는 연일 만석이었다. 식민지 조선에서 그녀를 적극적으로 맞이한 집단은 교육, 지역, 여성, 기독교, 장애인 단체들이었으며, 따라서 주된 청중은 교육자, 학생, 부인, 기독교인 그리고 시각 장애인이었다. 물론 일반인들의 관심도 지대했다. 교육 기관이 적극적으로 나섰던 까닭은, 헬렌 켈러와 설리번(Anne Sullivan, 1866~1936) 선생의 삶이 학생의 노력과 교육자의 헌신이 결합해 기적적으로 성장한 계몽의 서사이기도 했기 때문이다. 이는 그녀의 삶에 관한 이야기가 소개되었던 방식을 보면 더욱 확실히 알 수 있다. 식민지 조선에서 그녀의 자서전은 1910년부터 잡지에 부분적으로 번역되어 소개되다가 1929년에 단행본으로 번역 출판되었다. 이 책은 식민지 시기 한글 출판에 주력했던 기독교 출판사인 조선예수교서회를 통해 《나의 생애》(1929)라는 제목으로 출간되었다. 이 자서전은 역경을 극복한 기독교 신앙인의 삶의 서사이자, 교육과 노력을 통한 개인의 성장 서사였다. 따라서 그녀의 조선 방문은 이야기로만 존재하던 인물을 접하게 되는 사건이었다.

헬렌 켈러는 1937년 4월 벚꽃이 필 무렵 일본에 도착하여 3개월간 전국 순회강연을 했다. 도중에 7월 7일 중일전쟁이 발발했지만, 그녀의 조선행은 강행되었다. 그녀는 7월 11일 오후 3시

부산항에 상륙했으나 중일전쟁으로 방공 훈련이 진행되고 있어서 환영 행사는 축소되었다.[4] 하지만 빽빽하게 계획된 강연 일정은 약간의 변동을 제외하고는 예정대로 진행되었다. 다음 날인 12일에는 대구로 이동하여 일반인 대상 강연을, 13일에는 경성으로 이동하여 조선호텔에 머물며 부민관에서 교육자 강연을, 14일은 부인과 일반인 강연을, 15일은 '제생원 맹아부' 방문 일정을 소화했다. 16일에는 평양으로 이동하여 평양숭실전문 대강당에서 교육자 강연, 이후 평양공회당에서 일반인 강연을 했다.[5] 방청석은 연일 만원을 이루었고, 경성 부민관 강연은 라디오로 생중계되기도 했다.

그녀가 조선을 순회하는 동안에는 그녀를 인터뷰한 기사들이 보도되기도 했다. 조선인 신문 기자는 헬렌 켈러의 동반자 톰슨 여사 그리고 조선총독부가 제공한 통역사를 통해 그녀와 인터뷰할 수 있었다. 영어와 일본어, 조선어 그리고 수어가 공존하는 현장이었다. 그녀는 우선 자신의 인생관인 "국경을 초월한 사랑과 평화"를 전하고자 이 먼 곳까지 "불구"의 몸을 이끌고 왔다고 방문 취지를 밝혔다. 그리고 조선에 방문한 구체적 목적은 '장애인을 위한 사회적 시설과 생활 환경에 관한 상세한 조사'이므로 이를 위한 교육 시설과 위생적 환경을 마련해 줄 것을 촉구했다. 하지만 여러 힘의 역학 속에서 이루어진 헬렌 켈러의 방문은 그

헬렌 켈러의 평양 강연, 1937

녀의 의도와 다소 다른 방식으로 사회 각 분야에 파장을 일으켰다. 일제 말기 특히 전시 체제로 돌입하는 시기에 이루어진 그녀의 방문은 제국에 이용되는 지점이 있었지만, 그와는 별개로 그녀의 존재는 감각에 관한 새로운 시야를 펼쳐 주었다.

기자가 그녀에게 조선에 관한 첫인상을 묻자, 그녀는 "조선에 첫발을 들여놓을 때 이상한 감촉을 느끼게 된 바는 공기가 자못 부드럽고 감촉이 매우 좋은 것"이었다고 답했다.[6] 그리고 공기와 바람을 통해 알 수 있는 자연환경에 관하여 보다 구체적으로 덧붙였다. 부산에서는 파도와 온천의 깨끗하고 상쾌한 향취를 이야기했다. 대구에서는 "사방에 좋은 산과 향기로운 능금나무가 둘려 있는 풍치 좋은 대구에 오게 된 것을 기쁘게 생각"한다고 인사했다.[7] 경성에서는 예상보다 수목이 울창하고 근대 시설이 발달된 것 같으며, 일본 동경의 더위에 비해 시원하고 공기가 좋다고 답변했다. 수목이 울창한 것은 어찌 알 수 있느냐는 질문에 "나무가 없는 산에서 불어오는 바람과 울창한 산에서 불어오는 바람은 감촉이 다르다"[8]라고 답했다. 7월 16일 평양에 도착했을 때, 평양에 관해 특별히 알고 있는 것이 무엇이냐는 질문에 "평양은 명승지라는 것을 냄새로 더욱 잘 알았다"라고 대답했다. 촉각과 냄새로 자연환경뿐 아니라 건축과 시설 같은 문화 환경도 파악했다는 뜻이다. 그녀에게 냄새는 사전에 들은 배경지식을 보완하거나 이를 수정하는 감각 정보로 작용했다. 예컨대 그녀는 일본에서 조선이 낙후한 곳이라는 설명을 듣고 왔으나 막상 와서 감지한 후각과 촉각 정보에 따르면 그렇지 않음을 느낀 셈이었다.[9]

조선에 상륙한 그녀가 자신이 느낀 냄새를 이야기하자, 조선인 기자는 "조선의 냄새"에 관해 단도직입적으로 질문한다.

문: 조선의 냄새는 어떠합니까.
답: 공기가 매우 깨끗하여 향취가 납니다. 더욱이 이 해운대는 파도 소리도 있고 온천도 있어 상쾌합니다.[10]

그녀는 공기가 '깨끗하여 향긋하고 상쾌하다'는 답변과 함께 '파도'와 '온천'이라는 환경적 조건을 언급하는 것을 잊지 않았다. 냄새는 구체적 사물들의 존재에서 비롯되므로 인과관계가 명백한 감각이다. 또한 그녀는 자신이 후각과 촉각으로 꽃의 종류도 구분하며 충분히 즐기고 있음을 이야기하는데, 이는 그녀가 대상을 인지하고 향유하는 방식이었다.

문: 박사는 꽃을 좋아합니까?
답: 나는 꽃이 가장 좋으니 하나님이 나의 후각을 잃지 않게 하셔서 꽃냄새를 맡을 수 있고 또 나의 촉각이 완전하니 꽃을 어루만져서 충분히 꽃을 사랑할 수 있습니다.
문: 그러면 당신 옆에 꽃병이 놓였으니 무슨 꽃이 있는지 아시겠습니까?

한복을 입은 헬렌 켈러와 폴리 여사, 1937

답: 이 병에는 카네이션도 있고 야생 국화도 있고 글라디올러스도 있고 달리아도 꽂혀 있습니다. 나는 일반 사람들이 빛이나 음악에서 얻는 낙을 꽃에서 얻을 수 있습니다.[11]

훈련된 후각은 시각과 청각의 자극처럼 지적 기쁨을 준다. 시각 중심으로 삶을 사는 일반인 청중이 가장 놀라워했던 대목은 그녀가 냄새를 통해 장소의 환경을 구체적으로 인지한다는 사실이었다. 눈과 귀로 그녀를 관찰하며 경청하던 조선인 청중은 그녀의 말에 탄식했다. 다음은 헬렌 켈러의 경성 강연을 취재한 기사의 한 대목이다.

문: 당신은 냄새로써 안다고 하였는데 냄새에서 무엇을 얻을 수 있습니까?
답: 음악 세계에서 음악을 아는 것과 같이 냄새 세계가 있어 모든 것을 알 수 있습니다. 도시에 있는지 전원에 있는지 바다인지 산인지 알 수 있지요. 일본 내지에 와서 일본 냄새를 알았고, 조선에 와서 조선 냄새를 알았습니다. 나는 파리, 런던, 뉴욕, 베를린, 동경, 경성 냄새를 다 구별하나니 예를 들면 분 냄새, 향수 냄새, 담배 냄새, 구두약 냄새 등으로 아 이것은 파리 냄새다, 이것은 베를린 냄새다, 이것은 뉴욕 냄새다, 이와 같이 분간을 하지요.

이 말에 청중은 다시 감탄하는 한숨이 나왔습니다.[12]

보지도 듣지도 말하지도 못하는 헬렌 켈러는 후각과 촉각으로 세계를 인식했다. 손가락은 입 모양을 읽는 촉수였고, 코는 장소를 파악하는 센서였다. 공간이 지닌 문화적 의미를 본격적으로 이야기한 이 푸 투안(Yi Fu Tuan)은 어떤 장소가 의미 있는 공간으로 기억될 때는 시각 정보만이 아닌 종합적 감각, 즉 후각이나 촉각적 요소가 주요하게 기능한다고 언급했다.[13] 예컨대 주택은 그 공간에서 행하는 일상 행위와 관계들을 인지하게 해 주는 감각들, 밥 짓는 냄새나 빨래 마르는 냄새, 식구들의 목소리와 같은 요소가 곁들여져야 비로소 '집'이라는 친밀한 공간의 의미를 얻게 된다. 헬렌 켈러에게 이는 더욱 극대화되었다. 대상에 관한 인지와 정서적 반응은 그녀의 촉수와 센서를 통해 한꺼번에 이루어졌다. 그녀는 도시를 이동하며 냄새의 차이를 감별해 냈고, 따라서 동경을 떠나 도착한 경성에서는 일본과 구분되는 조선의 냄새를 알게 되었다. 그녀가 분 냄새, 향수 냄새, 담배 냄새, 구두약 냄새로 파악한 도시의 냄새란 그 공간 구성원들의 일상생활이 농축된 공기였다.

그녀에게 후각은 시각과 청각 기관을 잃은 까닭에 의존할 수밖에 없게 된 '마지막' 감각이었지만, 그것을 '첫 번째 감각'으로 보는 이가 있었다. 철학자 콩디야크(Etienne Bonnot de Condillac, 1715~1780)는 《감각론》에서 흥미로운 가정을 했다. 만약 조각상이 인간의 생명을 얻게 된다면 눈을 뜨기 전부터 호흡하게 될 테고 그렇게 얻게 될 최초의 감각은 후각이라는 것이다. "냄새를 맡게 된 조각상의 의식은 그 향으로 가득"[14] 차며, 생애 처음 얻은 자극은 즐거움과 고통을 만들어 낸다. 그 감정은 기억이 되고, 기억은 욕망과 열정을 낳는다. 감각은 이 모든 정신적 작용을 일으키는 세계와 접촉하는 일이므로, 그 욕망과 열정을 불러일으킨 최초의 감각으로 바로 후각이 주목되었다. 이러한 극단적 가설이 아니더라도, 후각이 생존의 감각임은 부인할 수 없는 사실이다. 숨을 쉬기 시작한 순간, 불가항력으로 냄새를 맡을 수밖에 없으며, 호흡이 붙어 있는 한 자신의 의지와 상관없이 느낄 수밖에 없다. 코를 막는 것은 눈과 귀를 막는 것과는 다른 차원이다. 우리는 들숨과 날숨으로 자신과 타자로부터 공기 중으로 나온 보이지 않는 것들과 교감한다. 콩디야크 역시 세계에 존재하는 입자들을 나의 코와 폐 안으로 끌어들여 냄새를 감지하게 되는 순간, 외부를 내부로 들이기 시작한 그 순간을 세계 인식이 시작되는 결정적 전환의 시점으로 보았다.

헬렌 켈러의 경성 강연에서 감탄의 한숨을 내쉰 조선인 청중은 후각에 그렇게 다채로운 판별 기능이 있다는 데에만 놀란 것은 아니었다. 그녀가 보여 준 것은 식민지 조선의 일반인들은 경험할 수 없었던 '세계'의 후경이었다. '파리, 런던, 뉴욕, 베를린, 동경, 경성'처럼 나열된 도시는 그 자체로 파노라마 같은 풍경을 제공한다. 그녀가 1937년이라는 시대 상황 속에서 이렇게 세계 도시들을 냄새로 구분할 수 있었던 까닭은 다국적 차원으로 지원받아 국경을 넘을 수 있었기 때문이다. 경계를 넘어 이동하고 접촉할 때만 생성될 수 있는 비교 지표들과 그 데이터를 통해 전체를 파악하는 시야를 확보하게 된 일은 제국의 이동성이 가져온 부산물이었다. 근대 초기의 기술 발달 단계에서 개인의 이동성(mobility)은 제국의 힘으로 가능했다. 미일 우호 관계의 표상을 위해 헬렌 켈러의 동아시아 순회강연을 전폭 지원한 곳은 미국이었고, 중일전쟁이 발발한 이후 그녀가 현해탄을 건너게 한 곳은 일본이었다. 여기에 각 국가의 시각 장애인 단체, 기독교 단체, 교육 단체 들이 적극적으로 협조했다. 이렇게 제국과 자본, 종교의 힘 그리고 약자를 위하는 사회적 명분이 복합적으로 작용함으로써 헬렌 켈러는 이동할 수 있었다. 그리고 그녀의 이동은 온전한 신체적 조건을 갖춘 자도 넘기 어려운 국경과 언어의 장벽을 넘게 했고, 그 과정에서 그녀의 존재는 세계에 관한 새로운 감각을 의식적, 무의식적 차원에서 펼쳐 보이는 기묘한 효과를 빚어냈다. 이토록 세계의 욕망이 한 사람의 신체와 생애에 투영된 경우가 있었을까. 세상이 그녀의 삶에 관해 이야기해 온 역사는 다시 살펴볼 필요가 있다.

이렇게 1937년 여름 조선은 식민지 말기 전시 체제로 돌입하는 숨 막히는 상황 속에서 헬렌 켈러와 떠들썩하게 조우했다. 그리고 이 땅은 그녀를 바로 잊지는 않았다. 그해 가을, 헬렌 켈러의 이름이 다시 조선의 신문 지상에 오른다. 미국 시각 장애인 구제회가 1937년 10월 18일부터 1년간을 헬렌 켈러의 해로, 또한 1938년 3월 3일을 헬렌 켈러의 날로 선포한 것이다. 이렇게 중일전쟁과 제2차 세계대전의 전운 속에, 미국과 제국 일본과 식민지 조선은 각자의 소망대로 그녀를 "불구자(不具者)"이자 동시에 "성녀(聖女)"로 호명하며 주목했다. 그리고 1948년 9월 그녀는 다시 일본에 방문한다. 그 사이 2차 세계대전은 종전되었고 한반도는 해방을 맞이했으며, 미국은 승전을, 일본은 패전을 겪었다. 그녀가 1948년 원자 폭탄이 떨어진 히로시마와 나가사키를 방문해 세계 평화를 이야기했던 기사와 사진은 당시 정치적 맥락을 상기하게 할 뿐 아니라 복합적 감정을 불러일으킨다. 당시 대한민국은 일본까지 온 헬렌 켈러가 10년 전처럼 방한해 주기를 고대하고 준비했으나 이는 불발되었다. 그리고 이후 한국 사회에서 헬렌 켈러는 그녀의 전기와 자서전에 기반한 짤막한 생애 서사로 기억되었다.

그녀가 맡았던 조선의 냄새를 다시 복기해 보자. 아래는 일간지 기사에 실린 그녀의 대답이다.

> 기후의 감촉이 어떠한가 하는 물음에 대하여는 "씨브리즈"-바다의 미풍-과 같은 유쾌한 감촉이 부산에 내려서부터 여기까지 계속된다고 하면서 진실로 유쾌한 여행이라고, 대하는 자로 하여금 존경하지 않고는 견딜 수 없는 깨끗하고도 인자한 미소를 끝까지 계속한다.[15]

초인적 긍정과 감사의 세계관으로 살아갔던 그녀는 조선에서 느낀 유쾌한 감각만을 발화했다. 그녀가 말한 "씨브리즈"의 "유쾌한 감촉"이란 해안가 지역의 자연적 환경을 뜻하는 듯하지만, 사실상 별다른 지역 정보가 드러나지는 않는다. 자연과 도시 문명의 냄새, 여기에 '식민지' 현실의 냄새는 반영되지 못했다. 그것은 그녀가 사실상 식민지 조선의 일상생활 공간으로 진입하지 못했기 때문일 수도 있다. 그녀는 "조선 사람이 사는 시가지를 감촉으로 거닐고 싶다"라는 의사를 넌지시 전달했지만, 이 말을 하자마자 예정된 일정에 따라 조선총독부로 이동해야 했다.[16] 그러면 이제 사람 사는 골목으로 깊숙이 들어갔던 또 다른 이방인의 기록을 살펴본다.

조선의
봄 내음,
제비꽃

본디 자신의 냄새는 잘 알 수 없다. 후각은 금세 피로해지고 냄새에 익숙해져서, 자신이 놓인 환경의 냄새를 감지하지 못하게 된다. 무엇보다 냄새는 비교 지표를 통해 감지된다. 따라서 타인만이 나의 냄새를, 타지에서 온 자만이 이곳의 냄새를 선명하게 감지할 수 있다. 19세기 후반 미지의 땅 조선에 들어와 체류하게 된 서양인들에게 조선의 냄새는 예측하지 못한 낯선 것이었다. 그들의 기록에서 낯선 타자가 맡은 조선 냄새의 흔적을 찾아본다.

1895년 미국인 여성 선교사 릴리어스 호턴 언더우드(Lillias Horton Underwood)는 제물포 항구를 통해 조선 땅을 밟았다. 그녀는 문학과 신학, 의학을 전공하여 의료 선교와 교육 선교, 문서 번역 등 분야에서 두루 활약했다. 최초의 조선어 번역본 《지킬 박사와 하이드》(1921)의 번역자이도 하다.[17] 그녀는 탁월한 문학

번역자이자 성실한 일기 기록자였으며, 이곳에서 선교사 호러스 그랜트 언더우드(Horace Grant Underwood)와 결혼하고 신혼여행으로 경성 이북 지역을 돌았다. 그녀가 1904년 미국에서 영어로 출간한 조선 생활에 관한 책에는 이 시기 조선의 봄 풍경에 관한 기록이 있다.

> 우리는 조선에서 가장 아름다운 계절인 5월에 그곳을 찾았다. 이런 말이 가능할지 몰라도 조선의 5월은 이 세상 어느 나라의 5월보다도 아름답다. 참으로 절묘한 빛깔과 향기를 지닌 들꽃들이 어디에나 탐스럽게 피어 있었다.[18]

그녀는 조선의 5월을 찬미했다. 절묘한 색과 향을 지닌 들꽃들이 곳곳에 탐스럽게 핀 풍경이 세상 어느 나라보다 아름답다고 했다. 그녀는 의주에서 경성으로 내려오는 길목에서 본 들꽃 종류와 향에 관해 상세히 기록했다.

> 갖가지 꽃들이 만발한 시골 풍경은 아름다웠다. 길가에서 십 피트도 안 되는 곳에 나리꽃이 무더기로 잔뜩 핀 계곡이 보였고, 내 가마 안은 라일락과 들장미, 향긋한 제비꽃, 그 밖에 향기로운 꽃들로 가득 찼다.[19]

평안북도 북서쪽 압록강변에 근접한 의주에서 지금의 서울인 경성까지 내려오는 들판에는 나리꽃, 라일락, 들장미, 제비꽃이 만개했다. 그녀는 가마를 타고 이동하며 향기로운 꽃들을 꺾어 가마 안을 가득 채웠다. 이 중 주목할 꽃은 제비꽃이다. 그녀는 평안북도 강계 지역을 지나며 "참으로 꽃이 많았는데 그중에서도 특히 이런 산중에도 자라는지 자못 놀라웠던 향긋한 제비꽃을 꺾었다"[20]라고 기록했다. 그녀는 평안도 지역의 향기로운 봄꽃으로 제비꽃을 자주 언급했다.

다른 여성 선교사들도 조선의 제비꽃에 관심을 두었다. 선교사들은 대부분 일기, 기행문, 편지, 보고서, 번역물 등 다양한 문서를 남겼는데, 여성 선교사의 글이 많은 까닭은 실제로 조선에 파견된 전체 선교사 중 여성이 70퍼센트에 이르렀기 때문이기도 했다.[21] 이들은 조선인 부녀자와 아동을 대상으로 선교 활동을 하고, 성서를 제외한 다종의 문서를 포괄적으로 담당했다. 그리고 부인으로서 가정 살림도 꾸려야 했기에, 상대적으로 남성 선교사보다 조선의 일상을 풍부히 경험하고 세심하게 기록할 수 있었다. 1893년부터 1902년까지 평양에서 시각 장애인 학교와 여성 치료소를 운영하며 의료 선교사로 활동했던 로제타 홀(Rosetta Sherwood Hall) 역시 일지를 남겼는데, 1901년도에는 조선의 제비꽃을 직접 그리기도 했다.[22]

제비꽃 군락

이들이 바이올렛(Violet)이라고 불렀던 제비꽃은 무려 40~60개 종이 국내에 자생해 왔다고 한다.[23] 그중 만주 바이올렛(Manchurian Violet)은 베커(W. Becker)에 의해 1917년 발견되었는데, 학명에서 알 수 있듯이 발견 지역이 만주였다. '제비꽃'이라는 이름의 어원은 제비가 날아오는 계절에 핀다고 하여 제비꽃이라고 불렸다는 설과 꽃이 제비 모양을 닮아 그렇게 불렸다는 설, 두 가지가 있다. 또한 당시에는 만주인의 변발 모양을 닮아 '오랑캐꽃'으로 불렸다고도 한다. 1937년 《조선식물향명집》에는 '오랑캐꽃'과 '제비꽃'이 함께 기록되어 있으니, 한동안 이 두 개 명칭이 혼용된 듯하다.

그럼, 선교사들이 20세기 초 제비꽃 군락의 보랏빛 장관과 그 인상적 향기를 빈번하게 기록한 까닭은 무엇일까? 일단 당시 제비꽃은 흔하게 볼 수 있는 데다 군락을 이루었기 때문에 보랏빛 색과 향이 짙게 느껴졌을 터다. 하지만 이러한 풍경이 그들에게 이국적으로 다가와서 주목했던 것만은 아니다. 우선 제비꽃은 서구 문학에서도 즐겨 언급된 흔한 들꽃이었다. 미국 작가 헨리 데이비드 소로(Henry David Thoreau)는 언덕 아래서 자라나 사람들이 알아보지 못할 만큼 가녕고 가냘픈 야생화인 제비꽃을 연민했고, 프랑스 작가 마르셀 프루스트는 홀로 얌전히 피어 있는 작은 제비꽃을 소설에서 찬양했으며, 스위스 작가 필리프 자코테(Philippe Jaccottet)는 봄을 알리는 제비꽃을 발견하는 기쁨을 시로 남겼다.[24] 프랑스 작가 알퐁스 도데(Alphonse Daudet)는 제비꽃밭의 향기로운 냄새를 소설 속에 그렸고, 콜레트는 유년 시절을 떠올리게 하는 수많은 제비꽃 종류와 그 자유분방한 향기들을 열

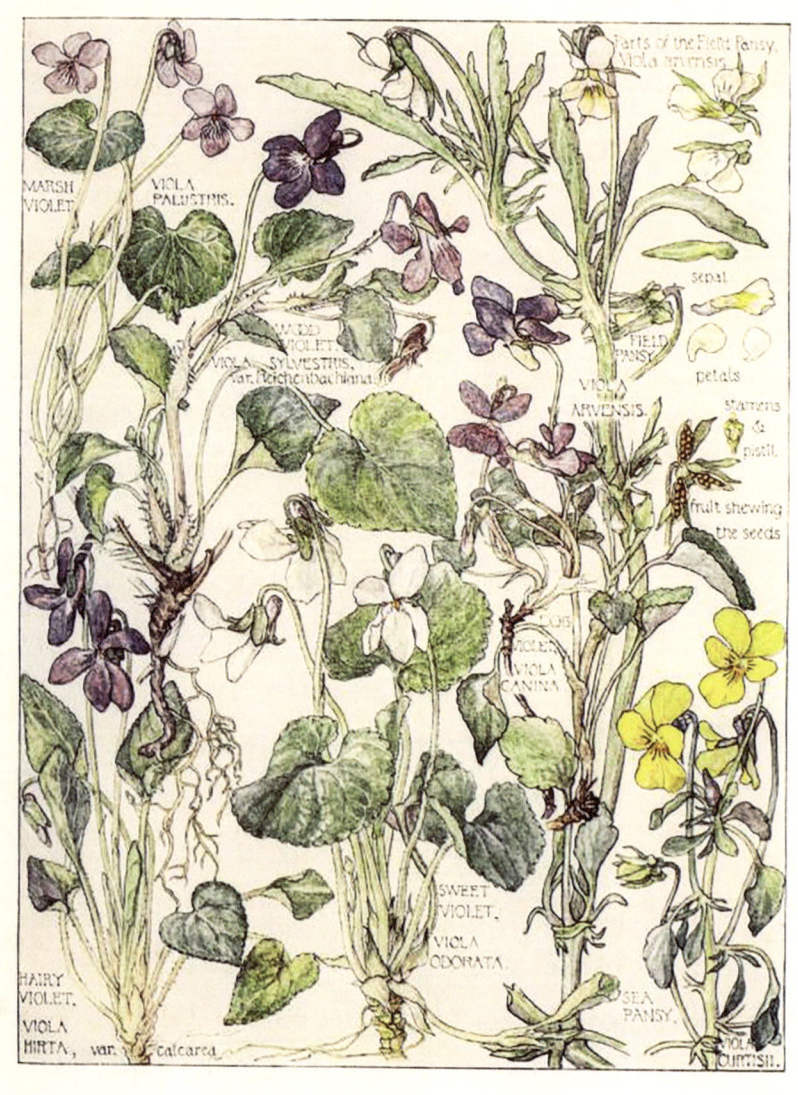

H. 이사벨 애덤스, 〈제비꽃과〉, 《영국 제도의 야생화(Wild Flowers of the British Isles)》, 1907

거했다.²⁵ 이처럼 서구 문학에서 제비꽃은 봄을 알리는 전령이자, 잡초 같은 소박한 매력 그리고 다채로운 종류와 매혹적 향기로 즐겨 언급되던 꽃이었다. 즉, 조선의 제비꽃은 그들에게 도리어 고향의 향수를 자극하는 꽃이었던 셈이다.

남성 선교사의 기록에서도 제비꽃은 등장한다. 1886년 입국한 미국인 헐버트(Homer Bezaleel Hulbert, 1863~1949) 역시 19세기 후반 조선의 봄을 섬세하게 기록했다. 목사 지망생이었던 그는 고종의 초청으로 1886년에 입국하여 서양식 교육 기관인 육영공원의 교사로 활동했다. 이후 한자, 한글, 영문 인쇄 활자를 갖춘 인쇄 출판사인 삼문출판사(Trilingual Press)를 운영하고 배재학당에서 후학을 양성하는 한편, 《한국사(The History of Korea)》(1905)를 출판하여 조선의 존재를 알리기도 했다. 또한 서양인의 시선으로 구한말의 역사를 기록한 《대한제국멸망사(The Passing of Korea)》(1906)를 서술하기도 했다. 그는 이 책에서 조선 조정과 외교 몰락에 관해 서술하며 그와 대비되는 풍경으로 조선의 아름다운 아름다운 자연을 언급했는데, 조선의 대표적 봄꽃인 진달래, 철쭉과 더불어 제비꽃을 인상적으로 묘사했다.

한국인들은 비록 꽃을 즐길 만큼 여유가 있는 지위에 있는 사람은 드물지만, 꽃을 매우 좋아한다. 봄이 오면 진달래와 철쭉으로 산은 온통 붉게 물들며 제비꽃이 방석처럼 두껍게 깔린다. 한국인들은 제비꽃을 "오랑캐꽃"이라고 부르는데 이는 그 잎이 만주인의 변발과 닮았기 때문이다.[26]

헐버트에 따르면 당시 조선인들은 생활에 여유가 없던 이들까지도 꽃을 매우 즐겼다. 조선의 봄 산을 붉게 물들인 진달래와 철쭉 곁에는 제비꽃이 만발했다. 그 모습을 두고 두껍게 깔린 "제비꽃 방석"과 같았다고 표현한 것을 보면 번식력이 왕성한 제비꽃밭의 존재감이 압도적이었던 모양이다.

이처럼 선교사들은 조선의 봄, 산과 들에 지천으로 피어나던 들꽃들을 주로 이야기했는데 마을에 심은 꽃도 유심히 살펴 기록했다.

산개나리는 두메산골에서 화사하게 피며 수선화와 아네모네도 많이 핀다. 여염의 화단에서는 자줏빛 붓꽃을 흔히 볼 수 있으며 관청의 울안에는 연못이 있고 연못에는 연꽃이 핀다. 한국인들은 복숭아나무, 오얏나무, 살구나무, 돌능금나무 등 잎이 돋기 전에 꽃이 피는 모습을 좋아한다. 한국인들은 또한 석류, 까마귀밥나무, 장미, 수국, 국화, 그리고 여러 종류의 나리를 좋아한다. (중략) 서울에는 아무리 가난한 초가집이라도 꽃을 심지 않은 집이라고는 찾아볼 수

없다.[27]

 헐버트에 따르면 당시 조선에서는 가난한 초가집에서도 꽃을 심고 가꾸었다. 두메산골에는 산개나리, 관청에는 연꽃, 여염집 화단에는 자줏빛 붓꽃이 만개했다. 화단과 정원에 심은 초목의 수종도 다양했다. 마당에는 복숭아나무, 오얏(자두)나무, 살구나무, 돌능금나무 등 과실나무를 주로 가꾸었으나 그 꽃이 피는 계절을 더욱 즐겼다. 장미와 수국, 국화도 좋아했고 나리꽃은 여러 종이 다채롭게 자라고 있었다. 이들 중 나리꽃을 제외하고는 대체로 향기가 짙은 꽃들이었다. 이처럼 조선의 봄꽃 팔레트에는 색과 향이 풍부했다.
 하지만 조선의 아름다운 향기에 관한 기록은 '자연'의 '봄'을 감상할 때로 한정되었다. 계절이 여름으로 바뀌거나, 일상생활 공간으로 진입하는 순간, 그곳에서는 강력한 다른 냄새들이 감지되기 시작했다. 사람들이 밀집된 거주지에서 날 수밖에 없는 악취들이었다.

악취:
  공존과 불안의
감각

조선에 온 선교사들은 믿음을 전파하는 종교인, 위생 지식을 학습한 근대인, 타인의 문화권으로 이주한 이주민, 그리고 두 문화를 교류하게 하는 문화 매개자라는 복합적 정체성을 띠고 있었다. 활동 범위도 종교 활동뿐 아니라 선교 차원에서 하는 의료, 교육, 문서 활동을 적극적으로 포함했다. 즉, 이들은 일시적 여행자나 방문객과 달리, 낯선 현지인의 일상 공간으로 들어가 그들의 몸과 지속적으로 대면해야 했다.

먼저 이들이 조선 땅을 밟게 되는 현실적 경로부터 살펴본다. 주로 북미 항구에서 출발한 선교사들은 중국이나 일본 항구를 거쳐 조선에 도착했다. 그들은 낯선 땅에 관한 기대와 긴장 속에서 '배'에 머물러야 했던 경험과 감각을 상세히 기록했다. 그곳은 사람과 화물이 과밀집되어 대체로 멀미가 날 정도로 "배의 역겨운 냄새"[28]가 났다. 따라서 이들은 선박 실내에서 빠져나와 육지

호주 여선교사들의 초가집에 모인 조선인과 일본인, 1892~1894

에 첫발을 디디며 신선한 공기를 들이마실 때, 그 어느 때보다도 집중하며 깊게 호흡했다. 이때 들숨으로 들어온 이국의 낯선 냄새는 그 첫인상을 좌우했다.

그들은 항로를 따라 일본이나 중국 땅을 먼저 밟으며 소위 "동양"이라는 "이국의 정취"를 처음 접했다. 다음은 여선교사 플로렌스 J. 머레이(Florence J. Murray)가 1921년 캐나다에서 태평양 횡단 기선을 타고 일본을 거쳐 조선으로 들어온 여정에 관한 기록이다.

> 밴쿠버에 도착한 후 캐나다의 태평양 횡단 기선을 타고 출항한 지 2주일 만에 일본 고베항에 내렸다. 뜨거운 날씨였지만 우리는 이국의 정취를 맛보러 거리로 나섰다. (중략) 생선 요리 냄새가 하수도에서 나오는 악취와 섞였고, 여기에 도무지 알 수 없는 이상야릇한 냄새까지 범벅이 되어 온 거리를 뒤덮었다. 아! 바로 여기가 동양이구나. 처음 이런 광경을 접하며 어떻게 이런 환경에 적응해 나갈지 걱정에 휩싸였다.[29]

그녀는 동양에 진입하는 첫 관문인 일본 고베 항구에서 "이국의 정취"를 기대하며 거리로 나섰다가 예상치 못했던 냄새를 맡게 된다. 냄새는 기대를 배반할 때 악취로 느껴진다. "생선 요리"

냄새와 "하수도에서 나오는 악취" 그리고 "알 수 없는 이상야릇한 냄새"가 결합된 냄새였다. 그녀가 고베 항구에서 맡은 냄새는 여느 항구 도시에서나 날 법한 비린내와 악취에 지역 특유의 식재료와 향신료 냄새가 뒤섞여 있었다. 이 냄새를 맡고 그녀는 비로소 "아! 바로 여기가 동양이구나" 하고 자신이 동양에 왔음을 깨닫는다. 그리고 이 낯선 감각의 세계에 과연 적응할 수 있을지 걱정에 휩싸이게 된다. 들숨과 함께 훅 들어온 낯선 타지의 냄새는 타자의 영역으로 진입하는 입구에서 감지하는 첫 번째 감각, 즉 타자를 자신의 내부로 받아들일지 시험하는 첫 번째 관문이었다. 시각, 청각, 촉각과 달리 후각은 피하기 어려운 자극이다. 생존하기 위해 호흡하는 과정에서 후각 자극은 지속될 수밖에 없었다. 그곳에서 살아 숨쉬는 한 계속 겪어야만 하는 자극이기 때문에, 이주자에게 낯선 냄새가 주는 자극은 같은 공간에 타자와 함께 머물며 감내하느냐, 떠나느냐를 결심하도록 촉구하는 시험대인 셈이다.

앞서 살펴봤듯이 머레이 선교사는 동양에 진입한 첫 관문 고베항에서 강렬하고 불쾌한 냄새를 맡은 이후 조선으로 건너갔다. 조선에 상륙한 밤, 그녀는 어두운 골목길을 지나 숙소를 찾아가며 또 다른 냄새를 맡게 된다.

에델은 깜깜한 어둠 속에서 내 팔을 붙잡고 꼬불꼬불한 골목길을 안내했다.

"이게 무슨 냄새지요?"

뒤뚱거리며 쫓아가던 내가 물었다.

"아, 냄새가 납니까? 이건 하수구와 뒷간에서 나는 냄새지요. 마당에서 돼지를 키우긴 하지만 그 냄새는 아닐 겁니다. 당신도 이제 곧 이 냄새가 아무렇지도 않게 느껴질 것이에요." (중략)

방 안의 벽은 진흙 벽으로 흰색으로 칠해져 있었지만, 곰팡이 냄새가 났고, 벽 곳곳에 지푸라기가 비어져 나와 엉성했다.[30]

이제 막 조선에 도착한 머레이와 먼저 체류해 있던 에델의 대화에서는 '후각 반응'의 이중적 속성이 드러난다. 낯선 냄새에 대한 반응은 즉각적이고 본능적 반응을 불러일으키는 생리적 현상이면서 동시에 문화적 관습에 따른 것이다. 머레이가 상·하수와 정화조 설비가 갖추어지지 않은 재래식 주거 환경의 냄새를 감지하자, 먼저 조선에 거주하던 에델은 그녀에게 곧 오물과 돼지 냄새를 아무렇지도 않게 느끼리라고 조언한다. 실제로 후각 수용체는 쉽게 피로해져서 적응되기도 하거니와, 의식 변화에 따라 달리 인식되기도 한다. 이처럼 생활의 차이에서 풍기는 이질적 냄새에 대한 거부감을 극복하고, 그것을 혐오가 아닌 일상으로 받아들이는 일은 타자와 장기적으로 공존할 수 있는지 그 가능성을 파악하는 척도로 언급되고는 했다.

다른 선교사들의 글에서도 생활 악취에 관한 기록은 지속적으로 발견된다. 이들은 주로 하수, 오물, 뒷간, 초가지붕, 환기하기 어려운 온돌 같은 주거 환경에서 발생하는 냄새와 청국장, 김치, 삭힌 홍어와 같은 발효 식문화 냄새, 그리고 씻지 않는 몸에서 나는 시체 악취와 같은 냄새를 기록했다. 특히 삭힌 홍어는 "이 독한 냄새 때문에 상 위에 차려진 멀쩡한 밥조차 도저히 먹을 수 없게 되었다"[31]라며 강한 거부 반응을 보이기도 했다.

이 중 선교사들이 가장 많이 기록한 것은 거리의 악취였다. 다음은 1888년 조선 땅을 밟아 성서 번역, 문학 번역, 이중 언어 사전 제작 등 활발히 문서 활동을 했던 선교사 게일(James Scarth Gale)이 남긴 기록이다. 게일은 〈춘향전〉과 〈구운몽〉을 영어로 번역 소개하기도 했다. 그는 조선에서 경험한 다양한 악취를 기록했는데, 이는 대체로 낯선 주거와 식문화에서 감지되었다.[32]

> 거리는 좁았다. 도랑이 진창길을 이리저리 가르며 흐르고 있었고, 반쯤 고인 썩은 물은 공기 중에 독한 냄새를 흩뜨리고 있었다. 다른 여느 곳과 마찬가지로 집들은 낮은 흙벽을 짚으로 덮은 초가였고, 방구들 밑으로 다들 불을 때고 있었다.[33]

이처럼 인구가 밀집된 거주지에 상·하수와 정화조 설비가 없어 생기는 악취는 서구 사회에서도 도시의 악취로서 흔히 언급되는 문제였다.34 따라서 조선만의 특수성은 아니었다. 조선이라는 지역성이 극적으로 드러나는 것은 주거 환경과 식생활 습관으로 발생하는 실내의 독특한 냄새를 언급할 때였다.

조선 사람들의 방에서는 특유의 냄새가 났는데, 대체 무슨 냄새일까 알아내려고 몇 달 동안이나 애를 썼다. 어딜 가든 이 냄새를 맡을 수 있었는데, 마침내 냄새를 분석하는 데 성공했다. 그건 두 냄새가 합쳐진 것인데, 하나는 구석에서 타닥타닥 타고 있는 아주까리기름 냄새였고, 다른 하나는 일렬로 천장에 매달려 곰팡이를 피우고 있는 콩 덩이리에서 나는 냄새였다. 겨우내 먼지와 거미줄을 뒤집어쓴 이 콩 덩어리는 발효가 될 때까지 물에 담가놓았는데, 진액이 흘러나오면 끓여 간장을 만들었다.35

보통 냄새 분자는 단일하지 않고 여러 종이 뒤섞여 있으며 시간과 환경에 따라 달라진다. 따라서 게일은 냄새의 정체를 알기 위해 몇 달간 반복적으로 그 '냄새'를 "분석"해야 했다. 그리고 그것이 어떤 공간적 조건과 물질과 관습 속에서 생성되었음을 알게 되었다. 사실 게일은 조선인 내부에서도 계층 간 생활 수준

근대 초기 초가집, 국립민속박물관 소장

차이가 큰 것을 알고 있었기 때문에, '갓' 냄새는 양반의 냄새고, '아주까리기름'과 '메주콩' 냄새는 여염집에서 나는 냄새라는 정도는 구분할 줄 알았다.

베어드(William M. Baird) 선교사의 부인이면서 여성 선교사로 활약한 애니 베어드(Annie Baird, 1864~1916) 역시 조선의 실내 냄

문명의 접촉 지대: 타자만이 냄새를 맡는다 57

새에 주목했다. 그녀는 평양의 숭실학교에서 동식물학과 물리학을 가르치고 숭의학교 초대 교장으로 재임한 교육자면서 번역과 저술 활동도 했다. 외국인을 위한 조선어 교재(Fifty Helps: for the beginner in the use of the Korean Language, 1896)를 펴냈고 찬송가를 한국어로 번역하는 작업에도 동참했다. 소위 이과와 문과 영역에서 고루 활동한 그녀의 기록은 다른 선교사들의 기록과 조금 달랐다. 선교사들은 대체로 조선 거주지에서 나는 냄새로 메주 냄새를 꼽았는데, 그녀는 체취와 "환기", "세균" 문제에 주목하고 있었다.

> 선교사들은, 한국과 같이 방이 매우 좁고 환기를 자주 하지 않는 나라에서, 자주 씻지 않는 많은 사람들이 모여 앉아서 악취를 풍기고, 촛불은 금방이라도 꺼질 듯한, 좁은 공간에서 몇 시간이고 그들과 함께 지내야만 한다. 유일하게 환기할 수 있는 시간은 새로운 사람이 들어와서 방문이 열렸을 때이다. (중략) 하지만 창문은 종이로 되어 있고 움직이지 않을 가능성이 크다. 그런 상황에서 유독성 세균에 노출되어 있으니 얼마나 불행한 일인가![36]

중요한 것은 악취가 어떠한 맥락 속에서 언급되느냐다. '악취'에 관한 묘사는 대체로 '비위생'적 환경 그리고 '세균'의 위협과 함께 언급되었다. 근대 위생 담론 속에서 악취는 눈에 보이지 않는 곳에서 벌어지고 있는 부패의 징후로 인식되었고, 따라서 그러한 불결한 환경에 놓인 것은 안타깝고 "불행한" 일로 동정되었다. 이들은 이러한 환경이 조성되는 요인을 전통적 관습의 문제와 연결해 이해하려고 했다.

게일은 조선 거리에서 나는 또 다른 냄새에 지속적으로 주목했다.

> 시체 냄새가 뒤덮고 있는 이곳에 오면 누구든지 곧 보통의 시체 썩는 냄새와 천연두나 콜레라로 죽은 시체에서 나는 독한 냄새를 구분할 수 있는 전문가가 되었다. 이 주제를 이야기하자니, 바다가 내려다보이던 부산의 아름다운 풍광 속에서 조선 친구와 눈부신 오후를 즐기던 때가 생각난다. 그때 갑자기 대나무 기둥 네 개 위에 널브러져 심하게 썩어가는 한 어린아이의 시체와 맞닥뜨렸는데 공자님이 죽은 사람을 천국으로 인도할 때 풍기는 이 지독한 냄새와 끔찍한 모습에 비하면 우리네의 지옥물은 정말 아무것도 아니었다.[37]

19세기 후반 조선에서는 천연두와 콜레라가 창궐했고, 게일은 거리에 방치된 시체들을 보게 된다. 그는 자신이 어느덧 전염병 냄새에 익숙해졌고 둔감해져서 '후각 신경도 이러한 강렬한 자극에 반응하지 않게 되었다'³⁸고 고백한다. 그리고 곧 그는 냄새만으로도 시신의 사인을 구분할 수 있을 정도로 전문가가 되어 버렸다는 씁쓸한 농담을 구사할 만큼 심리적 여유를 찾게 되었다. 악취의 자극에는 다소 무감해졌고, 대신 유사한 자극에 빈번히 노출되다 보니 그 사이의 섬세한 차이를 감지해 낼 수 있게 되었다는 뜻이다. 그는 처음에 시체 냄새 때문에 견딜 수가 없어 이곳을 떠나고 싶어 했으나 시간이 지나면서 상황을 이해하게 된다. 그리고 사후(死後)에 바로 매장(埋葬)할 수 없는 현실적 여건과 유교적 관습 탓에 벌어진 이런 상황을 조선인들도 싫어한다는 사실을 알게 된다. 환경의 악취를 유발하는 구조적 문제와 그곳의 거주민 정서를 분리해서 이해하게 된 셈이다.

> 당장 토할 것처럼 미식거리는 속으로 집에 돌아온 나는 온 사방에 시체가 널린, 사람을 정말 미치게 만드는 이 나라를 떠나고 싶었다. 하지만 시간이 약이었을까? 나는 점차 다른 측면을 보기 시작했는데, 이러한 풍습은 그들이 숭배하는 유교문화의 일부여서 어쩔 수 없는 것일 뿐, 이들도 나만큼이나 이런 것들을 좋아하지 않는다는 걸 알게 되었다.³⁹

시체가 지상에 방치되어 발생하는 악취에 관한 기록은 선교사들의 기록뿐 아니라 소설에서도 발견된다. 다음은 애니 베어드가 쓴 소설의 구절로, 게일과 마찬가지로 시체의 악취에 주목하는데, 그녀 역시 조선의 매장 문화가 지니는 맥락을 이해하고자 했다.

> 조금 더 걸어가자 끔찍한 악취가 코를 찔러 보배는 걸음을 재촉했다. 마을 사람들이 그 냄새를 언제까지 더 견딜 수 있을까? 골목 오른쪽의 그 집에는 한 달 넘게 죽은 사람의 시체가 방치돼 있었다. 그 남자는 살인죄를 지어 관청의 명령에 따라 몽둥이를 맞아 죽었지만 매장 허가가 나오지 않았다. 사람들은 그 이유를 잘 알고 있었다. 매장 허가를 받기 위해서는 거액의 뇌물을 바쳐야 했다. 하지만 마을 사람들은 모두 찢어지게 가난했기 때문에 아무 대책도 없이 시체는 하루하루 삼복 더위에 썩어 가고 있었던 것이다.[40]

거리에 버려진 시체 악취는 범죄와 가난과 무능 그리고 관의 부패라는 맥락에서 이해되었다. 이들의 기록에는 주로 주거 환경, 식습관, 매장 문화의 차이로 발생한 낯선 감각에 대한 부정적 반응이 함께 나타났다. 그리고 눈과 코로 감각된 경험의 불쾌함을 설명하기 위해 근대 위생 담론을 동원했다. 이는 그들에게 현지인들만의 문제가 아니라 자신들의 생존 문제이기도 했다. 실제로 선교사와 그의 가족 중 상당수가 전염병, 풍토병, 비위생적 환경에 노출되어 있었는데, 의료시설이 없어 사망하기도 했다. 이러한 일로 어린 자녀를 잃어 본 선교사들에게 이는 더욱 심각한 문제였다. 즉 '악취'는 전염병과 죽음이라는 '불안'을 상기하게 하는 존재이기도 했다.

선교사들은 이렇게 관찰하고 냄새를 맡아 해석하는 주체였지만, 그와 동시에 자신도 관찰 대상이 되고 있음은 예상하지 못했다. 이제 선교사들이 자신의 냄새를 맡는 타자의 목소리를 듣고 어떻게 반응했는지 살펴보고자 한다.

"냄새 문제는 전적으로
   교육에
달려 있다!"

일찍이 에드워드 사이드가 《오리엔탈리즘》에서 언급했듯이, 서구가 지닌 동양에 관한 지식은 그들의 관점과 시선에 따라 구성되었다.[41] 따라서 서양인 선교사들의 기록을 분석 대상으로 삼을 때 잊지 말아야 할 사실은 이들 역시 관찰과 기록의 주체였다는 점이다. 이들은 좀처럼 그 객체가 되어 본 적이 없었다. 조선인들이 이들을 바라보는 시선과 표정조차 텅 비어 있는 것으로 간주했다. 근대인에게 시선은 또 하나의 사회적 약속이자 의사소통 방식이었고 따라서 그들의 문법으로 읽히지 않는 시선은 그 의도를 예측할 수 없는 공포의 대상이었다. 아래는 선교사 게일의 기록이다.

> 종이를 바른 문과 창은 모두 손가락으로 뚫은 구멍이 나 있었고, 그 구멍 뒤편엔 단 한 번의 깜빡임도 없이 나를 주시하던 검은 눈동자

들이 있었다. 무슨 생각을 하는지 알려 주는 얼굴 표정도, 눈의 형상도 없이 홀로 존재하던 그 눈동자들은 너무나 섬뜩해서 나는 호롱불을 입으로 훅 불거나, 물을 부어 꺼야만 했다. 조선에서 지내는 내내 이렇게 나를 포위했던 눈동자들, 그것은 내 선교 생활에서 가장 견디기 힘들었던 것 중 하나였다. 안 씨 집에서의 첫날 밤도 예외는 아니었고, 그 눈동자로부터 벗어나 잠들 수 있는 유일한 방법은 모든 것을 어둠으로 묻어 버리는 것뿐이었다.[42]

게일은 자신을 주시하는 조선인의 검은 눈동자에서 "생각"도 "표정"도 "형상"도 읽을 수 없었다. 처음으로 관찰받는 자가 된 것이다. 게일은 자신과 소통 방식이 다른 자가 보내는 시선의 의미를 파악할 수 없었기에 '섬뜩함'을 느꼈다. 즉, 그는 조선인과 서로 시선을 주고받을 수 없었으며, 이렇게 일방적으로 주시되는 상황에서 당혹감을 느끼며 견뎠다. 자신이 어떻게 보이는지 알 수 없는 상황은 공포에 가까웠다. 사실 이는 '서구-동양', '제국-식민' 혹은 '문명-야만'이라는 도식화된 구도로 거칠게 보자면, 후자가 일상적으로 겪어야 했던 시선이기도 했다.

반면 동양의 제국이 되고자 했던 일본은 인종적 열등감을 전복하는 시도 중 하나로 시각이 아닌 후각을 활용했다. 인종을 피부색이나 형태, 크기가 아닌 냄새의 차이로 구분하고 서양인의

'악취'를 강조함으로써 다른 감각적 우위를 확보하고자 한 셈이다. 인문학자 쓰보이 히데토(坪井秀人)는 20세기 초 일본의 인류학자들이 서양인의 악취에 주목하고 반대로 일본인의 체취를 무취 혹은 미약한 것으로 대비하는 태도의 이면에 있는 '의도'에 주목했다. 즉, 그는 "신체적 측면에서 서구인에 대한 열등감에 사로잡혀 있었던 일본인"이 이러한 시도로써 "일종의 명예 회복의 기회"[43]를 얻고자 했다고 보았다. 시각 중심인 근대 문명의 기준에서는 좀체 벗어날 수 없었던 열등감을 다른 감각으로 전복하려는 의도가 있었다는 뜻이다. 이처럼 당시 일본에서 후각을 강조하던 기조는 서양에 대항하는 식으로 형성되는 측면도 있었으나, 같은 동양인인 조선인을 차별하는 데에도 동원되었다. 그리고 조선인에게도 후각은 제국 일본의 통제에서 벗어나 자기 정체성을 직시하고자 할 때 주목했던 상징적 감각이기도 했다.[44] 이렇게 후각은 서구와 동양, 제국과 식민 간 위계와 차별을 강화하거나 반대로 전복하는 도구, 양방향에서 활용되던 감각이었다.

물론 타자가 자신을 감각하는 방식이 예상과 크게 다르지 않을 때는 별 무리가 없었다. 1903~1912년 경성과 경기도에 체류했던 선교사 미네르바 구타펠(Minerva Guthapfel)은 창작 소설《조선의 소녀 옥분이》[45]에 다음과 같은 이야기를 남겼다. 소설 속 조선인 소녀는 선교사를 통해 신앙을 얻고 일상생활에서는 위생을 접하게 된다. 그리고 그로 인한 삶의 변화를 기분이 좋아지는 문명의 '냄새'로 표현한다. 그것은 "비누와 물"의 냄새였다.

> 이제는 모든 것이 예전과 달라졌어요. 우리 집의 모습이 달라졌어요. 전에 나를 깨물던 흑색과 갈색의 벌레들이 더 이상 나타나지 않았어요. 사람들이 그걸 바퀴벌레와 벼룩이라고 불렀는데 더 이상 보이지 않더군요. 그리고 사람들이 "비누와 물"이라고 부르는 물건의 냄새를 언제나 맡게 되어 기분이 좋았어요.[46]

이름이 없던 소녀는 식구들에게 "계집애"나 "섭섭이"로 불렸다. 선교사는 이 이름 없는 소녀에게 "축복"의 의미를 담아 "복이"라는 이름을 지어 줬고, 복이는 그런 선교사에게 애정과 존경을 표했다. 선교사가 제공한 환경에서는 바퀴벌레와 벼룩 대신 "비누와 물"이 놓였고 그것은 청결의 상징이자 '축복'과 '구원'의 메타포가 되었다.

이렇게 선교사가 창작한 소설 속에서 서구 문명과 신앙은 기분 좋은 향기로 묘사되었지만, 현실에서는 반전이 존재했다. 머레이 선교사의 기록에는 조선인 간호사들이 러시아인 환자에게서는 '족제비 암내'가 난다고 말하는 대화가 나온다. 이에 선교사는 간호사에게 자신들에게는 어떤 냄새가 나는지 질문한다.

간호사들은 러시아인 환자들을 싫어했다. 언젠가 내가 간호사들에게 러시아인 환자들을 친절하게 돌보지 않는다고 꾸짖은 적이 있었다. 그러자 간호사들이 항의했다.
"러시아인의 몸에서 나는 냄새를 도저히 견딜 수가 없어요."
"냄새? 당신들이 그 사람들을 깨끗이 씻기면 냄새가 안 날 거 아니에요!"
나는 화가 나 윽박질렀다.
"러시아 사람들은 냄새가 지독해요. 곁에 가기도 싫은걸요. 족제비의 암내가 난단 말이에요."
"족제비 냄새가 난다고요? 만일 외국인들에게서 그런 냄새가 난다면 우리는 어떤가요? 마틴 박사나 나한테서는 어떤 냄새가 납니까?"
어떤 대답이 나올까 조마조마하면서 묻자 간호사들은 조심스럽게 우리에게서도 같은 냄새가 난다고 대답했다.
"당신들은 항상 우유를 마시고 버터와 치즈를 먹지 않습니까? 그러니 냄새가 안 날 턱이 없지요."
그들은 냄새가 나는 이유까지 솔직하게 지적했다. 그것은 정말로 충격적인 말이었다.[47]

선교사는 "어떤 대답이 나올까 조마조마하며" 기다렸다. 조선인은 조심스럽게 러시아인과 선교사들에게서는 "같은 냄새"가 난다고 답했다. 그리고 냄새의 원인으로 음식을 지목했다. 우유와 버터, 치즈를 주식으로 하는 이들에게서는 '고약한 냄새'가 날 수밖에 없다고 했다. 선교사는 예상치 못했던 조선인의 반응에 당황한다. 이와 같이 조선인이 서양인의 악취를 언급하는 기록은 다른 선교사의 글에서도 종종 발견할 수 있었다. 더러는 유사한 일화들이 다른 지면에 등장하기도 하는데, 어디선가 들은 이야기라고도 하는 것을 보면, 이러한 이야기는 그들 사이에서 이따금 공유된 듯하다.

아래는 릴리어스 호턴 언더우드의 글에 등장하는 서구 도시의 악취에 관한 이야기다.

사실 우리는 엄청난 자만심에 빠져서 동양 사람들은 유럽이나 미국 것이라면 뭐든지 입을 딱 벌리고 존경한다는 착각을 종종 한다. 조선의 한 양반이 생각난다. 미국에 갔다가 서울로 돌아온 뒤에 뉴욕이 어떻더냐는 질문을 받고 그는 이렇게 대답했다. "아 아주 좋더군요. 그 끔찍한 먼지와 냄새만 빼고는 말입니다."[48]

그녀는 동양인들이 서양 문명을 선망하리라는 생각은 서양인들의 착각이라고 경고한다. 그리고 이를 극적으로 드러내기 위해 '조선인이 뉴욕에서 끔찍한 냄새가 난다고 했다'는 사례를 인용한다. 이러한 '서양의 냄새를 맡은 조선인 일화'를 공유한 선교사들은 '악취'에 관한 상반된 사례로 '문화는 상대적'이라는 사실을 스스로 환기했다.

물론 조선인이 서양 문명에서 악취를 느낀다는 사실을 알게 되었다고 해서, 이것이 바로 서구 중심적 사고에 대한 반성으로 이어지지는 않았다. 1909년 기록에서 게일은 뉴욕에 방문한 조선인의 일화를 언급한다. 게일과 조선인 총영사인 이 씨가 뉴욕 센트럴 파크 박물관을 함께 걸을 때 이 씨는 갑자기 코를 막았다.

> 우리가 미라실에 이르자 이 씨는 그것을 쳐다보더니 코를 틀어 막았다. 왜 코를 틀어 막느냐고 했더니 그는 코를 쥔 채로 한 손으로 미라를 가리키는 것이었다. "하지만 그 미라는 5000년이나 된 송장이잖아요. 안 그래요?" 하면서 그는 코를 꼭 쥔 채로 말했다. 그는 지독할 정도로 더러운 길을 걸을 때는 악취를 느끼지 못하지만, 미라에서 예상되는 냄새는 참을 수 없었던 것이다.[49]

미라에게서 악취가 난다는 조선인을 보며 게일은 황당해한다. 그는 조선 거리에서 맡았던 오물 악취가 더 충격적이었는데,

그런 곳에서 아무렇지도 않게 생활하던 조선인이 뉴욕이라는 대도시 박물관에서 미라의 냄새를 감지해 내는 모습이 의아했던 것이다. 서로의 공간에서 감각한 악취는 그 강도나 질을 견주어 평가하면 해결되는 문제가 아니라, 낯선 대상에 대한 두려움과 거부감을 동반한 감정과 관념의 영역이기도 했다.

이제 이들은 이 견디기 힘든 감각 경험을 정신 극복 문제로 전환한다. 선교사들은 자신들이 근대적 위생 관념과 공공 영역에 관한 미적 기준을 고수한다면 결코 선교지에서 살아가기 어려우리라고 토로했다. 하지만 그럼에도 '선교사'라면 정신적으로 버텨야만 한다고 스스로에게, 동료에게 다짐한다. 다음은 애니 베어드 선교사의 기록으로, 본국에서 가지고 온 가치관과 지식, 습관이 선교지에서 흔들릴 때, '마음'의 문제로 극복해야 한다고 스스로 되뇌는 장면을 볼 수 있다.

우리는 비기독교 국가에서 살다 보면, 우리가 얼마나 오랫동안, 우리의 마음과 정신 속에, 공공 법률에 따라 살면서 품위를 지키기 위해서 노력하였는지 알게 된다. 우리는 어디에서는 체계와 질서, 그리고 공공의 아름다움 같은 것에 큰 의미를 부여하면서 살아왔다. (중략) 새로운 선교사에게는 마음속 깊이 떨쳐 버리기 힘든 무거운 심리적 압박을 주게 되지만, 여기에서도 다른 곳과 마찬가지로

"모든 일은 마음먹기에 달렸다." 진정한 선교사라면 자신이 선택한 사람들의 추악한 면만을 보고 거기에만 매몰되어 있어서는 안 된다.⁵⁰

애니 베어드는 "진정한 선교사"라면 선교지에서 감각하고 경험하게 되는 "추악한 면만을 보고 거기에 매몰되어 있어서는 안 된다"라고 강조한다. 그녀는 본국을 떠난 이후 비로소 공공 법률과 품위라는 서구 사회의 질서와 기준이 부단한 노력의 산물이었음을 새삼 깨닫는다. 하지만 자신들이 그것에 "큰 의미를 부여하면서 살아왔다"라며, 거리를 두고 바라보면서 "무거운 심리적 압박"에서 벗어나도록 독려한다. 그리고 "모든 일은 마음먹기에 달렸다"라고 말한다.

1893년부터 조선에 체류했던 무스(Jacob Robert Moose) 역시 근대 위생 담론과 문화 상대론적 관점 사이에서 균형을 잡고자 갈등하는 선교사의 내면을 고백한다. 그는 먼저 조선 골목의 오물과 악취를 접하며 세균 문제에 집중한다.

세균! 만약 그런 것이 있다면-의사 말로는 세균이 있다고 함-아마도 이 개천에서 불어나고 있다고 봐야 할 것이다. 개천에 사는 세균들과 미생물들의 종류와 수에 관해서는 정확히 설명할 수 없다. 하지만 그 열린 하수구에서 나는 냄새와 악취에 대해서는 아주 자세히 이야기할 수 있다. 그러나 우리가 항상 기억해야 할 것은 냄새 문제가 전적으로 교육에 달려 있다는 점이다. 한 조선인 신사가 처음으로 뉴욕을 방문했을 때 그의 친구가 이 큰 도시가 어떠냐고 물었더니, 그가 답하기를 "예, 매우 좋아요. 하지만 냄새가 너무 고약해요!"라고 대답했다는 일화가 있다.[51]

무스 선교사가 소개하고 있는 "한 조선인 신사"와 "그의 친구" 사례는 앞선 게일의 경험담과 유사한데, 여기에 자신의 경험담을 추가한다. 그는 조선인 여성 신자를 환대하는 의미로 좋은 향신료 고기 요리를 대접했다. 하지만 주방 하인을 통해 뒤늦게 알게 된 사실은, 정작 조선인 여성은 "냄새가 고약하다"라며 그것을 먹지 않았다는 것이다.[52] 그는 예상치 못했던 조선인의 반응에 당황했지만 곧 상대방의 처지에서 상황을 이해하려고 한다. 그는 "우리가 항상 기억해야 할 것은 냄새의 문제가 전적으로 교육에 달려 있다"라고 하며, 후각 자극에 따른 반응은 절대적인 것이 아니라 문화적 맥락 속에서 상대적으로 형성된다는 사실을 환기한다.

즉, 인간은 "언어적 정의, 문화적 연상, 개인의 기억을 통해 학습한 대상을 인식"하기 때문에 "같은 냄새 분자가 코에 들어오더라도 향에 대한 인식은 매우 다를 수" 있다.[53] 그렇다면 낯선 문화를 접하는 이는 자신이 "특정한 방식으로 문명화된 한 명의 행위자"에 불과하다는 문화 번역자로서 자의식이 있어야 한다.[54] 따라서 문화 접경지대의 주체들은 쌍방이 서로를 달리 인식할 수 있고 그것은 상대적이며 관계적이라는 문화 상대주의적 시각을 확보할 필요가 있다. 여기에는 야만과 문명이라는 이분법적 대립은 존재하지 않는다. 낯선 후각 자극을 제공하는 타자에게 일상적이고 지속적으로 노출될 때, 자기중심적 아집에 미세한 균열이 생길 수 있을 것이다.

종교와 위생의 냄새:
유향과 몰약에서
물과 비누로

그렇다면 선교사가 이주자로서 일상생활에서 경험했던 감각은 종교인으로서 정체성과는 어떻게 연관되어 있을까? 냄새와 관련된 어휘가 종교적이고 도덕적 의미를 띠는 현상은 광범위한 문화권에서 발견된다.[55] 대부분의 종교에서 좋은 향기는 신성함과 연관되어 제단, 신전, 예배, 수양 등 신을 향한 여정에 향이 함께했다. '향기=선=신' 그리고 '악취=악=악마'라는 도식은 종교와 문명의 경계를 넘어서 보편적으로 발견되는 현상이다. 기독교에서도 향기는 신의 고귀함과 결부되어 있었다.[56] 《구약성경》에는 하나님을 향한 신성한 제사에 '향품', '몰약', '육계', '창포', '감람기름', '향기름', '관유' 등 진귀한 향료들이 다채롭게 등장한다.

    여호와께서 모세에 또 말씀하여 이르시되 너는 상등 향품을 가지되 액체 몰약 오백 세겔과 그 반수의 향기로운 육계 이백오십 세겔과 향기로운 창포 이백오십 세겔과 계피 오백 세겔을 성소의 세겔로 하고 감람기름 한 힌을 가지고 그것으로 거룩한 관유를 만들되 향을 제조하는 법대로 향기름을 만들지니 그것이 거룩한 관유가 될지라.

(《출애굽기》 30장 23-25절)

물론 종교적으로 향기를 언급할 때에는 향료라는 물질만을 지시하는 데 그치지 않는다. 영적 영역에서 '향기'는 비유적 의미를 내포한다. 아래 성경 구절을 보자.

항상 우리 그리스도 안에서 이기게 하시고 우리로 말미암아 각처에서 그리스도를 아는 냄새를 나타내시는 하나님께 감사하노라. 우리는 구원받는 자들에게나 망하는 자들에게나 하나님 앞에서 그리스도의 향기니, 이 사람에게는 사랑으로부터 사망에 이르는 냄새요 저 사람에게는 생명으로부터 생명에 이르는 냄새라 누가 이 일을 감당하리요.

(《고린도후서》 2장 14-17절)

"그리스도의 향기"나 "사망에 이르는 냄새"라는 구절은 일종

조토 디 본도네, 〈동방박사의 예배(The Adoration of the Magi)〉, 1320년경

의 종교적 관용어다. 향기는 실제와 은유의 차원에서 신의 총애나 신성함을 나타내는 표식이었다.[57] 초기 청교도는 로마 제국의 짙은 향기 문화를 퇴폐적이라며 경계하고 정결한 신체의 냄새, 거의 무취에 가까운 냄새를 지향했지만, 6세기 이후부터는 '성덕의 향기'라는 영적 개념으로 다양한 향기를 포용하기 시작

했다.[58]

구약에 이어 신약에서도 향료는 은혜로운 자리를 환기하며 등장한다. 《신약성경》의 시작을 여는 〈마태복음〉에서 동방박사가 아기 예수의 탄생에 바친 선물 세 가지 중 두 가지는 향료였다. 가장 귀한 선물로 엄선된 유향과 몰약은 식물성 향료이자 약재, 신성한 제의에도 사용되었다.

> 집에 들어가 아기와 그의 어머니 마리아가 함께 있는 것을 보고 엎드려 아기께 경배하고 보배합을 열어 황금과 유향과 몰약을 예물로 드리니라.
>
> (〈마태복음〉 2장 11절)

반면 악취는 지속적으로 타락과 방종을 뜻하는 데 동원되었다. 일례로 지옥은 악취로 가득한 공간으로 묘사된다. 살로몬 크루넨베르그는 《지옥은 왜 유황 냄새를 풍기는가》[59]에서 지옥에 관한 오랜 상상과 신념의 기원을 추적했다. 지옥은 후각 고문이라고 할 수 있는 악취를 포함하여 신체적 고문으로 가득한 곳으로 묘사되어 왔다. '천국의 향기'가 은유에 가깝다면 '지옥의 악취'는 실제 악취를 감각적 차원에서 강조하는 의미가 강화된다.

이러한 악취와 향기에 관한 감각은 선교지 현장에도 그대로 전달되었다. 다음은 20세기 초 선교사가 영사기를 활용하여 조선인들에게 성경 이야기를 전하는 장면이다. 영사기에 담긴 내용은 '돌아온 탕자'에 관한 이야기인데, 여기서 타락의 징후는 신체에서 나는 악취로 표현된다. 방탕한 삶을 산 아들의 "더러운 몸"에서는 "돼지 냄새"가 났지만, 아버지도 하나님도 이를 개의치 않고 그를 안아 준다.

"비단 두루마기는 전당 잡혔고 갓도 없어졌으며 가지고 있던 돈은 기생과 술에 다 탕진하고 말았습니다. 누더기를 걸친 아들의 더러운 몸에서는 돼지 냄새가 납니다. (중략) 아버지는 아들 몸에서 돼지 냄새가 나도 개의치 않습니다. 아버지는 다만 돌아온 아들을 반길 따름입니다. 하나님도 그렇습니다. 하나님은 우리가 그 어리석은 아들같이 하나님을 떠났었다 하더라도 우리를 반겨 줍니다."[60]

이처럼 기독교에서는 '은유로서 향기와 악취'가 신앙과 타락의 척도였으며, 향의 연기가 기류를 따라 하늘로 올라가는 현상은 하늘에 있는 신에게 다가감을 뜻했다. 많은 종교에서 하늘로 올라가는 연기는 이 땅의 인간이 하늘에 닿을 수 있는 상징적 모습이었다. 그리고 이러한 향과 악취에 관한 감각은 의료 선교 활동과도 긴밀히 연결되어 있었다. 앞서 살펴봤듯이, 선교사가 경험한 후각에 관한 기록은 악취에 집중되어 있었고 위생 담론을 동반했다. 초기 선교사들은 조선 왕실과 양반, 민간의 신뢰를 얻기 위하여 의료 선교부터 시작했으며, 전염병에 대한 대응, 위생적 습관과 환경 개선에 초점을 두었다. 선교부는 생활 습속을 전반적으로 개선하는 '절제 운동(Temperance Campaign)'을 내세우며 관련 문서와 내용을 적극적으로 출판하고 강연했다. '절제 운동'은 금연과 금주를 시작으로 위생, 질병, 성교육, 육아, 요리, 처첩제 폐지, 주거 환경 등 생활 습속 전반에 관한 개선 운동으로 확장되었다. 1920년대에 이르면 이러한 내용을 요약해 담은 '절제 운동 문서 시리즈'를 대규모로 발간하기에 이른다.[61]

일찍이 20세기로 전환되던 시기에 미국 내 선교 본부에서는 신자들의 일상에 적극적으로 들어가 개입하는 제2차 대각성 운동이 일어났다.[62] 이후 절제 운동은 파견 선교사들을 통해 각 선교지로 확산되었다. 그들은 이러한 선교 운동의 차원에서 그리고 무엇보다도 현지 적응과 생존을 위해서 비위생적 자극에 민감하게 반응할 수밖에 없었다. 악취의 발원지에는 유해한 세균들이 존재한다는 지식과 함께 장기설, 감염설이 결합되어, 보이지 않는 경로와 접촉에 관한 공포감이 생겨났다. 악취는 무지와 게으름의 소산이었으며 생명 위협의 징후였고, 따라서 계몽과 교정의 대상이었다. 선교사들은 포졸을 비롯한 조선인 노동자에게서 나는 술과 담배 냄새가 결국 그들의 무절제함을 드러낸다고 보고 불쾌감을 표출했다. 조선인의 종교적 개종 전후 차이를 극적으로 묘사할 때도 더럽고 악취 나는 존재에서 정결하게 변모하는 모습으로 그렸다.[63]

한 의료 선교사가 1907년 평양에서 발간한 보건 위생서인 《위생》에는 청결을 정신의 문제와 연결하려고 한 당대의 사고가 잘 담겨 있다. 《위생》은 물과 공기를 상태에 따라 분류하고 그 적절함과 부적절함을 구분하고 유지하는 방법을 상세히 기술하고 있다. 맑고 깨끗한 물과 공기는 악취, 부패와 거리가 먼 향기로운 것이었다. 무엇보다도 이 책은 서문에서 다음과 같이 "몸을 정결"하게 함으로써 "마음을 깨끗"하게 하고 "죄악의 뿌리 끊기"에 도달하기를 권한다.

> 이 글을 보시는 이들은 소홀히 여기지 마시고 명심하고 살펴 밖으로 몸을 정결케 하여 병의 근심을 막고 안으로 마음을 깨끗하게 하여 죄악의 뿌리 끊기를 바라노라.[64]

이렇게 의료 선교사들은 과학적 지식과 종교적 해석을 결합해 몸과 마음의 건강을 동일시했다. 그 과정에서 위생의 척도가 되는 냄새는 구원의 상징으로 더 강력하게 거듭날 수 있었다. 자연스럽게도 '악취'는 근대 위생 담론의 힘을 받으면서 '척결해야 할 악'으로 간주되었다.

후각적 자극은 생존을 위한 호흡과 직결되었기 때문에 피하기 쉽지 않았다. 다음은 릴리어스 호턴 언더우드가 '신선한 공기'를 갈구하며 고통스러워하는 대목이다. 조선에서는 온돌방의 온기를 유지하기 위해 창문을 꼭 닫는 풍습이 있었다. 따라서 그녀는 방 안에서는 환기가 되지 않아서 괴로웠고, 하수 설비가 미비한 거리로 나갔을 때는 악취로 견디기 어려웠다.

> 게다가 아주 지독한 냄새를 풍기는 수증기며, 푸르스름한 웅덩이며 하수도 따위가 곳곳에 도사리고 있다. 하수도라는 것은 후덥지근한 밤 공기 속에서 들짐승보다 더 살인적인 말라리아균을 내뿜는 곳으로 이름이 높다. (중략) 그러니 끝내는 문밖으로 뛰쳐나와 신선한 공기를 들이마시고 화끈거리는 머리를 식힐 수밖에 없다.[65]

> 냄새와 상태를 보아 산모는 피를 많이 흘린 것 같았고, 출산 시 생긴 분비물들 위에 그대로 누워 있었다. 후끈한 온돌방에서 풍기는 냄새를 한번 상상해 보라.[66]

하수도에서 나는 악취는 "들짐승보다 더 살인적인 말라리아

청계천, 광주광역시시립민속박물관 소장

균을 내뿜는" 것으로 간주되었고, 의료 선교로 경험해야 했던 출산 장면은 분비물들과 함께 풍기는 후끈한 온돌방의 냄새로 기억되었다. "'비위생적'이거나 '불결함'이라는 말에 딱 맞는 상상할 수 있는 온갖 행동이 예사로 저질러지"67는 주거 환경과 생활 습관에 관한 선교사의 기록은 도처에서 찾아볼 수 있다. 이들은 의료 선교를 위해 전염병 환자들을 포함한 일반인들과 접촉해야 했고, 이때 느낀 세균 전염에 대한 공포감으로 '불결함'을 더욱 강하게 경계하게 되었다.

이처럼 선교는 의료·출판·교육 분야에서 동시에 진행되었고, 두 문명이 접촉하여 '감각'이 교차하고 마찰하는 지대에서 이루어졌다. 성경 속 유향과 몰약의 향기는 선교 현장에서 비누와 물의 냄새로 전환되었다. 그리하여 앞 장에서 보았듯이 조선 소녀 '섭섭이'는 '비누와 물'의 냄새를 언제나 맡게 되어 기분이 좋았"다고 고백하게 된다. 한 서양사학자는 유럽이 아프리카 대륙을 식민화한 역사에서 비누 광고가 지닌 인종 차별적 메시지를 분석했는데, 19세기 이후 "비누를 통한 정복이 총칼을 앞세운 정복보다 훨씬 쉽고 세련된 방법"이고 "비누가 가장 제국주의적 상품"이었다고 말했다.[68] 위생 담론 주체의 목소리가 더 다원화되어 있던 식민지 조선에서, '비누 냄새'로 상징되는 위생의 냄새가 지닌 의미는 이보다 조금 더 복잡했던 듯하다.

2

근대의 척도, 개성의 지표

불란서 향수의 권좌

신체의 확장, 손수건과 손 편지에 뿌려진 향수

타락과 방종의 징표, '자유부인'의 베드퍼퓸

향수,
근대적
취향의
형성

근대는 향수라는 인공적 발향 물질이 문명과 교양과 개성을 표현하는 척도로 자리 잡는 시대였다. 개인은 향수라는 상품을 구매함으로써 자신의 존재감을 시공간적으로 확장하거나 바꿔 나갈 수 있었다. 적어도 그럴 수 있다고 믿었다. 그 과정에서 향수의 브랜드, 콘셉트, 지역 경쟁이 발생했지만, 그중에서도 꽃향기의 인기와 불란서 향수의 권위는 한동안 막강했다. 향수를 신체와 소지품에 뿌리며 집을 나서는 습관이 정착되던 이 시대에 사실상 오늘날 향수 소비 문화의 근간이 형성되었다고도 볼 수 있다. 향수에 관한 취향으로 자유와 방종, 예술과 타락, 예절과 무례 사이에서 그 위치를 가늠할 수 있었다. 향수에는 사회적으로 주조된 공통 감각 속에서 차별화를 모색하는 개인의 욕망이 투영되었다. 향수는 근대인이 도시화와 상업화의 조류 속에서 펼친 인정 투쟁의 무기였다. 이 장에서는 20세기 초부터 정착된 향수 문화에 관한 문자 기록을 살펴본다.

근대의 척도,
개성의 지표

100년 전에는 '후각은 동물적이고 야만적 감각'이라는 상식이 지배적이었다. 당시 일간지 기사는 이러한 후각의 속성을 연애와 연관 지어 설명하기도 했다. "인류는 후각에서 시각으로 진전"하여 이제 "인류는 '내암' 맡는 코보다는 '판단'하는 시각에 비추어 연애"하게 되었다고 했다.[1] 이성적인 근대적 연애는 새삼스럽게 후각이 아닌 시각을 강조했다. 이 기사는 인간의 연애란 영혼과 이성의 합일이라는 복합적 정신 작용임을 강조하며 동물들의 본능에 따른 번식 행위와는 엄연히 다른 것임을 분명히 했다. 그리고 가문 간에 혼사를 맺는 전통적 혼례 문화에 새롭게 유입된 근대적 '연애' 개념은 개인 간 정신적 교감과 사랑의 감정을 강조하며 전근대와 결별을 선언했다.

이렇게 조혼 관습을 타파하며 등장한 신식 연애와 결혼 풍습은 개인의 주체적 선택을 중시했다. 그리고 이는 개인의 개성과 취향을 전제로 했기에, 매력을 어필하는 향수가 주요 상품으로서 연애 시장에 본격적으로 진입하는 일은 시간문제였다. 1920년대 한 향수 광고는 연애 대상을 사로잡는 필살기이자 사랑의 묘약이라고 선전하며 "모든 사람을 노예화하는 신비적 강력한 향료"라는 문구를 동원했다.

> 독점애(獨占愛) 향수는 연애와 사교에 성공하는 비결입니다. 그대의 애인의 사랑은 오직 독점애 향수로써 획득할 수 있을 것입니다. 독점애 향수는 그 근방에 오는 모든 사람을 노예화하는 신비적 강력한 향료입니다. 노유귀천을 물론하고 그 유혹에 항복지 않는 사람은 없습니다.[2]

냄새에도 격이 있었다. 야만의 냄새와 문명화된 냄새가 구분되기 시작했다. 향수라는 상품을 사용하는 일은 교양이자 예절이며 예술로까지 불리게 되었다. 1938년 기록에는 "냄새는 일종의 음악"이라는 문구가 있는데, 이렇게 후각을 청각과 접목하는 사유가 당시에 처음 등장한 것은 아니었다. '냄새를 듣는다'는 개념의 단어는 동아시아 한자 문화권에서는 '문향(聞香)'이라는 한자어로도 존재했다. 하지만 이는 정신적 수양이자 섬세한 법도로서 신분과 교양을 드러내는 귀족 문화에 가까웠다. 한문학에서도 냄새 관련 어휘는 도덕적 상징과 연관되어 있었다. '향기'는 고결한 정신의 아름다움을 강조하는 대표적 수사였다. 예컨대 "향초(香草)는 곧 현자의 고결한 인품이나 높은 지조를 비유"3했고 "향기로운 명성(名聲)"은 "고결한 품덕(品德)"을 의미했다.4 이러한 관습에 기대어 근대 초기 화장품과 향수 광고에서도 "높은 향기"라는 표현이 즐겨 사용되었다.5 즉, 향기에 정신적 가치를 결부하는 현상은 특정 종교와 사상을 초월한 것이었으며, 근대화 단계를 거치며 더 일상적 차원에서 자연스럽게 정착되었다.

향 피우기 문화는 오랜 역사를 지니고 있었다. 애초에 향수를 가리키는 단어인 'Perfume'은 '연기를 통한다'는 의미인 라틴어 'Per Fumum'에서 출발했다. 근대 이전에는 연기를 피우거나 공간에 향을 입혀 그 향이 사물에 배어들게 하는 문화가 더욱 발달했다. 일찍이 동아시아에서도 한·중·일 향료 교역이 활발했는데, 신라 시대에 '훈의향'이라는 교역품에 관한 기록이 남아 있는 것으로 보아 당시 의복에 향 연기를 입히는 '훈의(薰衣)' 문화가 존재했음을 알 수 있다.6 신라와 고려 시대에는 불교문화의 영향으로 향 문화가 발달했고, 유교문화가 발달했던 조선 시대에는 향낭을 소장하거나 옷장에 의향을 넣어 두는 것처럼, 더 간접적이고 은은한 방식으로 향유되었다. 대체로 한·중·일 향 문화에서는 신체에 직접 향을 바르기보다는 다른 물체나 공간에 향이 스며들게 했다.[7] '향침'이라는 베개에는 향초(香草)를 넣어 밤사이 머리에 향이 배도록 했고, '향낭'이라는 주머니에는 난초향이나 사향을 넣어 몸에 지니고 다녔다. 옛 어휘를 기록한 사전에는 향을 입힌 상자, 화로, 베개, 주머니 등 다채로운 물건들을 가리키는 다양한 고전 어휘들이 남아 있다. 향합(香盒), 선향(線香), 향연(香煙), 훈향(熏香), 향로(香爐), 향침(香枕), 향낭(香囊) 등 단어는

조선 시대 금사제접형향낭,
서울대학교 박물관 소장

개화기 이후 작성된 '한-영', '영-한' 이중 언어 사전에도 등재되어 있으므로, 20세기 초에도 관련된 전통문화가 한동안 남아 있던 듯하다.

고전 문학에서도 '향기'는 이상적 '진-선-미'를 수식하거나 비유하는 데 동원되었다. "천향국색(天香國色)"[8]이라는 어휘는 향기가 그윽할 정도의 절세미인을 가리켰다. 그리고 "싸고 싼 사향(麝香)내도 난다"[9]라는 문구는 사향의 향이 짙어서 싸고 또 싸도 냄

새가 나는 것처럼, 어떤 일도 궁극적으로는 숨길 수 없음을 뜻했다. 진실과 본질은 결코 감출 수 없다는 비유로 향기와 냄새가 동원된 셈이다.

고전 소설 《춘향전》에도 '향(香)'과 관련된 단어가 많이 나온다. 우선 주인공 '춘향'과 '향단'이라는 이름이 그러하다. 《춘향전》에는 한자 향(香)으로 끝나는 여러 향료나 약재 이름을 열거하며 '춘향'이란 이름으로 언어유희를 하는 장면이 나온다.

《춘향전》(박문서관, 1917), 국립중앙도서관 소장

"요 방정맞고 요망스런 아이 녀석아, 사람을 그다지 놀래냐? 내 추천을 하든지 말든지 너더러 대수리? 말 많고 익살스레 분주다사하게 뒤숭뒤숭스레 춘향이나 사향이나 침향이니 계향이니 강진향이나 곽향이니 회향이니 정향이니 목향이니 네 어미니 할미니, 갖추 갖추 경신년 글 강 외듯 다 읽어 바치라더냐?"[10]

'사향, 침향, 계향, 강진향, 곽향, 회향, 정향, 목향' 등은 약재이자 향료로 사용되던 소재다. 재료의 '향'에 주목하게 하는 명칭들은 약재를 구분하는 다채롭고 섬세한 후각 문화가 존재했음을 알려 준다. '향주머니'를 지니고 다니는 문화 또한 그 한 예다. 특히 향낭, 향주머니는 장식적, 의료적, 주술적 기능을 두루 담당했다. 《춘향전》에는 "대방전에 약낭"[11]이라고 향을 넣은 약주머니, 자개나 비취로 장식한 고급 향주머니인 "자개향비취향"[12]이 등장한다.

조선 시대 향낭 노리개, 국립민속박물관 소장

향주머니인 '향낭'은 파우치나 핸드백의 초기 형태로 주목된다. '향'을 지니고 다니는 풍습은 양반, 선비, 기생의 풍류 문화였으며, 향 피우기는 조상을 기리는 '제사'에서도 중요한 역할을 했다. 따라서 《춘향전》에서는 가문이 지켜야 할 중요한 물건으로 '향로'와 '향합'이 언급된다.

세상 사람이 남는 것 하나는 있느니라, 왈짜가 망하여도 왼다릿길

하나는 남고, 부자가 망하여도 청동화로 하나는 남고, 공가가 망하여도 신주보 하나 향로 향합은 남고, 남산골 생원이 망하여도 걸음 걷는 보수 하나는 남고.[13]

'신주보', '향로', '향합'은 모두 제사에 필요한 물건이다. 신주보는 신주를 모시는 나무 상자를 덮는 네모난 헝겊이고, 향로는 향을 피우는 화로, 향합은 향을 담아 두는 그릇이다. 이처럼 조상에게 드리는 제사에서 향 피우기는 격식을 갖추어 행하는 중요한 의례였다.

이렇게 조선 시대 양반 계급을 중심으로 즐기던 향 문화는 근대 이후 소비 자본주의가 본격화하면서 대중화되고 일상화되었다. 언제부턴가 인센스, 룸 디퓨저, 의복 스타일러, 포푸리를 비롯하여 AI를 활용한 향 자동 분사기까지 다양한 상품이 혁신적 고안물인 듯 등장하고 있지만, 그 역할에 대응하는 향구들은 전통적으로 존재해 왔다. 즉, 뿌리 깊고 풍부했던 향 전통문화가 현대화되며 변모하고 있는 셈이다.

다만 특정 계급이 향유하던 문화가 근대 이후 대중이 소비하는 기호품으로 보편화되고 상품화되면서 조금 더 간단한 양식으로 정착되었다. 그 과정에서 후각적 표현은 일상적으로 실천할 수 있는 취향의 정치이자 문화적 기호로 인식되기 시작했다. 예

고려 시대 청동 은입사 봉황문 향합, 국립중앙박물관 소장

컨대 이발할 때 사용하는 화장품도 향기를 엄선하여 사용한다면 이발이라는 행위 역시 종합 예술이 될 수 있다고 했다.[14] 이는 당시 이발용 로션 제품이 상품화되기 시작하던 미용 산업의 흐름과 관련이 있었다. 화장품, 세정제와 같은 상품의 초기 광고들은 세정, 미백, 보습, 노화방지 등 기능에 대한 정보 뿐 아니라, 이 상품을 통해 경험하게 될 쾌락과 환상, 그리고 변신의 욕망을 제시하는 데 주력했다.

이때 '좋은 향기'라는 말은 가치 평가적 의미를 지녔다. 특히 근대 초기에는 '향기' 앞에 '높다'라는 수식어가 사용되고는 했는데, '높은 향기'는 고결한 정신적 가치를 심미적으로 표현하는 수사였다. 예를 들면 기행문에 나오는 "향기 높은 차"[15]라는 표현과 "높은 향기"[16]가 난다는 화장품 광고 문구는 설명하는 대상이 좋은 향이 나는 귀한 제품임을 가리켰다. 물리적 위치를 뜻하는 '높다'라는 단어가 '향기'와 결합하여 확장된 의미를 빚어낸 셈이다. '높은 향기'라는 광고 문구는 고급한 향기를 담은, 따라서 광고하는 상품이 희소성 있는 고급 제품임을 뜻했다. '높다'는 '빛', '색채', '형태' 등 시각적 단어와는 좀처럼 결합하지 않는다. 공기 중에 확산되어 날아가는 냄새 분자의 성질 탓에 '높다'와 '향기'는 자연스럽게 만난다. 그리고 이에 따라 결과적으로 후각은 다른 감각보다 정신적 수준의 차원에서 평가하고 판단하는 수직적

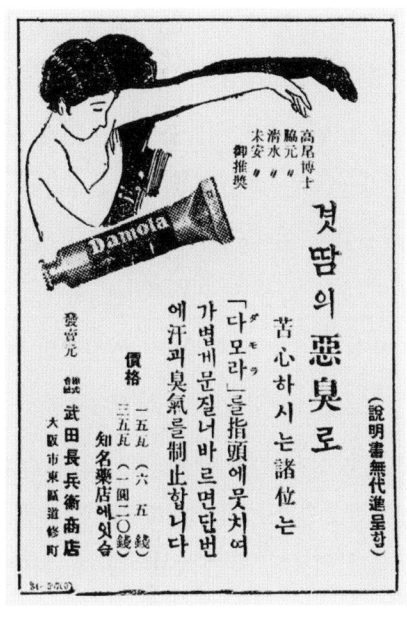

겨드랑이 악취 제거제 다모라 광고, 《조선일보》 1934년 6월 21일

의미를 지니게 되었다.

앞서 언급한 것처럼 20세기 초에는 향기를 즐기는 일을 문명화된 취미로서 소개하는 기사들을 이따금 발견할 수 있었다. 향수는 인체와 사물에서 발생하는 불쾌한 냄새를 척결 대상으로 지목하며 등장했다. 인체에서 발생하는 입냄새, 머릿내, 발냄새, 땀내 등 체취는 대표적 악취로 지목되었다. 어떤 존재든 언어화될 때, 그것은 비로소 사회적 실체로 존재하게 된다. 악취의 존

재와 발원지가 공론장에서 지목됨에 따라, 이는 사회적 문제이자 집단적 대응이 필요한 영역으로 부상했다. 1930년대에는 신체의 악취를 없애는 구체적 방법을 소개하는 기사들이 연일 게재되었다. 기사 제목도 "냄새 없애는 법", "땀냄새를 없애려면", "파, 마늘 조심하고 자주 씻을 것", "입에서 나는 냄새" 등 다양했다.[17] 이러한 기사의 내용은 향수, 화장품, 구취제거제, 치약, 비누 등 광고 지면과 긴밀히 연동되었다. 향수 회사는 일간지의 주요 광고주였다. 일간지 독자는 곧 소비자이기도 하거니와, 독자에게 기사와 광고의 경계는 애초부터 모호했다.

그리고 흥미롭게도 자연 발생적 인체의 악취를 제거하고 덧입힌 향기는 바로 인공적으로 제조된 '자연'의 향이었다. '자연스러운 악취'를 제거한 신체에 이상적이고 인공적인 '자연의 향기'를 덧입히는 것이 문명화 과정이었던 셈이다. 자연에서 추출할 수 있는 가장 이상적 향기를 인공적으로 제조해서 소비하는 습관은 20세기 초 근대화 시기에 생겨났다. 이렇게 신체와 공간을 '탈취-무취-향취'의 대상으로 삼는 근대 프로젝트가 진행되었다.

이러한 과정을 통해 향수는 "근대인의 기호에 적응한 유일한 향기"[18]로 거듭날 수 있었다. 후각 상품의 정점인 향수는 새로운 시대를 여는 "신사 숙녀의 예절"이었다. 애초에 '서구 문명'을 상징하는 상품으로서 이 땅에 등장했던 향수는 서구 수입품이고 고가품일수록 잘 팔렸다. 가 보지 못한 먼 곳을 향한 동경 때문인지, 향수는 선진국에서 물 건너온 박래품(舶來品)이어야 인기가 좋았다. 이런 향수 소비문화를 이해하지 못하는 이들은 "20세기의 야만인"이라고 불리기까지 했다.

　이렇게 '향수'는 '야만'의 냄새와 결별하며 '문명'의 향기로 자리 잡은 후, 다음 단계로 '개인'의 '개성'을 드러내는 역할을 해야 했다. 이제 향수는 개인의 취향이자 안목을 드러내는 징표로 거듭났다. 1920~1930년대 일간지에는 향수에 관한 기사가 넘쳐 났으며 "그가 좋아하는 향수로 그 사람을 알 수 있다"와 같이 개성과 향수를 동일시하는 제목의 기사들을 자주 목격할 수 있었다. 이러한 기사들은 향수 한 방울의 향기야말로 자신의 정체성을 표현할 수 있는 "최고의 취미"[19]라고 말하고 있었다. '향수'는 서구에서 온 '교양'으로 소개되었기 때문에 그에 걸맞은 '기법'과 '안목'을 교육받아야 했다. 도시 생활에서 자신의 냄새를 조절하는 일은 사회적 예절로 학습되었다. 당시 일간지와 잡지는 '향수의 역사', '향수 제조법' 등 향수에 관한 정보부터 '향수를 살 때 주의점과 선택하는 법', '향수를 언제 어디서 어떻게 사용해야 하는가'에 관한 글을 연일 게재했다. 무엇보다도 "향수는 땀내를 없애려고 써서는 안 되는 것"[20]이었다. 악취와 향수가 섞이면 악취가 더 역해지기 때문이었다. 즉 향수는 제멋대로 써서는 안 되며, 문화적 규범을 따라 사용해야 했다. 다음은 1929년 일간지 기사다.

> 사람은 관능적으로 냄새를 퍽 좋아하게 됩니다. 그러나 남자의 좋아하는 냄새와 여자의 좋아하는 냄새와는 상당한 간격이 있습니다. (중략) 냄새 중에 대표적 냄새는 향수라 할 수 있습니다. (중략) 향수에 대한 사람의 좋아하는 것도 연령에 따라 매우 다릅니다. 물론 그뿐만 아니라 각 개인의 성격과 또 직업 환경에 따라서도 어느 정도까지 좋아하는 것이 다 각각 다르게 나타납니다. (중략) 그 사람의 좋아하는 냄새를 두고 그 사람의 생활 내용을 상상할 수 있을 겁니다. 또 냄새에 대한 것도 절기에 따라서 퍽 다릅니다. (중략) 그러므로 한대 지방, 온대 지방, 열대 지방에 사는 사람들의 즐기는 냄새에도 차이가 몹시 나는 것입니다.[21]

위 기사는 냄새에 관한 취향이 성별, 연령, 성격, 직업, 지역, 계절에 따라 달라질 수밖에 없다는 점을 강조한다. 즉 냄새에 관한 호불호는 근본적으로 '집단적 정체성' 그리고 '환경적 조건'에서 자유로울 수 없음을 전제로 하되, 그 안에서 개인이 '개성의 향기'를 찾아야 함을 이야기한다. 개인을 규정하는 것은 집단적 정체성의 교집합이지만 이제 그 속에서 자기만의 개성을 확고히 표현하기 위해 신중히 향수를 선택하자는 뜻이다. 향수 담론은 근대적 개인으로 거듭나던 독자들에게 '개성의 향기'라는 다소 어려운 관념을 '향수'라는 구체적 사물로 이야기하고 있었다. 오랜 시간 탐색해도 찾기 어려운 자기만의 '개성'이라는 것을 '구매'라는 행위로 간단히 얻을 수 있다는 사실은 상당히 매력적 유혹이었다.

이렇게 20세기 초, '향수'는 개인적이면서 사회적인 것, 과학적이면서 윤리적인 것, 소비적이면서 정신적인 것이라는 양면적 속성을 착실히 접수하며 자리를 잡아 갔다. 향수라는 존재를 인식하게 된 이후, 이제 광고는 당신이 비록 다른 소비자와 동일한 제품을 구매해도 차별적 향기를 풍기리라고 설득해야 했다. '동일한 상품을 사면서도 어떻게 개성을 드러낼 수 있는가?'라는 질문에 대답도 마련되었다. 당시 일간지에서는 '사람마다 각각 독특한 냄새가' 있고 심지어 '한 사람에게서 한 가지 냄새가 나는 것도 아니다'라는 내용의 글을 이따금 볼 수 있었다.[22] 그렇다면, '자기 몸에 가장 적당한 향수'는 따로 있고, 그것이 체취와 결합해서 만들어 내는 냄새 또한 다를 수밖에 없었다. 제법 그럴듯한 설명이었다.

그리고 향수 광고는 여기서 나아가 적극적으로 자신의 향을 조향할 수도 있다고 제안했다. 20세기 초 이미 향수 DIY 키트가 존재했다. '자기 마음에 꼭 맞는 향수' 한 방울을 소비하는 것은 "근대인의 취미"이자 "취미의 최고봉"이었다. 심지어 중일전쟁과 제2차 세계대전 시기에도 향수 시장은 명맥을 이어 갔다. 유럽 역사에서도 프랑스 혁명기에 색조 화장을 자제하게 되면서 도리어 향수를 활발하게 사용하게 되었다는 기록이 있다. 즉 전쟁과 혁명, 침략 시기에, 눈에 띄지 않고 은밀하게 미를 표현하는 방식으로 향수가 선택된 것이다. '나만의 향수'를 만들어 낼 수 있는 키트 상품 역시 이러한 시기에 소비되었다. 이때 향수는 의복이나 구두 같은 패션 상품들과 달리, 새로운 향수가 가져올 삶과 변화를 더욱 극적으로 제시했다.

향수는 자기표현이라는 심미적 차원에서 나아가 "정신적 영양제"로 언급되기도 했다. 1940년대 향수 광고를 잠시 살펴보자.

아침의 한 방울은 왼종일의 기분을 상쾌케 함.
취미의 향기.
새로 자매 향수로서 만든 취미의 향기 5종은 근대인의 취미의 최고봉으로서 여러분께 호평을 받고 있습니다.
로-즈, 리리-, 자스민, 바이오레스트, 헤리오도로-푸.
오리지나루 향수 등과 여러 가지로 조합하여 자기의 마음에 꼭 맞

오리지나루 향수 광고, 《동아일보》 1940년 2월 3일

는 향수를 만들어 쓰시기 바랍니다.

광고는 아침의 향수 한 방울로 하루가 변화할 수 있다고 말한다. "아침"에 "한 방울"이라는 간단하고 구체적 처방으로 온종일 상쾌할 수 있다는 뜻이다. 향수 뿌리기, 그것은 하루를 시작하는 주술이자 문밖을 나서는 신성한 의식으로 권고되었다.

그리고 향수 뿌리기는 매일 하도록 권할 만했다. 향수 광고에 따르면 모든 계절은 향수를 사용하기에 아주 적합했기 때문이다. 초여름이 다가오는 봄날의 향수 광고는 이 계절이야말로 "향수의 계절"임을 선포한다.

> 향수의 계절이 되었습니다. 이로부터 여러분의 신변(身邊)에 오리지나루의 향내가 나시도록 하시기 바랍니다. 여러분의 일상을 일층

오리지나루 향수 광고, 《조선일보》 1938년 4월 28일

풍족하시게 하기 위하여

(《동아일보》 1927년 5월 23일)

봄날은 별다른 설명도 필요가 없었다. 그저 "향수의 계절이 되었"으니 몸과 주변에 향수의 향내를 입혀 일상을 더욱 풍족하게 하라고 축복한다. 이와 달리 여름날 광고는 뜨거운 날의 청량감을 통해 그 기능성을 강조한다.

성하(盛夏)인 이때-자타에게 모다 서늘한 기분을 주는 오리지나루 향수의 고아한 향기는 여러분의 몸치레하시는 데 꼭 필요한 것입니다.

《동아일보》 1931년 8월 18일)

여름철에 서늘한 기분을 주는 향수를 쓰는 것은 신식 '신사 숙녀'라면 모름지기 갖추어야 할 "예절"이었다.

현대적 우수품, 삼호향수, 외출에 필휴(必携)하시오.
여름철에 향수를 쓰시는 것은 신사 숙녀의 예절입니다.
향수는 가장 현대적인 삼호향수를 쓰십시오.

《동아일보》 1936년 8월 3일)

여름의 일간지 기사에서는 은밀한 사용 팁도 제시한다. 덥고 습한 여름에는 짙은 냄새는 피하고, '향기가 날 듯 말 듯'하고 '은근한' 향으로 "단아한 몸단장"을 할 것이 권고되었다. 다음 기사처럼 향수는 어떻게 쓰느냐에 따라 불쾌감을 줄 수도 있지만, 반대로 "시(詩)"나 "노래"가 될 수도 있었다.

여름에 향수는 필요하나, 짙은 냄샌 덜 좋아. 향내가 날 듯 말 듯해야 은근하다. 여름이 되면 누구나 향수를 아니 쓸 수 없이 됩니다. 이것은 단연 단아한 몸단장이오. 더구나 여자로서는 쓰는 방법에 따라 시도 노래도 될 만큼 윤택한 정조가 나타나는 것입니다. 다 각각 자기의 취미겠지마는 (후략)

《동아일보》 1938년 7월 7일)

그런가 하면, 가을의 향수 광고는 가을이야말로 향수가 필요한 "사교의 계절"임을 부각했다. 여름에는 기후로 인한 불쾌감을 완화하는 데 초점을 맞췄다면, 가을에는 사회생활이 본격화되는 계절임을 강조하며 타인의 코를 의식한 향수 소비를 촉진했다.

사교의 계절이 되었습니다. 일층 유쾌한 교제가 되도록 본품을 사용하십시오.
본품의 특장(特長): 좋은 향기가 오래가며 세계 명화의 향기 38종이 잘 조화 배합된 것 등입니다.

《동아일보》 1928년 10월 18일)

이렇게 100여 년 전 향수 광고는 모든 계절에 향수가 얼마나 필요한지 설득했다. 이때 보통은 꽃 이름을 향수 이름으로 혹은 광고 문구로 가져와서 그 자연의 향기로움을 직관적으로 연상할

오리지나루 향수 광고,
《동아일보》 1922년 11월 25일

수 있게 했다. 향수 광고는 "불가리아산 로즈", "남유럽산 바이올렛", "남유럽산 릴리"를 원료로 한다고 밝히면서[23] 이국적 향기에 관한 환상을 불러일으키며 더불어 향료에 관해서도 신뢰를 얻고자 했다.

그러면서 향수는 진화했다. 세계의 명화(名花) 30종으로도 충족되지 않는 향기에 관한 환상을 채워주기 위해, 아니 그 너머의 판타지를 제공하기 위해, 구체적 상황을 떠올릴 수 있는 이야기들이 동원되기 시작했다. 이제 "꽃에서 제조되는 향수는 너무 보편적이 되어서 평범을 싫어하는 근대인의 감각에는 부적당"[24] 했기 때문이다. 1930년대 후반이 되면 불란서에는 "향수계의 혁명"적 향기라고 할 수 있는 것들이 나오기 시작한다. 비 온 뒤의 산과 들의 냄새, 소나무 숲의 풍경에서 착상된 냄새 혹은 나무껍질이나 담배, 멜론 냄새 등 당시로서는 새로운 개념의 향기를 알려 주는 기사들이 눈길을 끌었다. 특정한 시공간에서만 경험할 수 있는 특별한 감각을 불러일으키는 이야기가 담긴 향수 마케팅의 역사는 이렇게 100년이 되었다. 그리고 그 향수계의 '혁명'은 '불란서'에서부터 들려왔다고 전해졌다. 다음 장에서는 20세기 전반을 풍미했던 불란서 향수의 위상을 살펴본다.

불란서 향수의
권좌

향수는 본디 '사치품'이었다. 따라서 누구나 사용하는 일상 소비재와 달리, 타인과 차별화될 수 있다는 환상을 충족해 주는 역할을 해야 했다. 희소성 있는 향수, 고가의 향수는 그 자체로 소유하고자 하는 욕망을 자극했다. 이러한 소비재는 결국 마케팅이 중요했다. 광고가 정착되기 시작하던 근대 초기 일간지 지면에 향수 광고가 많은 이유는 여기에 있었다.

1930년대 있었음 직한 향수 구매자와 판매자의 대화를 잠시 들어 본다. 일제 강점기의 생활상을 잘 담아낸 작가 채만식의 소설 《탁류》의 한 대목이다.

"저어 향수 좋은 것 있어요?"

저편에서는 "있어요?"라고까지 말이 더 친숙해진다.

"네에, 향수요? 여러 가지 있습니다. 어떤 것을 찾으시는지…."

"그저 좋은 것이면 아무거라도 좋습니다. 오리지나루 같은 거…."
"네에! 오리지날이요? 있습니다. 그렇지만 그건 썩 좋지는 못한데요. 보통 많이들 쓰시기는 하지만…."
"네에! 아아, 그런가요? 그러면…."[25]

선물용 향수를 사러 매장에 들어온 남성은 "좋은 거 아무거나" 추천해 줄 것을 요청했지만, 그래도 자기가 아는 브랜드 하나는 말해 본다. 하지만 간신히 수줍게 "오리지나루"라고 말한 손님의 취향과 지식을 매장 직원은 짧고 단호하게 평가한다. 당신이 알고 있는 것은 보급형이지 귀한 이에게 선물할 고급품까지는 되지 못한다는 뜻이다. 이제 자신의 안목에 자신이 없어진 손님은 매장 직원에게 상품 선정의 안목을 넌지시 기대게 되면서 판매자는 권위를 확보하게 된다.

"그럼 오리지나루가 아니라, 무어 좋은 걸루 한 가지 골라 주시지요."
"그러시면 헤리오도로푸를 쓰시지요? 그것두 썩 고급품은 아니지만 그래두…."
"네네… 그럼 그, 그 헤 헤리… 그 향수 한 병만 지금 좀 보내 주실까요?"

"네에 보내 디리겠습니다. XX은행 고태수 씨라구 그러셨지요?"[26]

소설 배경과 창작 시기가 모두 일제 강점기였기 때문에 소설에서는 주로 일본산 제품이 언급되었다. 오리지나루는 일본 향수 회사 ㈜오리지나루가 만든 향수 브랜드였다. 당시 그와 견주어 광고하던 브랜드는 프랑스산 향수 수입업체 오사키구미(大崎組)가 개발한 금학(金鶴)향수 정도가 있었다. 이 '오리지나루'를 제치고 추천된 '헤리오도로푸'란, 페루가 원산지인 헬리오트로프(Heliotrope)라는 보라색 꽃 이름이자 이를 원료로 한 향수 이름이었다. 바닐라와 아몬드, 초콜릿 향이 난다고 알려져 있다. 당시 오리지나루 향수 회사는 상호명을 딴 '오리지나루' 향수 말고도 '로즈, 릴리, 자스민, 바이올렛, 헤리오트로프' 꽃 향기를 기본으로 한 향수 5종을 출시했다. 그러니 이러나저러나 같은 회사 제품이기는 했지만, 그 안에서도 고급화 전략이 있었던 셈이다. '희귀품', '고급품', '불란서제'는 향수 구매자를 설득할 때 동원되는 가장 흔한 수사였다.

'헬리오트로프'는 당시 일본의 문호인 나쓰메 소세키(夏目漱石)의 작품에서도 상징적 향수로 등장했다. 나쓰메 소세키의 작품들은 한국 근대 초기 작가들에게도 널리 읽혔는데, 그중 대표작 《산시로》(1908)에 바로 이 향기가 등장한다. 다소 미숙한 청년 주

헬리오트로프 꽃

인공 산시로는 성숙하고 도회적인 여성 미네코를 연모한다. 그런 그녀가 결혼한다는 사실을 밝히는 순간, 그녀는 산시로에게 '헬리오트로프' 향수를 뿌린 손수건을 들이민다.

여자는 종이봉투를 품에 넣었다. 그 손을 아즈마코트(기관지 천식 치료용 흡입약제)에서 뺄 때, 하얀 손수건이 들려 있었다. 손수건을 코에 갖다 대면서 여자는 산시로를 바라보았다. 손수건의 냄새를 맡는 모습이기도 했다. 이윽고 그 손을 쭉 뻗었다. 손수건이 산시로의 얼굴 앞에 와 있었다. 진한 향이 퍼졌다.

'헬리오트로프'라고 여자가 조용히 말했다. 산시로는 자신도 모르게 얼굴을 뒤로 뺐다. 헬리오트로프 병. 4번가의 석양. 길 잃은 양. 길 잃은 양. 하늘에는 높은 해가 환하게 걸려 있었다.[27]

진한 향기가 퍼지는 순간, 배경으로는 붉은 석양이 펼쳐지고 소설 속에서 중요한 이미지인 '길 잃은 양'이 중첩되어 떠오른다. 주인공의 성장과 각성의 순간을 극적 감각으로 증폭하는 장치가 바로 그녀의 헬리오트로프 향수였다. 헬리오트로프는 메이지 시대 세련된 신여성이 쓰던 고급 향수의 대명사로, 나쓰메 소세키는 다른 작품들에서도 이 상징을 활용하고는 했다. 《산시로》에서 미네코의 헬리오트로프 향기는 적극적 근대화, 청춘의 사랑에 관한 기억, 불행한 결혼 생활에 관한 예감이라는 메시지를 동시에 전달하는 중층적 기능을 했다.[28]

이렇게 20세기 초반에 고급 향수로 명성을 떨친 헬리오트로프는 제2차 세계대전 이후 일본에서 대량 제조되면서 저렴한 보급형으로 판매되기 시작했다. 일본의 한 의학자는 냄새의 원리와 기능을 정리한 《향의 과학》에서 자신의 어머니가 썼던 향수 헬리오트로프 향에 관해 서술했다. 그는 그 향을 맡으면 학부모 행사에 참석하기 위해 향수를 뿌렸던 어머니와 그녀의 손을 잡고 걸어가던 1950년대가 떠오른다고 했다.[29] 향을 의학적이고 화학적으로 탐색한 책에 향수에 얽힌 기억과 감정의 이야기를 남긴 셈이다. '냄새'는 객관적 현상으로 분석할 수 있어도 그 의미는 개인적 경험과 결부될 때 비로소 설명된다.

일본 향수의 인기는 일제 강점기 시기에 한정되었다. 그리고 어떤 고급화 전략을 취하든 결국 보급형 향수로 인식되고 말았다. 줄곧 고급 향수의 절대적 지위를 차지했던 것은 '불란서 향수'였다.

한동안 그렇게 향수는 곧 '불란서제'였다. 박래품은 귀하고 국산품은 부족하던 시절, 세간에서 다른 건 다 '미제'거나 '일제'를 선호할 때도 향수만은 '불란서제'의 인기가 압도적이었다. 프랑스라는 나라를 소개할 때도 "향수의 나라 불란서"[30]는 항용 따라붙는 문구였다. 장소에 관한 이미지가 상상되고 표상되는 현상을 '심상 지리(imaginary geography)'라고 하는데, 대중에게 프랑스의 심상 지리는 '향수의 나라'였던 셈이다. 프랑스 수도 파리는 여기서 한발 더 나아가 "'파리의 밤'의 향기"[31]라는 말이 있을 정도로, 특별한 시공간의 향기를 품고 있는 장소로 상상되었다.

국산품 애용 운동이 이는 와중에도 불란서 향수를 선호하는 경향은 변함이 없었던 모양이다. "국산품을 애용하지 않으면 안 되는 시대"에도 굳이 "불란서 향수를 산다는 것은 조그만 국적(國賊)"[32]이라고 비난하는 말이 있을 정도였다. 물론 일제 강점기였던 당시 공식적으로 '국산품'이란 제국 일본산을 뜻했고, 따라서 식민지 조선인에게 서양품이라는 외제에 관한 감각은 제국 일본인이 느끼던 적대적 감각과는 결이 다를 수밖에 없었다.

파리의 밤 향기를 콘셉트로 한 부르조아(Bourjois) 향수 광고, 1955

향수를 구매하는 행위가 비난받은 까닭은 그것이 '수입품'에 '사치재'로 분류되었기 때문이다. 1924년 향수 원료인 향료에 부과하는 사치 관세가 두 배 증가했고 그에 따라 소비자 가격이 상승했음에도 소비는 좀처럼 줄어들지 않았다. 당시 일본과 이탈리아는 '협정 세율'을 맺어 이탈리아의 오렌지, 시트론, 베르가모트, 만다린 등 감귤류 에센스가 무관세로 수입되면서 그 수요가 증가하리라고 예상했지만, 이후 감귤류 향수가 인기를 얻었다는 기록은 없다. 향수는 값이 저렴할수록 더 잘 팔리는 일반 소비재와 달리, 가격이 높으리라고 기대되는 상품이 더 인기를 얻는다는 '베블런 효과(Veblen Effect)'가 들어맞는 상품이었다. '샤넬의 제 오번'이라고 불렸던 프랑스 향수 샤넬 'No.5'는 1937년 쌀 여섯 가마 값이 넘는 130원이었다.³³ 그래도 팔렸다.

작가 셈(Sem)이 스케치한
샤넬 'No.5' 향수, 1921

불란서 제품을 선호하는 현상은 해방 이후로도 이어졌다. 미군주둔 이후 미제 상품과 미국 문화를 향한 선망이 지배적이던 시대에도 불란서 향수의 위상은 뒤바뀌지 않았다. 화장품은 미제와 더불어 국산품이 자리 잡기 시작했지만, 향수는 또 달랐다. 불란서 향수와 함께 코티분의 냄새도 인기가 있었다. 1950년대에도 "사람의 제일 고귀한 냄새"는 결코 "불란서 향수나 코티분 냄새"34에 있지 않다고 부정하는 글이 보이는데, 이는 역설적으로 이들의 인기가 해방과 전쟁 이후에도 여전했음을 보여 준다. 1959년 신문 연재소설 〈계절의 풍속도〉에도 관련해서 흥미로운 장면이 나온다. 한 부인은 어느 날 자신의 남자에게 젊은 여성이 생겼음을 알고 그 연적(戀敵)을 견제하기 시작한다. 이때 그녀가 가장 먼저 실행에 옮긴 행동이 바로 자신이 쓰는 화장품의 제조 국적을 바꾸고 불란서 향수를 사들인 일이었다.

'당신의 타입을 빛나게 합니다' 코티분 광고, 1930~1940년대

그것은 그대로 젊음에 대한 도전이었다. 일종의 무장이었고 전투 준비였다. 공격 태세라 해도 좋았다. 되도록 거울 앞에서 앉지 않기로 하고 있던 생활신조도 깨뜨려졌었고 '코티'는 써 왔지만 크림 한 통에 이만 환이나 하는 '듀빠리'에도 손이 썩 나가는 용기도 양 미리

향수, 근대적 취향의 형성 **117**

의 덕분이었고 분첩으로 톡톡 몇 번 두드리면 그만이던 것을 '파운데슌'까지 쓰게끔 된 것도, 아직 한 번 본 적도 없는 젊은 적에 대한 선전 포고였다. 송 여사가 지금까지 써 온 분만 해도 코티임에도 틀림이 없었다. 같은 코티면서도 그것이 미국 지점 제품이라는 것을 발견한 송 여사는 그날로 나가서 불란서 제품으로 바꾸었고, 향수는 별로 쓰지 않던 송 여사가 챠넬 넘버5도 구해 들였고 그래도 미진해서 우경희가 대한민국에서 자기가 맨 처음 샀느니라고 자랑하는 옆에서 입을 딱 벌린 '서틴 셋트'도 살짝이 머리에 바를 송 여사가 되어 있다. 나이트 크림을 발라 보는 것도 여러 해만이었다. 상표도 어엿한 '에리자베스'다.[35]

그녀는 여성의 자존심을 건 대결을 시작하며 "같은 코티면서도 그것이 미국 지점 제품이라는 것을 발견"하고 "그날로 나가서 불란서 제품으로 바꾸"었다. 프랑수아 코티(Francois Coty)는 1904년 프랑스에서 제조를 시작했으나 미국의 시장 규모를 내다보고 1921년 뉴욕 지사를 설립했다. 향료와 포장 재료를 뉴욕에 보내고 미국의 알코올과 혼합하는 방식으로 수입품 관세 문제를 해결하여 보다 안정적인 가격으로 'made in USA' 제품을 출시했는데, 문제는 같은 코티 브랜드여도 'made in France'를 사람들이 선호했다는 것이다. 흥미롭게도 코티분에 여자의 자존심을 건 송 여사가 소설에 등장한 1959년은, 국내 화장품 브랜드인 태평양화학(아모레퍼시픽의 전신)이 프랑스 본사와 기술 협약으로 코티분을 출시해 대중적 판매를 시작하던 시점이었다.

1960년대 중반 일간지에는 당시 활동하던 여성 문인들이 '나의 향수'를 소개하는 글이 연재되었다.36 여전히 작가들은 불란서 향수인 샤넬 No.5와 코티 미스트를 꼽았다. 일찍이 프랑스 디자이너 가브리엘 샤넬(Gabrielle Bonheur Chanel)은 인간의 욕망이 작동하는 메커니즘을 간파하고 그에 걸맞은 방식으로 향수를 출시했다. 그녀는 자신의 샤넬 매장 탈의실에 조향한 향수를 뿌려 두고, 그 향기가 무엇인지 문의하는 고객들에게 좀처럼 정보를 알려 주지 않았다. 그리고 주요 고객들에게만 그 향수를 은밀히 선물했다. 돈이 있어도 소유할 수 없던 그 향기에 대한 열망이 극에 달할 때, 그녀는 No.5 향수를 판매하기 시작했다. 샤넬의 모자, 의류,

'당신의 일생에 파리를 더하세요!', 코티 광고

가방은 값이 비싸 소수의 상류층만이 소유할 수 있었는데, 이제 대중은 손바닥보다도 작은 향수병 하나로 비로소 샤넬의 아우라를 소유할 수 있게 되었다.

하지만 영원한 것은 없다. 21세기로 접어들면서 사람들은 더 이상 불란서 향수에 집착하지 않게 되었고, 한 세기를 풍미하던 프랑스 향수의 권좌는 유지되기 어려웠다. 향수의 심상 지리는 재편되었다. 각 지역의 로컬리티를 적극 반영한 향수 혹은 무국적성을 표방한 향수들이 부상했다. 이러한 미감과 감각의 변화는 산업 구조의 변화, 교통과 통신의 발달, 무엇보다도 국제화와 디지털화를 통한 '무장소성(placelessness)'[37]의 확장이라는 복합적 요인으로 말미암은 것이었다. 제조업이 산업의 근간이던 시대에는 소품종 대량 생산 제품군이, 그리고 이동의 기회가 모두에게 열려 있지 않던 시대에는 수입품이 인기를 끌었다. 하지만 교통과 통신이 발달하여 이동성과 정보 접근성이 다수에게 확대된 시대에는 더 이상 수입품이 희귀하지 않게 되었다. 취향의 다원화와 개성의 발달로 소량 생산된 다품종 상품을 소비함으로써 새로움과 차별화를 향유하는 것이 중요해졌다. 향수 업계에서도 틈새시장을 공략하는 니치 마켓(Niche market)이 부상했다. 선호하는 향은 시대의 감성, 유행하는 패션, 지향하는 스타일과도 긴밀히 연관되어 있다. 여성의 사회 진출이 늘어나고, 캐주얼하고 중성적 패션이 유행하며, 젊은 남성이 적극적 패션 소비자로 부상하면서 짙고 무거운 향기에서 옅고 가벼운 향기로, 동물성 향기에서 식물성 향기로, 성적 향기에서 중성적 향기로 선호하는 향이 이동했다. 그리고 코로나로 비대면 소통이 증가하게 되고, 마스크를 쓰는 생활이 한동안 정착되면서 향수를 둘러싼 감각은 또 다른 국면에 접어들게 되었다. 이제 마스크 대신 손수건을 사용하던 시대의 향수의 쓸모에 관해 다음 장에서 살펴본다.

신체의 확장,
손수건과 손 편지에
뿌려진 향수

피었네. 피었어요! 활짝 피었어. 외출하기 전에는 잊지 마시고.

손수건에·넥타이에·모자에·옷깃에

반드시 한 방울

《동아일보》 1936년 4월 15일

1936년 향수 광고다. 광고는 외출할 때 소지품에 향수를 뿌리라고 권한다. 꽃이 활짝 피었다는 표현으로 꽃향기가 퍼지는 듯한 감각을 전달한다. 향수의 사용 범위는 인간의 신체에 머물지 않고 그 소지품과 공간으로 확장된다. 그리고 이는 인간이 자신의 존재감을 공간적으로 확장하고 싶어 하는 욕망을 반영한다.

인간의 육체는 유한하다. 과학 문명의 발달은 그 시공간적 유한성을 극복하기 위한 여정이었다고도 볼 수 있다. 그런데 냄새 분자는 사물로부터 공기 중으로 동시에 혹은 시차를 두고 확산하는 속성이 있다. 인간은 바로 이러한 성질을 활용해 육체의 존재감을 확장한다. 향수는 인간이 자신의 신체가 차지하는 공간 범위보다 넓게, 존재했던 시간보다 오래, 그리고 무엇보다도 시각적 실체보다 이상적 향기로 잔향을 남길 수 있게 한다. 향기는 존재를 더 넓게, 더 멀리, 더 오래 인식하게 하고 심지어 부재하는 순간에도 그 존재를 환기하는 데 유용한 매개가 된다.

그렇게 향수는 신체, 의복 그리고 나아가 소지품에 뿌려졌다. 전통적으로도 '향주머니'인 '향낭'을 비롯하여 상자, 종이, 천 등 향을 입힌 물건을 곁에 두는 문화가 있었다. 여성뿐 아니라 남성도 향이 좋은 물질을 주머니에 넣어서 소지하고 다니는 풍류를 즐겼다. 일상복이 한복에서 양장으로 대체되며 향낭의 전통이 거의 사라진 시대에 유입된 액체형 향수는 당시 소지품인 손수건과 메시지를 전하는 수단이던 편지지에 뿌려졌다. 손수건과 편지는 지금의 일회용 티슈 혹은 마스크와 스마트폰에 해당하는 물품이었다.

이때 손수건은 몸에 지니고 다니는 물건이었기 때문에 향수를 뿌려도 여기에 그의 체취가 함께 묻어났다. 아래는 1923년 발표된 염상섭의 소설 〈너희들은 무엇을 얻었느냐〉의 한 장면인데, 등장 인물은 상대의 수건에서 나는 향긋한 냄새의 정체와 그 의미를 생각해 보고 있다. 그녀는 그것이 향수 냄새인지 사내 냄새인지 잘 모르겠지만, 어쨌든 갑작스레 마음이 확 풀리는 느낌을 받는다.

> 중환이가 권하는 대로 도홍이는 잔을 들어 반쯤 마시고 나서 중환이의 눈치를 보듯이 살짝 치어다보면서 명수의 무릎에 놓인 수건을 다시 들어서 손에 묻은 물기를 씻고 또 한 번 입가를 문질렀다. 수건에서는 향수 냄새 같기도 하고 사내 냄새 같기도 한 향긋한 냄새가 도홍이의 코에 홀짝 끼치었다. 도홍이는 술기가 오르는 것 같으면서 마음이 확 풀리고 기운이 까부러지는 것 같았다.[38]

연인이 두고 간 소지품을 간직하며 그 냄새를 맡는 행위는 소설 속 연애 장면에서 흔히 볼 수 있었다. 그런데 '향수 뿌린 비단 수건'은 취향과 감정을 드러내는 상징이기만 한 것은 아니었다. 그것은 외부의 악취로부터 자신을 보호하는 마스크 역할을 하기도 했다. 아래 신문 연재소설에서는 1930년대의 가정집에서 흔히 맡을 수 있던 "메주 냄새"를 막기 위해 "향수 뿌린 비단 수건"이 등장한다.

> 신문지쪽으로 바른 벽이며 노랑 색지로 바른 조그만 장롱 위에 덩그렇게 올려놓은 더러운 이불이며 방구석 구석에 걸레니 옷 부스러

기가 틀어박혀 있는 것이며 누덕누덕 덧바르고 구녕 뚫린 문이며 게다가 윗목에 기둥을 세워놓고 메주를 달아 놓아 메주 냄새가 진동하고 그 밖에 무슨 퀴퀴한 냄새가 나서 숙경은 얼른 소매에서 향수 뿌린 비단 수건을 꺼내어 코에 대었다.[39]

소설 속 환기와 청소가 되지 않는 거주 공간에서는 "무슨 퀴퀴한 냄새"가 났다. 그 냄새의 중심에는 간장과 된장의 재료가 되는 "메주 냄새"가 있었는데, 이는 당시 젊은이들에게도 참을 수 없는 냄새였다. 젊은 처자는 향수 뿌린 비단 수건을 소맷부리에서 꺼내 코를 막는다. 그래서 '향수 뿌린 비단 수건을 코에 대는' 행위는 그곳에 악취가 있다는 사실과 함께, 이를 맡고 싶지 않다는 태도까지 전달했다. 식민지 시기를 살아간 다양한 인물 군상들을 핍진하게 그린 염상섭의 소설 〈삼대〉에도 바로 이 행동이 나온다.

꼴 보니 병은 오래 끌 모양인데 앓는 어린애처럼 잠시 한때 곁은 떠나지 못하게는 하고 밤이나 낮이나 똥오줌을 받아 내야 하니 낮에는 남의 손을 빌지만 밤에는 제 손으로 치워야 한다. 그럴 때마다 단잠을 깨우는 것도 죽겠지만, 마음대로 문도 못 열어 놓으니 방 안에 냄새가 탕진을 하여 몰래 향수 뿌린 비단 수건으로 코를 막고야 자는 버릇이 생겼다. 그러나 이불에 넣은 수건은 눈에 안 보이고 냄새는 맡히니까 영감은 웬 향내가 이렇게 나느냐고 군소리를 중얼중얼하는 것이다. 향내가 싫은 것이 아니라 자기에게서 무슨 냄새가 나니까, 그게 싫어서 향수로 소독을 하거니 하고 짜증을 내는 것이다.[40]

소설 속에서, 환자의 배설물을 치우며 간병해야 하는 젊은 식구는 "몰래 향수 뿌린 비단 수건으로 코를 막고" 간호하곤 했다. 환자는 방에서 향수 냄새를 맡은 순간, 자기 몸에서 무슨 냄새가 나니까 누가 뿌렸는가 싶어서 마음이 언짢아진다. 향수를 뿌리는 행위는 그 자체로 전후 맥락을 추측하게 했다. 새로운 향기가 등장하면 그 향기가 가릴 악취가 존재했음을 환기하는 메시지가 되기도 한다.

손수건의 시대에는 손 편지도 있었다. 손 편지는 사람 사이 메시지를 전달하는 유일한 창구였다. 그 편지지에 슬쩍 뿌려진 향수는 차마 글로는 적지 못한 내밀한 감정을 전달했다. 밀봉된 편지봉투를 열고 편지지를 펼칠 때 풍기는 향기는 또 다른 시그널이었다.

편지 속에는 향수를 뿌렸는지 은은한 향기가 화원에 들어간 때처럼 상만의 코를 스쳐 갔다. "친애하는 오 선생님! 돌연히 이러한 글을 드려 미안합니다. 그러나 나는 이틀 밤이나 자지 않고 생각한 괴로운 문제입니다."[41]

편지를 받은 오 선생은, 이틀 밤이나 잠도 못 자고 고심하며 쓴 편지의 글귀보다도 편지지의 향수 냄새에 반응한다. "편지 속에는 향수를 뿌렸는지 은은한 향기가 화원에 들어간 때처럼" 그의 "코를 스쳐" 갈 때 그는 아찔함을 느낀다. 편지를 보낸 내밀한 속내는 정작 비문자적 정보로 전달된 셈이다. 편지지에 슬쩍 뿌린 향수는 은밀한 마음의 징표면서, 에둘러 적은 빼곡한 글귀가 단도직입적으로 말하지 못하는 강렬한 메시지를 전달했다.

이제 일회용 티슈가 손수건을 대체하고, 문자, SNS와 메일이 손 편지를 대신하게 되었다. 우리는 인공 향이 가미된 오프라인의 세계, 혹은 무취한 온라인 세계 속에 살고 있다. 문자를 전송할 때 이모티콘을 활용하며 비문자적 정보를 보완하고 있지만, 과거 손 편지에 뿌려진 향수처럼 냄새를 전달하는 기술도 개발하고 있다고 한다. 지금까지 대면의 감각이던 후각과 촉각이 미래에는 비대면으로도 충족될 터다. 부디 미래의 후각 기술이 문자 언어와 시각 정보를 반복해서 강화하는 단순화된 방식으로 수렴되지 않기를 바란다. 오랫동안 후각은 눈으로 보고 소리로 듣는 세계 그 너머의 또 다른 진실을 말해 주는 역할도 해 왔으니까. 나치가 유대인 수용소의 학살 증거를 인멸하고자 모든 것을 불태웠을 때 눈에 보이는 물적 증거들은 사라졌어도, 지울 수 없었던 것은 그 잔혹한 연소의 냄새였다는 사실을 기억하자. 한 가지 감각이 다른 감각의 시녀가 될 때, 우리는 열린 감각이 주는 인식의 풍요로움과 진실에 접근하는 또 다른 출구를 잃게 될 것이다.

타락과 방종의 징표,
'자유부인'의
베드퍼퓸

근대화의 시기, 모든 향수 냄새가 환영받지는 못했다. 짙은 향수 냄새 혹은 학생에게서 나는 향수 냄새는 타락의 징표로 간주되었다. 아래는 100년 전 기록으로, 학생의 향수 냄새를 두고 일탈을 걱정하는 목소리를 담고 있다.

> 화려한 세루복에 향수를 함부로 뿌리며 교과서를 등지고 추락의 마굴에서 일생의 꽃다운 청춘을 헛되이 낭비하는 자가 불소하다![42]

성실, 근면, 검소가 가훈이자 급훈이던 시절, 교복에 뿌린 향수란 가당치 않았다. 어느 시대나 신세대는 자기를 표현하는 소비문화에 가장 발 빠르게 반응했고, 기성세대는 진심으로 우려의 목소리를 냈다. 특히 정신적 가치를 추구하던 유교 문화적 관점에서 현실 세계의 말초적 감각에 현혹되는 것은 경계의 대상이었다. 따라서 향기 또한 '정신적 향기'라는 비유적 의미로서 추구되었다. 매화꽃이나 국화꽃의 매혹적 향기조차 오랜 세월 '지조'와 '절개'의 상징으로 이야기되어 온 까닭도 같은 맥락이다. 20세기에 흔히 볼 수 있던 '교양의 향기'나 '인생의 향기'와 같은 문구는 고매한 정신적 가치를 향기에 빗댄 표현이었다.

1950년대 한 신문 기사는 사람이 처한 상황과 관계에 따라 냄새의 호감도가 달라진다고 설명한다. 빈곤, 연령, 감정, 직업에 따라 선호하는 냄새가 달라진다는 뜻이다.

> 사람에 따라 천차만별입니다. 배고픈 사람에게는 음식물 냄새가 제일 좋을 것이고, 어린애는 초콜릿 냄새가 좋을 것이고, 애인을 가진 이는 상대방의 체취가 제일 좋을 것이고, 서정시인은 오월의 라일락 꽃이 제일 좋을 것입니다. 그러나 사람의 제일 고귀한 냄새는 불란서 향수나 코티분 냄새에 있는 것이 아니고 각자가 풍기고 있는 교양의 냄새에서 좋은 인생의 향기를 발산시킬 수 있는 것입니다.[43]

하지만 이 글도 결국 고귀한 냄새는 상품을 사서 얻을 수는 없고 정신에서 우러나온다는 결론을 내린다. 심지어 향수 냄새는 탐욕과 과시의 상징으로 비하되기도 했다. 이때 향수에 대비되어 고평되는 냄새는 '자연의 향'이었다. 형이상학적 가치를 추구하는 세계관이 예외적으로 인정한 현세의 향기는 식물에서 나는 은은한 '자연의 향'이었다.

1960년대 한 신문 연재소설은 삶의 가치를 평가하는 비유로서 악취와 향기를 동원하고 있다. 이때 정신과 육체의 향기가 대비된다.

"육체의 향기보다 정신의 향기가 더 좋아야지요."
"정신의 향기가 좋으면 육체의 향기도 좋은 법이랍니다."
"그렇지만 이 세상에는 육체는 매우 깨끗이 간수하면서도 정신이 썩은 사람들이 있고, 옷도 빨아 입지 못한 데다가 몸마저 자주 씻지 못했으나 정신이 고결한 사람들이 있는걸요."
"내 욕심만을 추구하는 정치인이나 고관이나 모리배나 기생이나 창부가 아무리 몸을 깨끗이 하고 좋은 옷을 입고 향수를 몸에 뿌렸다 해도 구토를 느끼게 되고 고아원에서 빈민굴에서 나병환자수용소에서 일하는 사람들이나 초막에서 또는 수도원에서 도를 닦는 사람들이 비록 좋은 옷을 입지 못했고 몸에 향수를 뿌리지 않았어도 그들에게서는 신성한 향취가 풍겨지며 그 앞에서 머리가 수그러지는 것도 우리가 경험하는 사실 아니겠습니까."
"그렇다면 저에게서는 악취가 나겠네요."

"진흙탕 물속에서도 연꽃은 향기를 풍기듯이 사랑도 또한 시궁창 속에서까지 향기를 풍기는 것이라고 봅니다."[44]

이 소설 속 등장인물은 아무리 위생적으로 관리된 몸에 향수를 뿌린다 해도 그 정신과 실천이 온전치 않으면 혐오스럽다고 경계한다. 반면 잘 관리되지 못한 몸과 냄새여도 정신적으로 맑은 이는 마치 시궁창이나 진흙탕 물에서도 고결한 향기를 풍기는 연꽃과 같다고 말한다. 1960년대에도 정신적 가치를 강조할 때 '연꽃 향기'가 동원되었다. 물론 정신적 가치를 강조하는 글이 많다는 것은 그만큼 물질문화가 만연되어 있음을 방증하기도 했다.

하지만 앞서 살펴보았듯이 향수는 식민 통치와 전쟁이 벌어지던 공기 중에도 분사되었다. 이러한 위기의 시대에 나타나는 허무주의는 또 다른 감각적 탐닉을 불러일으키기도 했다. 일제 말기 전시 체제기에 연재된 대중소설의 연애 장면에도 향수는 여지없이 등장했다. 소설 속 청춘 남녀들은 연인이 좋아하는 "바이올렛 향수를 귓바퀴에 바르고", 이성의 환심을 사기 위해 그녀가 "기뻐할 만한 향수를 하나 사 가지고" 가고, 침실에 들기 전에는 "머리를 활활 풀어 머리 향수인 모레나를 뿌리고 빗으로 빗어 넘"겼다.[45]

전쟁기 혹은 전후에 향수가 웬 말인가 싶지만, 전쟁을 거치며 향수가 유행한 역사는 제1차 세계대전부터 시작되었다. 예컨대 프랑스 브랜드 겔랑의 '미츠코(Mitsouko)'는 1차 세계대전 중에 만들어져서 종전 후 본격적으로 출시되었다.⁴⁶ '미츠코'는 프랑스 소설가 파레르(Claude Farrere)의 소설 〈전투(La Bataille)〉의 일본인 여주인공으로, 영국 해군 장

겔랑 미츠코 향수 광고, 1966

교와 이루어질 수 없는 사랑을 하게 된 인물이다. 이야기 속 주인공을 통해 동양 여성의 신비감을 표현한 이 제품에는 한때 서구 사회를 매혹했던 오리엔탈리즘적 호기심이 반영되어 있었다. 전후 향수와 화장품 소비가 증가한 데에는 또 다른 이유도 있다. 전방으로는 남성들이 파병되고 후방에서는 여성들의 사회 활동이 늘어나면서 여성 소비재가 활성화된 측면도 있었다. 유럽 전쟁에서 귀국한 미군들은 프랑스제 향수를 가지고 돌아왔으며, 스스로 돈을 벌게 된 여성들 또한 적극적인 소비의 주체가 될 수

향수, 근대적 취향의 형성 **133**

있었다.[47]

한국은 1, 2차 세계대전이라는 세계사 속에서 식민, 해방, 건국, 전쟁, 분단을 맞이했는데, 이러한 격동의 시대적 흐름 속에서도 향수에 관한 기록은 남아 있었다. 1954년 발표된 대중소설은 전후에도 수입 향수의 인기가 여전했음을 보여 준다. 정비석의 장편소설 〈자유부인〉(1954)은 한국전쟁 휴전 이듬해부터 일간지에 200회 이상 연재되며 선풍적 인기를 끌었다. 이 작품은 전후 대표적인 베스트셀러 신문 연재소설로 그 인기 여세를 몰아 1956년 영화로도 제작되어 흥행에 성공했다. 식민과 전쟁, 분단의 잔해 위에서 국가 재건이 시작되던 이 시기에 던져진 '자유'의 의미도 간단치 않거니와, 그것이 '부인'과 결합한 '자유부인'이라는 타이틀 또한 당시의 젠더 감각에 기반한 사회적 상상력을 담고 있다. 그 이름도 도발적인 〈자유부인〉은 여러모로 흥미로운 징후적 냄새를 담

영화 〈자유부인〉(1956) 포스터

고 있어 잠시 들여다본다.

〈자유부인〉의 주인공 오선영은 국어학자 장태윤 교수의 아내다. 갈등은 그녀가 아들을 두고 춤추고 일하러 집 밖을 나서기 시작하면서 발생한다. 이웃인 대학생 청년 그리고 중년 기혼남과 춤바람이 난 탓에 그는 가정에서 내쫓기고 사회적으로 지탄받게 된다. 이 소설은 '댄스 바람'과 '불륜 바람'이라는 유행어와 함께 인구에 회자되었고, 개인의 '자유'는 자칫하면 퇴폐와 방종으로 타락할 수도 있는 경계의 대상으로 인식되었다. 소설은 자유부인 오선영을 '자유'의 의미를 잘못 이해하고 실천한 자로, 경계와 회유의 대상으로 그리며 마무리한다. 결국 그녀가 반성하게 되는 결말까지 보면 이 소설은 자유를 경계하는 메시지를 담고 있음에도, 당시로서는 소재가 자극적이었던 탓에 대중에게 모방 행위를 불러일으킬 수 있다고 걱정하는 목소리가 나오기도 했다. 어느 지식인은 이 소설을 두고 '중공군 40만보다 해악을 끼친 소설'이라고 비판하기까지 했다. 반공주의가 지배적이던 당시로서는 가장 위협적 비유였다. 하지만 대중에게 '자유부인'의 존재는 깊게 각인되었고 영화화되어 더 많은 관객을 확보하는 등 그 열풍은 좀처럼 가라앉지 않았다.

여기서 주목할 대목은 그녀가 점원으로 근무한 "파리양행"이 나오는 장면이다. 오선영은 그곳에서 화장품을 비롯한 각종 수

영화 〈자유부인〉의 파리양행 화장품 판매 장면

입 잡화를 판매한다. 다른 수입 매장이나 유통망이 발달하지 않은 시대인지라, '파리양행'과 같은 상점은 다종한 세계의 수입품을 한데서 접할 수 있는 매력적 장소였다. 오선영은 이곳에서 고객들에게 물건의 가치를 설명하고 구매를 유도하는 판매원으로 일한다. 다음은 그녀가 파리양행 여사장의 남편인 한태석에게 판매한 화장품과 향수 목록이다.

호비두 향수-불제 2000원
코티분-불제 2000원

폰스 크림-미제 1500원

맥스도랑-미제 1200원

코티 연지-미제 1000원

리프스테기 구홍-미제 800원

베드파푼-미제 1300원[48]

계산서에는 분, 크림, 연지, 향수 등의 브랜드, 제조국, 가격이 적혀 있다. 화장품은 전부 미제인데 향수와 가루분은 불란서제다. 한태석은 사실 그 용도와 가치를 잘 모르는 채 점원의 추천에 따라 구매하고 있었는데, 계산서 품목을 보며 향수에 관해 질문하기 시작한다.

한태석은 계산서 품목을 쭈욱 훑어보고 나서,
"호비두 향수라는 건 좋은 향수입니까?" 하고 물었다.
"불란서 제품인데, 아주 좋은 거예요. 아카시아꽃 향기가 나는 향수입니다."
"흐홍! 다른 건 대개 짐작하겠는데, 한 가지 모르는 게 있군요. 베드파푼이란 뭣에 쓰는 거죠?"
오선영 여사는 얼른 대답을 못 하고 얼굴만 붉혔다.

(중략)

"나도 상식으로 알아 둬야 할 게 아닙니까?"

"아이참, 침대에 뿌리는 향수예요."

오선영 여사는 얼굴을 붉혔다.

"예? 침대에 뿌리는 향수? 뭐 그런 향수까지 있었던가요? 아주 바가지를 단단히 씌우는군요."[49]

점원 오선영은 향수에 관심도가 높지 않은 고객에게 '좋은' 향수임을 알려 주기 위해 두 가지 정보를 제공한다. "불란서 제품"이어서 "아주 좋은 거"라는 것, 그리고 어떤 꽃향기가 난다는 것. 이 대중소설은 '베드퍼퓸'을 비롯한 다양한 향수가 유통되던 전후 공간의 소비문화를 잘 담고 있다. 그러나 당시 화장품과 향수를 사용하는 것을 "매춘부적 소질"이 있다고 비난하는 목소리가 있었고, 오선영은 그런 이를 가리켜 "비문화적"이고 "신사가 못" 된 자라고 비난했다. 하지만 〈자유부인〉에서도 이성 간 관계를 묘사할 때 나오는 '짙은 향기'는 농염하고 퇴폐적인 성적 의미를 가리켰다. 다음은 오선영의 남편 장태윤이 젊은 처녀에게 매력을 느끼는 장면인데, 시각적 묘사에 후각적 비유를 추가하게 되면서 그 연모의 정이 한층 농후하게 전달된다.

"백옥같이 아름답던 종아리! 파 줄기처럼 싱싱하고 미끈하던 종아리! 향기가 모락모락 솟아올라 보이던 천하일품의 종아리!"

매우 점잖지 못한 공상이다. 사십을 넘은 대학교수가 비록 밤중이라고는 하더라도 대로상에서 남의 집 영창을 올려다보며 남의 집 규수의 종아리를 상상하고 섰다는 것은.[50]

  육체에서 풍기는 향기는 미끈한 형태미와 백옥 같은 색채미를 넘어서 거부할 수 없는 유혹이었다. "향기가 모락모락 솟아올라 보이던 천하일품의 종아리"라니, 이는 금욕적 선비의 표본과도 같았던 한글학자 내면에서 격동하는 애욕을 강렬하게 드러내는 장면이었다. 오선영과 장태윤이라는 양극의 인물을 통한 감각적 묘사들은 전후 물질적, 정신적 파괴 속에서도 존재했던 개인들의 욕망을 재현한다. 식민과 전쟁, 국가 재건으로 이어지는 역사적 현실 속에서도 일상을 살아가야 했던 개인들의 들숨과 날숨, 그곳에 작가의 코가 있었다.

3

이효석, 향기 수집가

고향 내음새를 채집한 시인, 백석

모던보이 이상의 얄궂은 코

근엄한 도덕군자의 탈취와 자취증이라는 부작용

K박사는 과연 '똥내'를 제거할 수 있는가?

식민지 조선을 횡단하는 염상섭의 코

작가의 코

일제 강점기 문학 작품들을 보면 한 가지 흥미로운 장면을 목도하게 된다. 그들은 틈틈이 냄새를 기록하고 있다. 이효석, 백석, 이상, 김동인, 이광수, 염상섭 등 주의와 사상을 달리하는 작가들의 작품 속 인물이나 화자는 타자와 세계를 향해 호흡한다. 그들이 기록한 근대 전환기의 냄새는 어떠한가? 후각적 감각 경험과 그 재현은 작가들에게 어떤 맥락과 의미가 있는가?

작가 여섯 명은 각자 개성에 따라 냄새를 다루었다. 이효석은 도심과 시골에서 맡을 수 있는 다양한 냄새를 채집해 곳곳에 흩뿌려 두었다. 그는 동반자 작가이자 심미주의 작가로서 사람과 생활과 환경을 자세히 살폈고, 그러한 관심이 그를 향기 수집가로 만들었는지 모른다. 시인 백석은 시집 전체를 음식 냄새로 채웠다. 감각과 일상의 가치가 온전히 평가받지 못하던 당시로서는 파격적 선택이었기에 그 행보가 의미하는 바는 찬찬히 살펴볼 필요가 있다. 작가 이상은 자연, 문명, 소비, 자본, 사랑, 욕망, 죽음을 들여다볼 때마다 '냄새'에 집중하고는 했다. 이상의 작품을 냄새로 읽는 것은 난해한 그의 글을 음미하는 하나의 방법이 될 수 있다. 이후 친일 작가가 되고 만 이광수의 소설 속 지식인 주인공들은 과학적이고 윤리적 차원에서 무취와 탈취를 지향하는 강박적 태도를 드러낸다. 그러한 이광수식 계몽주의에 예술 지상주의의 반기를 들고 등장했던 김동인은 과학이 장악하지 못하는 인간의 마음을 '똥내'로 풀어내는 기이한 작품을 남겼다. 일제 강점기 사상적 압박과 위기 속 지식인의 정체성을 탐구한 염상섭은 식민지 현실을 목도하며 겪게 되는 의식의 분절과 회복을 후각적 각성을 통해 이야기했다. 이 장에서는 세계의 다채로운 냄새 팔레트에서 시작하여 내면의 투쟁으로서 냄새를 맡도록 순서를 배치했다. 이들을 따라가며 사라진, 낯선 혹은 익숙한 공기의 냄새들을 만나 본다.

이효석,
향기 수집가

대화까지는 칠십 리의 밤길 고개를 둘이나 넘고 개울을 하나 건너고 벌판과 산길을 걸어야 된다. 길은 지금 긴 산허리에 걸려 있다. 밤중을 지난 무렵인지 죽은 듯이 고요한 속에서 짐승 같은 달의 숨소리가 손에 잡힐 듯이 들리며 콩 포기와 옥수수 잎새가 한층 달에 푸르게 젖었다. 산허리는 온통 모밀밭이어서 피기 시작한 꽃이 소금을 뿌린 듯이 흐뭇한 달빛에 숨이 막힐 지경이다.¹

고요한 밤 "짐승 같은 달의 숨소리가 손에 잡힐 듯" 들리고, "소금을 뿌린 듯"한 메밀꽃밭의 장관은 달빛 아래 숨이 막히게 펼쳐진다. 이효석의 작품 중 가장 널리 사랑받는 〈메밀꽃 필 무렵〉(1936)의 한 장면이다. 정작 그날 밤 달빛 아래에서 애절하게 펼쳐진 허 생원의 이야기가 무엇이었는지는 가물가물해도, 숨 막힐 듯한 현장의 감각을 언어로 정교하게 재현해 낸 이 장면은

봉평 메밀꽃 핀 풍경, 2008

선명한 잔상을 남긴다. 많은 사람이 그 메밀꽃 풍경을 기대하며 봉평으로 향한다.

동반자 작가이자 심미주의 작가 이효석은 흥미롭게도 향기 수집가였다. 1930년대 그의 작품들에는 봄, 여름, 가을, 겨울 냄새가 시향지처럼 펼쳐진다. 그는 달밤의 명암조차 '달밤의 냄새'로 완성했다.

달밤의 색채는 반드시 흰빛과 묵화빛만이 아니다. 달빛과 밤빛이 짜내는 미묘한 색채-자연은 이것을 그 현실의 색채 위에 쓰고 나타난다. 이것은 확실히 현실을 떠난 신비로운 치장이다. 그러나 달밤은 또한 이 신비로운 색채뿐이 아니다. 색채 외에 확실히 일종의 독특한 향기를 품고 있다. 알지 못할 그윽한 밤의 향기-이것이 있기 때문에 달밤은 더한층 아름다운 것이다.- 인류가 태곳적부터 가진 이 낡은 달밤-낡았다고 빛이 변하는 법 없이 마치 훌륭한 고전(古典)과 같이 언제든지 아름다운 달밤![2]

달밤을 한층 아름답게 만드는 "그윽한 밤의 향기"는 미묘한 색채들의 향연에 정점을 찍는 마지막 한 방울이었다. 이효석은 자연의 아름다움을 감각적이고 향토적 색채로 담아낸 작가로도 알려져 있는데, 이는 식민지라는 역사적 특수성 속에서 이해할 필요가 있다. 1930년대 후반 제국은 식민지 영토 재구획을 본격화하며, '제국과 식민', '도시와 지방'은 '중심과 주변'이라는 구도 속에서 그 '위계'와 '관계'가 재정립되고 있었다. 소위 '주변'에서는 독자성이나 전통성을 부각하며 자신의 '지역'적 정체성을 확립하려는 움직임이 일어났다. 이때 '향토'와 '향수'라는 감각이 주목되고 '영서'나 '관서'와 같은 권역이 빈번히 언급되기 시작했다. 이러한 현상은 도시화가 시작되면서 동시에 벌어진 일이었다. 이효석의 삶과 작품에는 구라파적인 것과 향토적인 것이 기묘하게 공존하며 길항하는데, 이는 1940년대 신체제기 국민 문학을 통해서는 조선적인 것에 손을 드는 방식으로 귀결된다.[3] 하지만 그 경로가 구라파적이든 향토적이든 이효석은 결국 조선적인 것을 제국 일본의 자장 안에서 그리고 이를 발판으로 세계 내에 자리 잡게 하고 접속하고자 했다. 그 시대의 군상 속에서 민족과 계급과 개인의 갈등을 일상의 감각으로 담아낸 이효석의 코를 따라가 보자.

사계의 향력(香曆): 춘하(春夏)

이효석은 사계절의 변화를 냄새로 포착하곤 했다. 그의 작품들에서 냄새는 절기와 시간의 변화를 감지하는 '향력'(香曆)으로 작용했다. 그 사계절의 흐름을 따라가 보면 다양한 초목과 만나게 된다. 그의 단편 소설 한 편에는 30가지가 넘는 봄나물이 나열되어 있다.

> 꽃다지, 질경이, 나생이, 딸장이, 민들레, 솔구장이, 쇠민장이, 길오장이, 달래, 무릇, 시금치, 씀바귀, 돌나물, 비름, 능쟁이.
> 들은 온통 초록 전에 덮여 벌써 한 조각의 흙빛도 찾아볼 수 없다.

초록의 바다.

초록은 흙빛보다 찬란하고 눈빛보다 복잡하다. 눈이 보얗게 깔렸을 때에는 흰빛과 능금나무의 자줏빛과 그림자의 옥색빛밖에는 없어 단순하기 옷 벗은 여인의 나체와 같던 것이-봄은 옷 입고 치장한 여인이다.

흙빛에서 초록으로-이 기막힌 신비에 다시 한번 놀라 볼 필요가 없을까. 땅은 어디서 어느 때 그렇게 많은 물감을 먹었길래 봄이 되면 한꺼번에 그것을 이렇게 지천으로 뱉어 놓을까.[4]

서술자는 봄의 들녘이 찬란해지다가 복잡한 초록색 바다처럼 변신하는 모습에 감탄한다. 들판에 식물들이 무성하게 자라나 찬란한 초록빛 향연을 펼치게 된 경관을 흙의 갈색과 눈의 흰색이었던 겨울의 단순한 색채와 대비한다. 봄은 그 향기로운 꽃 내음과 함께 색채의 신비에 압도되는 계절이다.

이효석 작품에서 농후한 계절의 냄새는 여름부터 본격화된다. 그는 몇 편의 소설에서 늦여름과 초가을 사이 들깨밭의 냄새를 담았다. 들깨 냄새는 해 질 녘 대지를 배경으로 그윽하게 내리깔리곤 했다.

저물어 가는 뜰 한구석에서는 깻잎 냄새가 진하게 흘러왔다. 그 높은 향기 또한 가지가지의 추억을 품고 있는 것이다. 허전허전 걸어 가서(그 맥없고 휘뚱휘뚱한 꼴이야 마치 허수아비의 그것과도 같지 않았을까) 깻잎을 뜯어 주먹 위에 얹고 손바닥으로 치니 부드럽고 둥글둥글한 음향이 저녁의 적막을 깨뜨렸다. 이 깻잎의 음향 역시 가지가지 옛 이야기를 가지고 있다. 깻잎 으끄러진 냄새가 코를 찔렀다. 그 냄새에 더운 몸이 한층 무덥고 괴롭다.[5]

진하게 흘러나오는 깻잎 냄새는 "가지가지의 추억"과 "가지가지 옛이야기"를 품고 있다. 작가는 손으로 이겨서 부드럽게 배어 나온 깻잎 냄새를 "둥글둥글한 음향"이라고 불렀다. 음향의 한자어는 두 가지로 추정되는데 어느 것이라도 의미가 통한다. 마실 음(飮)과 향기 향(香)이 결합된 '음향(飮香)'은 '향기를 맡다' 혹은 '미감을 읽어 낸다'를 뜻한다. 또한 이를 '소리와 울림에 의해 야기되는 청각적 감각'을 뜻하는 '음향(音響)'으로 본다면, 또 다른 해석이 가능하다. 이효석은 냄새가 이야기를 불러일으킨다는 표현을 즐겨 썼고, 따라서 깻잎 냄새가 불러일으키는 "옛이야기" 소리가 "저녁의 적막을 깨뜨"린다는 의도로 이해할 수도 있다. 일찍이 한자 문화권에서는 향기를 듣는다는 뜻을 가진 단어인 '문향(聞香)'도 존재했으니, 이는 낯선 개념은 아니었다.

그의 작품 속 초가을 배경에는 여문 들깨밭의 냄새가 넘쳐 난다. 짙은 여름의 깻잎 냄새에 뒤이어 등장하는 초가을 들깨 냄새도 그윽한 먼 생각을 불러일으킨다. 그의 소설 〈분녀〉에서 분녀는 거리와 군청을 들락거리다 몸과 맘이 만신창이가 된 처자다. 어느 가을 분녀는 들깨밭을 거닐며 넘치는 "들깨 향기"가 가져다주는 "그윽한 먼 생각"[6]에 비로소 마음을 추스르고 그 가을 "날마다 들깨 향기에 젖어" 보낸다. 들깨 향에 젖는 그 시간은 사람과 돈과 소문에 치인 그녀가 차분히 자신에게로 돌아오며 옛 인연과 재회를 준비하는 시간이었다.

이처럼 이효석에게 자연의 냄새는 '추억', '이야기', '먼 생각'을 불러일으키는 신화 속 사이렌과 같았다. 소설 〈석류〉 역시 석류의 맛과 향으로 이야기가 시작된다. 주인공이 "혀끝에 뱅뱅 돌면서도 쉽사리 무엇인지를 생각해 볼 수 없는 맛"이 "석류였음을 깨달았을 때", 유년의 기억이 떠오르고 비로소 이야기는 시작된다.

옛 병풍 속의 석류의 그림이 기억 속에 소생되어 때를 주름잡고 눈앞에 떠올랐다. 어디서 흘러오는지도 모르게 그윽하게 코끝을 채는 그리운 옛 향기. 약그릇이 놓이고 어머니가 앉았고 머리맡에 병풍이 둘러쳐 있었다. 약 향기가 어머니의 근심스러운 얼굴에 서리었고 병풍 속 나무에 석류가 귀하였다.[7]

20세기 초 책거리
병풍 속 석류 이미지,
메트로폴리탄미술관 소장

주인공 재희는 '석류'를 통해 유년 시절을 회상한다. 유년의 기억은 한 장면으로 집약된다. 어머니는 석류 그림이 그려진 병풍 앞에 약그릇을 놓고 앉아 계셨다. 유난히 몸이 약했던 그녀는 약을 달고 살았는지, 어린 시절의 "옛 향기"를 회상할 때면 "약 향기"가 떠올랐다. 하지만 세월은 흘러, 어머니도 병풍도 석류도 약 종지도 이제는 없다.

> 지금에는 어머니도 없고 머리맡에 병풍도 없고 석류도 없다. 예를 그리워하는 생각만이 아름답다. 석류는 그윽한 향기다. 향기는 구름같이 잡을 수 없고 꺼지기 쉬운 안타까운 자취, 눈물이 돌았다. 가슴이 뻐근히 저리는 동안에 무지개는 꺼지고 석류는 단걸음에 옛날로 물러가 버렸다. 애달픈 생각에 골이 아프고 신열이 높아졌다. 머리맡에 약이 쓰다. 약도 옛날 것이 한결 향기로웠던 것이다.[8]

여기서 재희가 말하는 석류는 병풍 속 석류였다. 따라서 석류의 "그윽한 향기"란 "구름같이 잡을 수 없고 꺼지기 쉬운 안타까운 자취"면서 부재하는 존재에 관한 흔적으로, 애초에 상상의 산물이었다. 그것은 어머니의 배경처럼 존재하던 병풍과 약 냄새가 환기하는 추억의 냄새였다. 정신적 작용인 향수(鄕愁)는 옛것은 무엇이든지, 심지어 약 냄새조차도 지금의 것보다 더 향기로

왔다고 기억하게 만든다.

향기에 관한 강렬한 기억은 늘 사람과의 추억 그리고 이야기를 동반했다. 재희의 기억 속 어머니는 붉고 군침 도는 석류와 약 냄새가 어우러진 '그윽한 향기' 속에서 신소설 《추월색》(1912)을 낭독해 주고 있었다.

> 긴 가을밤에나 혹은 어머니나 그가 가벼운 병석에 있을 때에 그는 병풍 속 자리에 누워 신소설 《추월색》을 낭독하였다. 아름다운 이 공기는 모녀를 울리기에 족하였다. 정님이와 영창이의 기구한 운명의 축복은 한없이 눈물지어 어느덧 한 가락의 초가 다 진하면 새 가락을 켜 놓고 운명의 다음 줄을 계속하여 읽곤 하였다. 어머니는 촛불과 같이 가만히 눈물지었다. 병풍 속 석류는 눈앞에 흐리고 머리맡 약 냄새는 근심스러웠다.[9]

《추월색》에서는 한 번도 가 본 적 없는 서울이라는 곳에서 벌어지는 진기한 이야기들이 펼쳐졌다. 그녀는 어머니가 읽어 주는 신소설을 들으며 아름답고 신비로운 서울의 모습을 상상했다. 하지만 막상 꿈에 그리던 서울로 올라와 보니 현실은 그렇지 못했다. 아버지를 찾아, 남편을 찾아, 서울의 꿈을 찾아왔건만, 팍팍한 생활만이 기다리는 현실은 "전설의 서울"도 "꿈의 거리"

도 아니었다. 재희의 몸과 마음에 균열이 가기 시작하는 이때 바로 유년의 냄새가 불현듯 떠올랐다.

　이처럼 이효석은 작품 속 인물들이 구체적 '냄새'를 통해 자신을 형성하는 근원이 되는 시점으로 돌아가 여기서부터 이야기를 풀어 나가는 서사적 전략을 취한다. 여러 작품 속에서 다양한 향기를 통해 "가지가지"의 "추억"과 "옛이야기"와 "그윽히 먼 생각"으로 훌쩍 끌고 들어간다. '기억을 소환하는 냄새'의 역할을 이야기할 때 가장 많이 언급되는 작품은 마르셀 프루스트의 《잃어버린 시간을 찾아서》인데, 그런 점에서 이효석은 한국의 프루스트라고도 할 수 있었다.

　그는 고향의 냄새 역시 좀 더 풍요롭게 기록했다. 그가 주목한 것은 가을의 송이 향기였다. 식민지 말기 발표된 〈장미 병들다〉(1938)는 한때 진보적 서점을 운영하던 사상범의 아내 세죽과 그녀의 여동생 남죽의 인생 변화를 바라보는 현보의 시점에서 이야기가 전개된다. 현보 역시 한때는 소위 진보 청년으로 자매가 운영하는 서점을 들락거렸다. 언니 세죽은 사상범인 남편의 수감 생활이 길어지자, 서점을 정리하고 고향에 돌아가 염소를 키우게 되고, 동생 남죽은 배우라는 명목으로 활동하지만, 생계를 위해 몸을 아끼지 않고 함부로 굴리어 몸도 마음도 생활도 파산한 상태나 다름없었다. 어느 날 고향에 돌아갈 노잣돈조차 구하지 못하는 남죽과 그런 그녀를 도와주고 싶은 현보는 함께 도심을 배회한다. 이때 남죽은 고향을 향한 간절한 그리움을 가을 송이 향기로 응축해 표현한다.

"첫 가을이면 송이의 시절-좀 있으면 솔골로 풋송이 따러 가는 마을 사람들이 둑 위를 희끗희끗 올라가기 시작하겠어요. 봉곳이 흙을 떠받들고 올라오는 송이를 찾었을 때의 기쁨! 바구니에 듬짓하게 따가지고 식구들과 함께 둑길을 걸어 내려올 때면 송이의 향기가 전신에 흠뻑 배이지요. 풋송이의 향기-〈고래〉속의 라일락이 향기 이상으로 제겐 그리운 것예요."[10]

현보는 남죽의 이야기를 들으며 비록 가 보지 못한 곳이지만 "그가 말하는 고향이 한없이 그리운 것으로 생각되었다."[11] 남죽은 화려한 향기보다 풋풋한 풋송이 향기가 더 그립다고 말하며 현보의 순박한 향수의 감성을 자극했다. 풋송이 향은 습기를 머금은 흙내와 소나무 향, 고향 땅의 냄새를 불러일으킨다. 현보는 결국 남죽이 고향을 그리워하는 마음에 깊이 공감하고 동정하며 그녀가 귀향할 수 있도록 적극적으로 돕게 된다. 하지만 남죽은 초가을 식구들과 걸으며 온몸에 흠뻑 배었던 "풋송이의 향기"가 그립다는 미담과 상처를 남기고 결국 현보를 떠나고 만다. 그리움과 순수함을 자극한 거짓된 향을 남긴 채. 사상의 자유가 억압되고 안정된 생계를 꾸려 나갈 수가 없었던 식민지 말기 씁쓸한 풍경의 한 자락이었다.

사계의 향력(香曆): 추동(秋冬)

이효석 작품에서 가을과 겨울은 낙엽송과 사철나무 냄새로 가득 찬다. 이 계절에 비로소 사람은 숨을 깊게 들이쉬고 겸허하게 숲과 땅과 하나가 된다. 마을을 떠나 산으로 들어가 살게 된 사내의 이야기를 그린 단편소설 〈산〉은 가을의 산 냄새를 이야기한다. 사내는 마을의 번잡한 감각에 환멸을 느끼고 맑은 산의 향기에 젖어 들어가며 비로소 산사람이 되어 간다.

> 푸르고 향기로운 소나무, 잣나무, 전나무, 향나무, 노가지나무-걱정 없이 무럭무럭 잘들 자라는-산속은 고요하나 웅성한 아름다운 세상이다. 과실같이 싱싱한 기운과 향기. 나무 향기 흙냄새 하늘 향기. 마을에서는 찾아볼 수 없는 향기다.
> 낙엽 속에 파묻혀 앉아 깨금을 알뜰히 바수는 중실은 이제 새삼스럽게 그 향기를 생각하고 나무를 살피고 하늘을 바라보는 것이 아니었다. 그런 것을 한데 합쳐서 몸에 함빡 젖어들어 전신을 가지고

모르는 결에 그것을 느낄 뿐이다. 산과 몸이 빈틈없이 한데 얼린 것이다. 눈에는 어느 결엔지 푸른 하늘이 물들었고 피부에는 산 냄새가 배었다.[12]

흙과 바람, 그리고 소나무, 잣나무, 전나무, 향나무, 노가지나무 같은 사철나무가 가을 산의 '향기'를 이룬다. 이러한 '산 냄새'는 자연스럽게 몸에 밴다. 바닷바람 앞에 설 때도 마찬가지였다. "조수 냄새와 해초 냄새가 전신을 눅진하게 채워 주는" 속에서 그는 "바닷바람을 몇 번이고 한껏" 마신다.[13] 산 냄새도 바다 냄새도 몸에 배어들면서 그는 산과 바다를 닮아 간다. 그렇게 그는 "몸은 한 포기의 나무"임을 깨닫고 "부드득 솟아오르는 힘"을 느낀다.[14] 이효석은 자연의 냄새가 배어드는 장면으로 몸과 마음이 자연과 합일되는 과정을 보여 주었다.

가을이 깊어지면 곳곳에서는 낙엽 태우는 냄새가 났다. 이효석은 이 냄새를 으뜸으로 쳤다. 그는 1938년 어느 가을날 벚나무 아래 떨어진 낙엽을 산더미처럼 모아 불을 붙인다. 그는 수필 〈낙엽을 태우며〉와 〈낙엽기〉에서 그 냄새에 관해 이야기했다.

낙엽 타는 냄새같이 좋은 것이 있을까. 가제 볶아 낸 커피의 냄새가 난다. 잘 익은 개금 냄새가 난다. 갈퀴를 손에 들고는 어느 때까지든지 연기 속에 우뚝 서서 타서 흩어지는 낙엽의 산더미를 바라보며 향기로운 냄새를 맡고 있노라면 별안간 맹렬한 생활의 의욕을 느끼게 된다. 연기는 몸에 배서 어느 결엔지 옷자락과 손등에서도 냄새가 나게 된다. 나는 그 냄새를 한없이 사랑하면서 즐거운 생활감에 잠겨서는 새삼스럽게 생활의 제목을 진귀한 것으로 머릿속에 떠올린다.[15]

벚나무 아래 수북이 쌓아 놓고 불을 붙이면 속으로부터 푸슥푸슥하면서 푸른 연기가 모로 길게 솟아오른다. 연기는 바람 없는 뜰에 아늑히 차서 물같이 고인다. 낙엽 연기는 진한 커피의 향기가 있다. 잘 익은 깨금의 맛이 있다. 나는 그 귀한 연기를 가장껏 마신다. 욱신한 향기가 몸의 구석구석에 배어서 깊은 산속에 들어갔을 때와도 같은 풍족한 만족을 느낀다. 낙엽의 연기는 시절의 진미요 가을의 마지막 선물이다.[16]

이효석은 낙엽을 태우며 커피 볶는 냄새를 맡았다. "개금"이라는 개암 열매 냄새도 맡았다. 그 향기로운 냄새는 연기로 흩어지며 옷자락과 손등에 배었다. 낙엽 태우는 "그 냄새를 한없이 사랑"한 작가 이효석은 낙엽 냄새를 통해 자연의 순환과 생애 주기에 관해 사유한다. 낙엽은 봄여름 자라났던 신록의 '꿈의 껍질'

이었고 낙엽 태우기는 한 시절 왕성했던 생명들과 결별하는 의식이었다. 낙엽을 태울 때 나는 복합적 냄새에서 이효석은 소멸에 따른 우울함이 아닌 생활의 활력을 끌어내고자 했다.

> 음영과 윤택과 색채가 빈곤해지고 초록이 전혀 그 자취를 감추어 버린 꿈을 잃은 헌출한 뜰 복판에 서서 꿈의 껍질인 낙엽을 태우면서 오로지 생활의 상념에 잠기는 것이다. 가난한 벌거숭이의 뜰은 벌써 꿈을 배기에는 적당하지 않은 탓일까? 화려한 초록의 기억은 참으로 멀리 까마득하게 사라져 버렸다. 벌써 추억에 잠기고 감상에 젖어서는 안 된다. 가을이다! 가을은 생활의 시절이다. 나는 화단의 뒷자리를 깊게 파고 다 타 버린 낙엽의 재를-죽어 버린 꿈의 시체를-땅속 깊이 파묻고 엄연한 생활의 자세로 돌아서지 않으면 안 된다. 이야기 속의 소년같이 용감해지지 않으면 안 된다.[17]

낙엽 태우기 과정은 준비된 장작불을 즐기는 캠핑의 불멍과는 다르다. 한곳에서 초목의 생장을 지켜보던 끝에 하는 의식이다. 새순이 가멸차게 성장했다가 낙엽이 되어 힘없이 떨어진다. 쌓인 낙엽을 그러모은다. 생기를 잃고 바스락대는 낙엽에 불을 붙인다. 몸을 움직이며 그는 다짐한다. 겨울을 준비해야 하는 이 시기의 노동은 꿈을 꾸거나 감상할 겨를이 없다고, '이야기' 속에서 나오는 소년처럼 용감하게 생활로 돌아가야 한다고. 낙엽 태우기는 "낙엽을 장사 지내"[18]는 일이니만큼 이제는 책상머리의 꿈을 걷어 내고 몸을 움직여 노동이라는 '생활'을 해야 할 때가 왔음을 느끼는 것이다.

이제 낙엽이 지고 남는 것은 사철나무다. 이효석은 성탄절 향기로 전나무 향을 언급한다. 1935년 여름에 발표한 단편 소설 〈성수부(聖樹賦)〉에는 그 욱신한 향기가 담겨 있다.

크리스마스트리가 있는 어느 거실에서
이효석, 1930, 이효석문학재단 소장

'푸른빛 귀한 방 안에 싱싱한 나무를 세우면 얼마나 아름다울까.'
생각만으로도 마음이 즐겁게 뛰었다.
사람을 시키니 반달 동안이나 깊은 산을 헤매인 후 두 대의 굵은 전나무를 베어 왔다.
초목이란 초목은 모두 아름다운 것이지만 전나무의 아름다움은 새로운 발견이었다. 곧은 줄기, 검푸른 잎새, 탐탁한 자태, 욱신한 향기-바꿀 것 없는 산의 선물을 넓은 방 복판에 세워 놓고 나는 무지개를 쳐다볼 때와도 같은 감격을 느꼈다. (중략) 잎새가 시들어 떨어질 때까지 향기가 날아서 없어질 때까지 크리스마스트리를 세워 두려고 생각하였다.[19]

이효석은 크리스마스트리로 성탄절을 즐기는 문화가 보급되기 시작하던 당시 풍경을 담았다. 일제 강점기에도 성탄절은 종교적, 상업적, 문화적 축제로 자리 잡아 가고 있었고 거리에 울려 퍼지는 합창단 행진 소리와 전나무와 초가 있는 풍경을 더러 볼 수 있었다.[20] 한겨울 깊은 산에서 가져와 집 안에 욱신하게 퍼지는 전나무 향. 성탄절 트리 냄새는 야산의 냄새라기보다는 문명의 냄새, 이효석이 곧잘 언급하던 "구라파 냄새"에 가까웠다. 이제 그 도시와 문명의 냄새를 따라가 본다.

도시와 구라파 그리고 조선의 냄새

작가가 심드렁한 일상일 수 있는 산촌 풍경을 섬세하게 주목하며 포착할 수 있었던 까닭은 그가 외부인의 시선으로 풍경을 감각했기 때문이었다. 이런 맥락에서 이효석은 "장미의 냄새"조차 "동양의 냄새"가 아니라 "구라파의 냄새"라고 선언한다.

장미 냄새는 늘 무슨 냄새 같을꼬 생각하면서 송이를 코끝에 시험해 보니 쉽게 떠오르지 않는다. 과실 냄새 같음에는 의견이 일치되나 무슨 과실이라고는 아무도 대번에 단정하지 못한다. 한참이나 후에야 나는 비로소 그것이 별것 아닌 서양배(梨)의 냄새인 것을 큰 발견이나 한 듯이 외쳤다. 장미 냄새는 궤 속에서 잘 무른 라·프랑스나 바아트렛의 냄새다. 누렇게 익은 서양배의 냄새-그것은 동양의 냄새는 아니다. 장미의 냄새는 바로 구라파의 냄새인 것이다. 동양의 아무 냄새도 그 같은 것은 없다. 장미는 바로 그곳의 것이다.[21]

이효석은 어느 날 동무로부터 뜰에 핀 장미를 선물 받는다. 그는 장미의 호화롭고 선명한 빛과 향을 찬미하며 역시 꽃 중의 으뜸이라고 상찬한다. 그러고는 조선 땅에서 피어난 장미꽃을 선물 받고도, 그 향은 굳이 동양의 것이 아닌 "구라파의 냄새"라고 말한다. "동양의 아무 냄새도 그 같은 것은 없다"라고 거듭 말하며 일말의 여지도 남기지 않는다. "장미는 바로 그곳의 것이다"라는 말은 조선에 토종 장미종이 있었을지라도 근대 이후의 장미는 그 종뿐 아니라 상징과 심상 지리까지 서구 유럽의 것으로 전환되었음을 드러낸다. 형체도 위치도 파악이 안 되는 '냄새'에 장소성을 부여하고 서구와 동양을 구획 짓는 감각의 심상 지도를 구축하는 것, 그것은 권력 구도에 따라 겹겹이 구축되어 가는 세계 질서를 바라보던 작가가 언어로서 대응하는 방식이었다. 구라파적인 세계를 향한 지향이나 조선적인 향토성을 향한 지향은 언뜻 상충되는 듯하지만, 제국 일본의 자장 속에서 근대화하거나 혹은 근대를 초극해야 했던 식민지 정체성으로서는 서로 이율배반적이지 않았던 셈이다.

그는 도심을 장악한 이국의 향, 새로운 냄새를 호기심 어린 눈으로 감지해 냈다. 간혹 그는 백화점 지하에서 볶은 원두커피를 가슴에 품고 귀가해 커피를 내리며 그 향미를 음미하기도 했다. 그럴 때 그는 자신이 "향기 높은 한잔의 홍차"가 "한 접시의 비계"보다 소중한 댄디보이임을 고백한다.[22] 카페와 백화점은 도심 생활의 상징적 장소였다. 커피 애호가였던 이효석의 글에는 카페의 향기가 곳곳에 등장한다. 그는 한때 자신이 즐겨 머물던 카페 '동'의 향기에 관하여 수필로 남겼다.

적적한 곳에서 나는 나의 감정을 될 수 있는 대로 화려하게 치장함으로써 먼 것을 꿈꿀 수밖에는 없었다. 생활은 재료만이 아닌 것이다. 중요한 것은 그 향기다. 감정, 그 분위기 향기를 뺏길 때 그곳에는 노래만이 남는다. 나는 늘 이 향기를 잃어버릴까를 두려워하며 언제든지 그것을 주위에 만들고야 만다. '동'은 그때의 나에게 이 향기를 준 곳이었다. 고요한 곳에서 그 향기를 찾으려고 나는 십 리의

밤길을 앞두고 눈 오는 밤을 그 속에서 지새우는 것이다.²³

카페 '동'은 함경북도 신도시 나남에 있었다. 이효석은 함경북도에 4년간 머물 때 빵집, 서점, 찻집 그리고 이 카페에 들렀다. 그는 일상의 시공간에 머물다가 이따금 먼 것을 꿈꾸는 장소인 카페로 갔다. 물론 이 "고요한 곳"에서 찾으려고 했던 "향기"는 비단 커피 향만이 아닌 카페 공간이 제공하는 독특한 시간과 분위기를 아울러 말한다. 그에게 카페는 위안의 공간이면서도 공허한 공간이기도 했다.

이효석의 단편 〈공상구락부〉에서 '공상구락부(空想俱樂部)'는 두루 모여 잡담과 상념으로 시간을 채우는 카페 공간의 성격을 잘 설명해 준다. 여기에 모인 청년들은 현실과 거리가 먼 허무맹랑한 꿈들을 이야기한다. 청년들이 직업과 전망을 얻거나 지식과 신념도 온전히 펼칠 수 없던 식민지 현실을 보여 주는 안타까운 장면이다.

구락부라고 해야 모이는 집이 따로 있는 것도 아니요, 부원이 많은 것도 아니요, 하는 일이 또렷한 것도 아닌-친한 동무-몇 사람이 닥치는 대로 모여서는 차나 마시고 잡담이나 하고 하는 정도의 것이었다. 다시 말하면 직업 없는 실직자들이 모여서 하는 일 없는 날마다의 무한한 시간과 무료한 여가를 공상과 쓸데없는 농담으로 지우게 된 것에 지나지 않는다. 공상구락부란 사실 허물없는 이름이었고 (중략) 한잔의 차와 음악을 구해서는 차례차례로 거리의 찻집을 순례하는 것이다. 솔솔 피어오르는 커피의 김을 바라볼 제 그 김 속에 나타나는 꿈으로 얼굴을 우렷이 아름답게 빛내는 것은 유독 총중에서 얼굴이 가장 뛰어나고 문학을 숭상하는 청해 군뿐만이 아니었다.[24]

카페의 냄새가 커피와 담배 냄새 정도로 이야기되었다면, 도심의 백화점이야말로 고객을 기다리는 기상천외한 향기로 가득한 공간이었다. 소위 '백화점 냄새'를 구성하는 것은 화장품과 향수, 식품 코너의 냄새만은 아니었다. 우리는 그의 소설 덕분에 1930년대 백화점에 새로운 냄새가 등장했음을 알 수 있다. 자연을 없애고 만든 근대 도심 건물에서 자연의 냄새를 닮은 인공 냄새가 분사되기 시작한 것이다. 1930년대 서울의 한 백화점을 배경으로 주고받는 청춘 남녀 인물들의 대화를 들어 본다.

복작거리는 지하층에 내려갔을 때에 유례는 별안간 발을 멈추고 나를 돌아보았다.
"무슨 향기예요?"

일제 강점기 미쓰코시백화점(현 신세계백화점) 전경, 서울역사박물관 소장

나도 그 자리에 서서 그가 발견한 향기를 감식하려 하였다.

"거리에서 맡은 향기는 아니에요."

"향수 냄샐까, 화장 냄샐까."

"그런 사람 냄새가 아니에요."

"그럼 꽃 냄새."

"솔잎 냄새 같기도 하고 나무 진 냄새 같기도 한데요."

"옳지."

말을 듣고 생각을 하니 그제야 겨우 짐작되었다.[25]

처음 맡은 향기는 거리에서 나는 냄새도, 향수나 화장품을 바른 사람에게 나는 냄새도 아니었다. 그렇다고 꽃이나 솔잎, 나무 진 냄새도 아니었다. 이들은 숲 냄새나 풀 냄새라고 말하지 않고 '솔잎'과 '나무 진' 냄새라고 하며 꽤나 구체적으로 냄새의 원인이 되는 물질을 추측한다. 나무 냄새를 이렇게 섬세하게 포착한 프랑스 작가로는 조향사들이 사랑한 작가 장 지오노(Jean Giono)가 있다.[26] 그는 《나무를 심는 사람》(1953)에서 평생을 바쳐 나무를 심었던 이에 관한 이야기를 쓰며 "수액과 나무껍질의 짙은 냄새"[27]를 언급한 적이 있다. 결국 이들 남녀가 이러한 냄새 맞히기를 거쳐 알아낸 것은 자연의 향기를 흉내 낸 '오존 냄새'였다.

"알았소-오존 냄새요."
나는 나의 판단이 틀리지 않음을 단언하고 큰 백화점에는 거개 오존 발생기를 장치하였다는 것을 설명하였다.
"오존.-어쩐지 금시에 속이 시원해지는 것 같아요."
"당연하지요. 사람 냄새가 아니오. 거리 냄새가 아니오―산이나 바다 냄새니까."
"실컷 맡았으면 몸이 당장에 회복될 것 같아요."

"옳게 말했소. 산이나 바다로 갑시다. 응당 가야 할 곳을 미처 생각지 못했소그려."

그 자리에서 그 시간에 여행을 결정하고 그 길로 여행에 들 것을 준비하러 층 위로 올라갔다.[28]

흥미롭게도 이들은 가장 인공적으로 제공된 오존 발생기에서 "사람 냄새"도 "거리 냄새"도 아닌 산과 바다의 냄새를 느끼고 "속이 시원해지는 것 같"고 "몸이 당장에 회복될 것 같"은 기분을 느낀다. 그리고 자연 냄새를 직접 맡으러 떠나기로 한다. 자연의 공기를 들이마시는 것이야말로 도심 생활에 지친 그들을 치유하고 회복하게 해 주리라고 믿었기 때문이다.

이렇게 이효석은 자연의 사철 향기로 시간의 변화를, 도심 속 문명의 냄새로 공간을 구분하던 당시 모습을 기록했다. 그는 감각의 경계를 통해 대자연의 시간과 문명의 구획을 펼쳐 준 향력과 후경의 작가였던 셈이다. 그런데 이러한 그의 감각은 미려한 문학적 수사를 위해 동원된 것만은 아니었다. 그것은 사태의 본질과 사건의 진실과 사람의 진심을 전달하는 매개체이기도 했다. 다작을 남긴 이효석은 동반자 작가로서는 계급 의식을, 모던 보이로서는 심미주의적 스타일을, 그리고 일본어로 된 국민 문학에서는 중첩되고 굴절된 민족의식이라는 광범위한 스펙트럼을 펼쳐 보였다. 그런 그는 삶에서 비롯된 살아 있는 냄새의 포자들을 자신의 작품 곳곳에 흩뿌려 두었다.

마지막으로, 그가 생애 말기 식민지 조선 땅에서 일본어로 남겨야 했던 민족의 '냄새'에 관한 기록을 살펴본다. 일제 말기 작가들에게 허락된 언어는 일본어였고 이효석도 몇몇 일본어 작품을 남겼다. 그중 〈엉경퀴의 장〉(1941)이라는 소설에서 그는 '내선일체'라는 제국의 동화 정책이 좇는 허상, 결국 제국 일본과 식민지 조선은 하나가 될 수 없음을 '마늘 냄새'라는 상징적 존재를 통해 이야기했다. 일본인 여성 아사미와 조선인 남성 현은 동거 중인 연인이다. 카페 여급 아사미는 조선의 한복과 고궁 산책을 즐기고 무엇보다 조선인 청년 현을 사랑하지만, 그가 자기 조선인 동료들과 마늘을 먹고 온 날만큼은 참을 수 없다. 하지만 현은 본디 자신은 조선인이라 마늘에 인이 박혀서 어쩔 수 없이 먹게 되고 만다고 그녀에게 호소한다.

"고약한 냄새. 저리 가요. 또 마늘을 먹었군요."
"용서해줘. 그게 나오면 나도 모르게 그만 손이 가거든. 어쩔 수 없어."
마늘 소동은 이게 처음이 아니었다. 현은 가끔 몸에 이상이 생기면 향토 요리가 먹고 싶었고, 그때마다 역한 냄새를 지니고 돌아왔다.

그것이 아사미에게 혐오감을 불러일으킨다는 것을 알고는 있었지만 좋아하는 것이라 어쩔 수 없었다. 몰래 살짝 먹고 와서 용케 아사미의 코를 속이는 경우도 더러 있었지만, 대개는 예민하게 냄새를 맡아서 아주 난처했다. 어쩔 도리가 없는 숙명과도 같은 것이었다.[29]

조선총독부는 일본인과 조선인의 동화를 권하는 '내선일체' 정책을 내세웠고 따라서 이들의 사랑과 결혼을 이야기하는 이 소설은 언뜻 보면 '내선일체'에 동조하는 서사로 읽힐 수 있다. 그러나 작품은 그것이 근본적으로 불가능한 여러 이유를 조목조목 나열한다. 일단 조선의 문중 어른은 일본인 여성을 가족 구성원으로 받아들이지 않는다. 그리고 현은 아사미를 아내로 맞아 단란한 가정을 꾸리기 위해 구직하고자 하나, 신체제기 제국이 식민지 조선을 수탈하고 억압하여 그가 일하던 직장들은 사라졌으므로 더 이상 일자리를 찾기가 어렵다. 또한 무엇보다도 일본인 여성 아사미는 조선의 냄새, 마늘 냄새만은 도저히 참을 수가 없다. 아사미는 결국 짐을 싸서 떠난다. 작가는 정책과 사상이 현실을 기만하며 개인의 일상에 안착되지 못하고 공허하게 비껴가는 지점을 풍습과 감정과 감각의 불협화음으로써 보여 준다. 이러한 시기, 조선의 향토성과 구라파의 문명에서 접점을 찾아 제국을 돌파하고 세계로 나아가고자 했던 작가 이효석의 시도는 조선인의 마늘 냄새에서 쉼표를 그었다. 그리고 1942년 작가는 세상을 떠났다.

고향 내음새를
채집한 시인,
백석[30]

시인 윤동주는 백석의 시집《사슴》(1936) 전체를 노트에 필사했고, 그 필사본이 윤동주 유품에 남아 있다. 1936년 총 100권 한정으로 출간된《사슴》은 구하기 어려운 시집이었다. 문학청년을 꿈꾸던 열아홉 살 동주도 결국 이듬해 시집을 빌려서 베껴 써 소장한 것이다. 그가 용정 고향 마을에 있던 때의 일이다. 동주는 찬찬히 읽으며 손으로 베껴 쓰며 몇몇 구절에는 감상의 글귀를 남겼다. "걸작이다", "그림 같다", "좋은 구절", "끝 구에 작품을 살리었다"와 같이 감탄하는가 하면, 다른 시구를 제언하기도 하고, 그 뜻을 잘 이해할 수는 없다며 "아불지도(我不知道)"라는 표시를 남기기도 했다.[31] 윤동주는 시 구절마다 메모를 남기며 백석의 시에 깊이 공감했다. 그리고 그로부터 5년 후 윤동주는 하늘과 별과 생명을 노래한 자신의 시집을 꾸리게 된다.

  윤동주가 사랑했던 시인 백석(1912~1996)은 고향의 음식 냄새를 적극적으로 포착한 시인이다. 그의 시에는 가족과 이웃이 어우러져 요리하고 이야기하고 놀이하는 장면이 다채롭게 담겨 있다. 한 폭의 풍속화와 같이 일상을 무심한 듯 애틋하게 담은 백석의 시는 당시 한국 문단에서 다소 예외적 존재였다. 감각적 재현은 시가 추구해야 할 진실과 본질에서 거리가 먼, 표피적이고 지엽적이고 일시적 기교로 폄하되기도 하던 시대였다.[32] 그러한 문단의 분위기 속에서 백석은 감각적 소재와 어휘들로 그의 시 세계를 꾸렸다. 그에게 후각적 표현은 "민족과 개인의 위기의식과 자기 보존 욕구 그리고 민족의 위계화에 저항하는 정치성, 또한 문화적 혼종과 소멸을 염려하는 심미성"을 담고 있었다.[33]

백석 시에서 중요한 것은 음식이 아니라 요리다. 즉 결과물이 아니라 과정이고, 먹기라는 소비적 행위가 아니라, 요리하는 생성의 시간이고 냄새 맡기라는 기다림의 과정이다. '과정'의 즐거움을 만끽한다는 점에서 '요리'의 냄새가 주는 설레임과 '이야기'의 재미는 본질적으로 유사하다. 이야기는 현재가 과거에 관한 기억과 미래에 관한 상상을 매개하게 하는 역할을 하며, 따라서 백석의 '이야기시'는 개인적이고 독백적인 여타 근대시와 달리 공동체성을 부각한다. 여기서 잠시, 우리는 왜 이야기를 좋아하는가. 백석의 이야기시에 우리가 매력을 느끼는 이유는 무엇인지 짚고 넘어가 보자. 이 질문에 한 연구자는 '호모나란스(homo narrans): 이야기하는 인간'이라는 개념으로 답하며 아래 구문을 인용했다.[34]

> 현재가 우리에게 충분치 않다는 것은 사실이다. (중략) 그런데 왜? 아마도 현재란 얼마간 지겹기 때문일 것이다. 우리는 한 발을 현실 밖에 두고 살고 있다. 우리는 이중생활을 한다. 현재는 우리의 기억과 우리의 상상 사이에서 일어나는 끝없는 대화의 증인일 뿐이다. 우리에겐 이야기가 필요한 것이다. 말을 하기 시작한 최초의 인간, 나는 그를 기꺼이 호모나란스라고 명명할 것이다.[35]

백석의 시는 '이야기'를 소재로 삼는 여느 '시'들과는 달리 시가 곧 이야기가 되고 이야기가 곧 시가 되는 "이야기시"로서 존재한다. 이러한 이야기시가 독자에게 효과적으로 와닿기 위해, '냄새'는 중요한 역할을 한다. 그의 초기 시를 모은 《사슴》에는 20세기 초 평안도와 함경도 지역의 부엌 풍경이 오롯이 담겨 있다. 고향 집에서 대가족이 모여 음식을 만들고 이야기를 나누며 놀이를 한다. 음식의 맛과 냄새는 공동체가 함께한 풍요로운 기억을 환기하는 감각이다. 미각과 후각은 청각과 시각과 달리 대상과 가까이 접촉하고 대면하는 근접 감각이다. 이러한 감각을 통한 마을 재현은 공동체의 친밀성과 연대성을 총체적으로 구현해 주며[36] 그러한 공동체가 실현되는 백석의 장소와 시간은 낭만적 '유토피아' 혹은 '이상향'이라고도 불렸다. 백석은 고향 마을을 자연과 인간이 조화롭게 공존하는 이상적 공동체로 그려 냈는데, 이때 자연과 집과 가족과 일상을 조화롭게 감싸는 것은 공기 중의 일상적 냄새였다. '고향집'과 같이 정신적 가치가 깃든 장소는 건축 설계 도면이나 지도와 같은 '정보'가 아니라, 그곳에서 만지고 맡고 들었던 '감각적 경험'에 의해 매혹적이고 친밀한 장소로 기억될 수 있다.[37]

그가 1930년대 중반까지 남긴 시 100여 편에는 110가지 요리가 기록되어 있다.[38] 그의 시는 100년 전 이북 지역 부엌에 관한 기억의 아카이브인 셈이다. 1912년 평안북도 정주에서 태어나 성장한 백석은 이후 고향을 떠나 기자, 교사 생활을 했다. 그가 창작에 집중했던 1930년대 후반에는 경성과 함경도 함흥에서 머물며 고향 마을의 '내음새' 가득한 시들을 창작했다. 그것은 대지의 "구수한", "소거름 내음새"[39]에서 시작했다. 농촌에서 송아지는 가족의 생계가 달린 재산이기에, 그 귀한 소에게서 나는 소거름 내음새는 풍요로움의 상징이다. 따라서 더 이상 구수한 소거름 내음새가 나지 않는 마을은 그들의 삶의 기반이 붕괴되고 있음을 말해 준다.

백석 시에서 냄새는 '내'나 '내음새'로 표현되었는데, '내'는 현대어 '냄새'의 중세 표기다.[40] 그리고 '내음새'는 중세 국어 '내금새'에서 현대 표준어인 '냄새'로 가는 과도기의 어휘였다. 20세기 초 평안도, 경기도, 함경도에 머물던 백석은 옛 말투인 '내'와 과도기의 단어 '내음새'를 선택했고, 그중에서도 식구들을 거두어 먹이던 부엌과 집밥 내음새에 집중했다.

대가족에 마을 사람들까지 모여 와자지껄한 시간을 채우는 것은 요리 냄새였다. 이때 나는 냄새는 완성된 음식 냄새가 아닌 '함께 요리하는 과정'의 냄새다. 백석 시에는 음식을 홀로 먹으며 그 맛에 집중하는 개인이 아니라, 조리 전 과정을 함께하는 공동체의 기다림이 담겨 있다. 시인이 식문화에서 초점을 둔 것은 내가 먹는 '소비'가 아니라 함께 먹을 식량을 준비하며 노동하고 기다리는 '생성'의 시간이었다. 그리고 이는 요리에 집중하는 장인의 모습이라기보다는 걱실걱실 다른 살림도 꾸리고 사람도 챙기고 수다도 떨고 참견도 하는 일상의 밥 짓기 풍경이었다. 시인은 그렇게 심상한 일상에서 이상적 가치로 향하는 도정을 발견한다.

어느 가을 깊은 밤, 온 집 안은 풍요로운 음식 냄새로 가득하다. 〈추야일경(秋夜一景)〉이라는 시에 그 풍경이 잘 담겨 있다.

닭이 두 홰나 울었는데
안방 큰방은 홰즛하니 당등을 하고

인간들은 모두 웅성웅성 깨여 있어서들
오가리며 석박디를 썰고
생강에 파에 청각에 마늘을 다지고

시래기를 삶는 훈훈한 방안에는
양염 내음새가 싱싱도 하다

밖에는 어데서 물새가 우는데
토방에선 햇콩두부가 고요히 숨이 들어갔다[41]

가을밤, 큰집에는 "인간들"이 모두 "웅성웅성 깨여 있어서" 분주하다. "인간들"은 "식구들"을 뜻하는 평안도 방언이다. 명절을 준비하는지 잔치를 여는지 집 안에는 활기가 가득하다. 오가리와 석박지를 썰고, 생강에 파에 청각에 마늘을 다지고, 시래기를 삶고, 양념장을 만들고, 해콩 두부는 막 숨이 들었다. 썰고, 다지고, 삶고, 무치고, 끓이는 분주한 움직임 속에 재료의 맵싸하고 고소한 냄새가 퍼진다. 시래기 삶는 가마솥에서 올라오는 "훈훈한" 김과 "싱싱"한 "양념 내음새"가 부산한 움직임들을 조화롭게 아우른다. "밖에는 어디서 물새가 우는데 토방에선 햇콩두부가 고요히 숨이 들어" 가고 양념 내음새가 퍼지는 이 풍경에서 먼

데 소리와 가까운 곳의 냄새가 대비된다.

그에게 시각과 청각은 주체와 객체가 분리되는 원거리 감각인 데 반해, 후각과 미각은 살을 부대낄 만큼 가까운 이들 사이 혹은 내 몸과 가까운 근거리 감각이었다. 바깥의 거친 소리와 대비되는 방 안의 안온함은 생명을 먹여 살리는 음식 냄새로 채워졌다. 이렇게 여럿이 한데 모였는데 이야기가 빠질 수는 없다. 시〈고야〉에는 집 밖에서는 위협적 소리가 들리는 가운데 집 안에서는 구수한 곰국 내음새와 함께 마을의 소문 이야기가 구성지게 펼쳐진다. 어느 명절 밤을 담은 시〈고야(古夜)〉를 보자.

(상략)

또 이러한 밤 같은 때 시집갈 처녀 막내고무가 고개 너머 큰집으로 치장감을 가지고 와서 엄매와 둘이 소기름에 쌍심지의 불을 밝히고 밤이 들도록 바느질을 하는 밤 같은 때 나는 아룻목의 삿귀를 들고 쇠든 밤을 내여 다람쥐처럼 밝어먹고 은행여름을 인두불에 구워도 먹고 그러다는 이불 우에서 광대넘이를 뒤이고 또 누워 굴면서 엄매에게 옷목에 두른 평풍의 새빨간 천두의 이야기를 듣기도 하고 고무더러는 밝은 날 멀리는 못 난다는 뫼추라기를 잡어 달라고 조르기도 하고

내일같이 명절날인 밤은 부엌에 째듯하니 불이 밝고 솥뚜껑이 놀으며 구수한 내음새 곰국이 무르끓고 방안에서는 일가집 할머니가 와서 마을의 소문을 펴며 조개송편에 달송편에 쥔두기송편에 떡을 빚는 곁에서 나는 밤소 팥소 설탕 든 콩가루소를 먹으며 설탕 든 콩가루소가 가장 맛있다고 생각한다

나는 얼마나 반죽을 주무르며 흰가루손이 되여 떡을 빚고 싶은지 모른다[42]

(하략)

이 시에는 추석 전날 밤 송편 빚는 장면이 섬세하게 담겨 있다. "곰국이 무르끓"는 "구수한 내음새"는 쌀쌀한 가을밤 집 안을 훈훈하게 달군다. 가지가지 소가 들어간 송편을 만든 기억 덕분에 밤을 지새워 노동하던 시간은 풍요롭고 흥거운 추억으로 남는다. 모양도 맛도 다채로운 송편 중에서 어린 화자가 꼽은 으뜸은 역시 "설탕 든 콩가루" 송편이었다. 여기에 할머니가 구성지게 펼쳐 내는 마을 소문 이야기는 그 고소함에 화룡점정을 찍는다. 명절 전날 밤은 사람과 이야기와 명절 음식 내음새가 조화를 이루는 밤이었다. 바로 이러한 밤을 고스란히 담아낸 〈여우난골족(族)〉을 보자.

(상략)

배나무접을 잘하는 주정을 하면 토방돌을 뽑는 오리치를 잘 놓는 먼 섬에 반디젓 담그려 가기를 좋아하는 삼춘 삼춘엄매 사춘누이 사춘동생들

이 그득히들 할머니 할아버지가 있는 안간에들 모여서 방안에서는 새옷의 내음새가 나고
또 인절미 송구떡 콩가루차떡의 내음새도 나고 끼때의 두부와 콩나물과 뿜은 잔디와 고사리와 도야지비계는 모두 선득선득하니 찬 것들이다

저녁술을 놓은 아이들은 외양간섶 밭마당에 달린 배나무동산에서 쥐잡이를 하고 숨굴막질을 하고 꼬리잡이를 하고 가마 타고 시집가는 놀음 말 타고 장가가는 놀음을 하고 이렇게 밤이 어둡도록 북적하니 논다[43]

(하략)

  할머니, 할아버지가 계신 큰집에 대가족이 모였다. 식구들에게는 명절을 맞아 새로 지어 입은 "새옷의 내음새"가 났다. 밥을 짓고 떡을 빚고 국을 끓이고 반찬을 볶는 그들을 "맛있는 내음

새"가 에워싼다. 그 풍경이 빚는 설렘, 북적거림, 풍요로움은 안정감을 준다. 장지문 틈으로 흘러들어 와 아침을 깨우던 '무이징게국' 냄새란, 추운 계절에 달게 여문 무와 작은 새우인 징거미새 우젓으로 끓인 평안도 지역 뭇국 냄새로 추정된다.

식구들이 모두 돌아가고 혼자가 된 시간, 고요한 시간의 냄새는 조금 호젓해진다. 시인은 이제 땅과 비와 열매의 냄새를 담는다. 어스름이 깔린 바닷가 마을에서는 "김냄새 나는 비"[44]가 내리고 "캄캄한 비" 속에 달이 뜨자 "어데서 물외 내음새"[45]가 물큰 난다. 밤이 되면 그늘과 습기의 생명체인 버섯 향도 풍긴다. "머루빛 밤한울에 송이버슷의 내음새"[46]가 올라온다. 사람들의 왁자지껄함이 사라지고 음식 냄새가 사라진 자리, 땅 냄새가 조용히 올라오는 것이다. 밤에 대지의 열기가 올라가면서 땅의 냄새도 한층 짙게 올라온다. 백석은 어느 저녁 김 냄새 나는 비를 느꼈고, 밤하늘에서 송이버섯의 내음새를 맡고, 개가 짖는 깊은 밤 오이 냄새인 '물외 내음새'를 감지했다. 이러한 밤의 내음새는 섬세한 시각적 묘사를 동반했다. 이는 시 〈물닭의 소리: 야우소회(夜雨小懷)〉에서 잘 드러난다.

캄캄한 비 속에
새빨간 달이 뜨고

하이얀 꽃이 퓌고

먼바루 개가 짖는 밤은

어데서 물외 내음새 나는 밤이다

캄캄한 비 속에

새빨간 달이 뜨고

하이얀 꽃이 퓌고

먼바루 개가 짖고

어데서 물외 내음새 나는 밤은

나의 정다운 것들 가지 명태 노루 뫼취리 질동이 노랑나뷔 바구지 꽃 모밀국수 남치마 자개짚세기 그리고 천희(千姬)라는 이름이 한 없이 그리워지는 밤이로구나⁴⁷

화자는 그런 밤이면 정답고 그리운 고향의 음식들을 한없이 주억거려 본다. '국수'는 백석 시에 나오는 대표적 한 그릇 음식이다. 시〈국수〉는 국수 한 입을 둘러싼 경험을 여러 생명체와 움직임을 통해 이야기한다.

눈이 많이 와서

산엣새가 벌로 나려 멕이고

눈구덩이에 토끼가 더러 빠지기도 하면

마을에는 그 무슨 반가운 것이 오는가보다

한가한 애동들은 어둡도록 꿩사냥을 하고

가난한 엄매는 밤중에 김치가재미로 가고

마을을 구수한 즐거움에 싸서 은근하니 흥성흥성 들뜨게 하며

이것은 오는 것이다

이것은 어늬 양지귀 혹은 능달쪽 외따른 산 녚 은댕이 예데가리밭에서

하로밤 뽀오햔 흰 김 속에 접시귀 소기름불이 뿌우현 부엌에

산멍에 같은 분틀을 타고 오는 것이다

이것은 아득한 녯날 한가하고 즐겁든 세월로부터

실 같은 봄비 속을 타는 듯한 녀름볕 속을 지나서 들쿠레한 구시월 갈바람 속을 지나서

대대로 나며 죽으며 죽으며 나며 하는 이 마을 사람들의 으젓한 마음을 지나서 텁텁한 꿈을 지나서

지붕에 마당에 우물든덩에 함박눈이 푹푹 쌓이는 여늬 하로밤

아배 앞에 그 어린 아들 앞에 아배 앞에는 왕사발에 아들 앞에는 새끼사발에 그득히 사리워 오는 것이다

이것은 그 곰의 잔등에 업혀서 길여났다는 먼 녯적 큰마니가

또 그 짚등색이에 서서 자채기를 하면 산 넘엣 마을까지 들렸다는
먼 녯적 큰아바지가 오는 것 같이 오는 것이다

아, 이 반가운 것은 무엇인가
이 히수무레하고 부드럽고 수수하고 슴슴한 것은 무엇인가
겨울밤 쩡하니 닉은 동티미국을 좋아하고 얼얼한 댕추가루를 좋아
하고 싱싱한 산꿩의 고기를 좋아하고
그리고 담배 내음새 탄수 내음새 또 수육을 삶는 육수국 내음새 자
욱한 더북한 삿방 쩔쩔 끓는 아르굴을 좋아하는 이것은 무엇인가

이 조용한 마을과 이 마을의 으젓한 사람들과 살틀하니 친한 것은
무엇인가
이 그지없이 고담(枯淡)하고 소박(素朴)한 것은 무엇인가[48]

시인은 고백한다. 부드럽고 수수하고 슴슴한 국수를, 쨍한 동치밋국을, 얼얼한 고춧가루를, 싱싱한 산꿩을, 그리고 담배, 설탕, 물의 내음새, 수육 삶는 내음새를 비롯한 온갖 내음새를 좋아한다고. 시인은 아무렇지도 않아야 할 일상적인 것들이 왜 그토록 반갑고 좋은지 자문한다. 이는 더 이상 과거의 일상이 유지되기 어렵게 황폐해진 식민 통치의 현실 속에서, 무엇이 파괴되었

는지 무엇을 회복해야 하는지에 관해 시인이 이야기하는 방식이었다.

전통이 부정당하고 존재가 차별받고 삶의 기반이 와해되던 식민지 시기, 문인들은 고향 마을의 정겨운 풍경을 이상적 공동체로 그려 내곤 했다. 오장환의 시〈고향 앞에서〉(《인문평론》, 1940) 역시 그러하다. "전나무 욱어진 마을/집집마다 누룩을 듸듸는 소리, 누룩이 뜨는 내음새…"[49] 누룩은 된장, 간장, 술 같은 발효 식품을 만드는 재료이므로, 누룩 냄새는 모든 전통 발효 음식의 모체가 만들어지는 냄새였다. 그런데 오장환이 고향 마을의 "누룩이 뜨는 내음새"를 노래하던 1940년 무렵, 백석 시에서는 냄새와 함께 할머니도 어머니도 이야기도 슬며시 사라지고 있었다. 이제 그의 시는 부재하게 된 이들을 추억하는 적막한 풍경과 마주하게 된다. 공존하는 생명체들과 온몸으로 교감하던 순간을 이야기했던 시인에게 무슨 일이 일어난 것인가.

향기 수집가 이효석은 이북 지역 방언인 "정주 사투리"로 고향 풍경을 담뿍 담아낸 백석의 시집《사슴》에 관해 "아름다운 조선의 목가적 표현"으로 "잃었던 고향을 찾아낸 듯한 느낌"[50]을 주는 향토성을 구현한 수작이라고 평했다. 하지만 정작 백석은 1936년도 시집《사슴》을 출간한 이후, 식민지 조선 땅을 기행하며 자신이 구현했던 향토성을 재발견하고 각성하게 된다.[51] 그리고 그 배경에는 향토와 자연, 전통을 통해 조선적인 것을 재발견 혹은 재구축하려는 1930년대 후반의 문화적 움직임이 있었다. 1938년 식민지 조선은 전시 체제에 돌입한 제국 일본의 국가총동원령 체제하에 놓이게 된다. 대동아공영권 건설 기획에 따라 동아시아 지역 질서가 재편되면서 중심과 지방이 위계화되고, 조선은 '조선적인 것'이 무엇인가를 설명함으로써 정체성을 확립해야 했다. 이러한 시대에 시인은 익숙했던 향토를 떠나 낯선 타지를 경험하며 기행 연작시 〈남행시초〉, 〈함주시초〉, 〈서행시초〉를 남긴다. 그 기행은 단순한 여행이 아니라, 식민지인으로서 동포들이 사는 면면을 민낯으로 보게 되는 쓸쓸한 경험이었다. 1937년 함흥 일대를 여행하고 쓴 기행 연작시 〈북관(北關)〉에서 이제는 냄새의 국면이 달라진다.

명태(明太)창난젓에 고추무거리에 막칼질한 무이를 뷔벼 익힌 것을
이 투박한 북관(北關)을 한없이 끼밀고 있노라면
쓸쓸하니 무릎은 꿇어진다

시큼한 배척한 퀴퀴한 이 내음새 속에
나는 가느슥히 여진(女眞)의 살내음새를 맡는다

얼근한 비릿한 구릿한 이 맛 속에선

까마득히 신라(新羅)백성의 향수(鄕愁)도 맛본다⁵²

이제 음식 냄새도 사람 냄새도 "쓸쓸"한 정조 속에 배치된다. 고향의 안도감과 쾌락을 주던 음식 냄새는 타관의 "시큼한 배척한 퀴퀴한", "비릿한" 것이 되었다. 가족의 냄새는 태곳적 이민족의 살냄새, 발해와 고려 사이 머물던 여진족의 살내음새로 바뀌었다. 그 냄새와 맛에서 "까마득히" 먼 "신라백성"까지를 상상할 만큼 시인은 아득함을 느낀다. 1930년대 후반, 백석 시에서 "달큼한 구수한 향기로운 내음새"였던 음식 냄새가 "시큼", "퀴퀴"해지는 장면, 지금 여기의 이야기들이 먼 과거의 역사로 대체되는 장면, 이는 근본적인 상실의 시기로 넘어감을 보여 주는 징후였다.

1939년 이러한 정조는 이어진다. 관서 지방을 여행한 〈서행시초〉 연작 중 두 번째 시인 〈북신(北新)〉 역시 타지의 낯선 음식 내음새에서 태고의 역사를 이끌어 낸다.

거리에서는 모밀내가 났다

부처를 위하는 정갈한 노친네의 내음새 같은 모밀내가 났다

어쩐지 향산(香山) 부처님이 가까웁다는 거린데

국숫집에서는 농짝 같은 도야지를 잡어걸고 국수에 치는 도야지고기는 돗바늘 같은 털이 드문드문 백였다

나는 이 털도 안 뽑은 도야지고기를 물꾸러미 바라보며

또 털도 안 뽑는 고기를 시꺼먼 맨모밀국수에 얹어서 한입에 꿀쩍 삼키는 사람들을 바라보며

나는 문득 가슴에 뜨끈한 것을 느끼며

소수림왕(小獸林王)을 생각한다 광개토대왕(廣開土大王)을 생각한다[53]

백석의 이전 시에서 음식 냄새는 공동체가 요리하는 과정을 담은 기대의 냄새였다. 그런데 타지를 배경으로 하는 기행시에서 그의 시적 화자는 타지 사람들이 그 지역 음식을 먹는 장면을 그저 바라보고 있다. 그들의 거리에서 "노친네의 내음새 같은 모밀내"를 맡는다. 털이 미처 덜 뽑힌 돼지고기를 "물끄러미 바라보며", 그걸 "한입에 꿀꺽 삼키는 사람들을 바라"본다. 자신과 마찬가지로 식민지인인 그들로부터 거리를 두고 바라보며 한데 어울려 먹지 못하는 시적 화자는, 결국 같은 시공간에 있는 이들과 합일에 이르지 못하고 시 〈북관〉에서처럼 소수림왕과 광개토대왕까지 호명하게 된다.

백석에게 음식 냄새는 개인이 아닌 공동체의 경험이었고, 결과를 소비하는 것이 아닌 과정을 기다리는 시간이었다. 이는 백석 시가 여느 시처럼 시적 언어가 성취한 압축된 미적 아름다움이 아니라 그 미적 현상이 있기까지 벌어지는 '사연'에 호기심을 불러일으키는 '이야기시'[54]로서 독자를 사로잡는 역할을 한다. 하지만 고향을 떠나 역사의 질곡을 거치며 백석의 향경(香景)은 변모했다. 세상이 근대의 속도를 따라잡기 위한 의장(儀裝)을 장착하는 데 몰두하던 시대, 시인은 무엇을 잃어 가고 있는지 가만히 호흡해 본다. 그리고 유년과 조상의 시공간에 집중한다. 그는 '존재의 충만'에 관한 상실감을 유년 시절의 '음식'과 '가족'과 '이야기', 이들을 둘러싼 공기의 '내음새'로 담아냈다.

모던보이 이상의
얄궂은
코

1930년대 중반 시인 백석은 사람들이 한데 모여 음식과 이야기를 나누던 명절 밤 풍경을 그렸다. 고향이라는 공동체의 시공간은 한데 모여 요리하는 과정의 내음새로 응축되었다. 그에게 그 내음새는 충만함을 뜻하는 시공간이었다. 그와 같은 시대에 도회지의 냄새, 자본의 냄새, 욕망의 냄새에 주목한 또 다른 시인 이상이 있었다. 그는 제국의 조선 식민화 전략 속에서 맞이할 수밖에 없게 된 착잡한 근대, 그 근대화의 동력인 소비 자본을 정면으로 마주했다.

이상(1910~1937)은 시 〈오감도〉의 "13인의 아해가 도로로 질주하오"[55]나 소설 〈날개〉의 "날자. 날자. 날자. 한 번만 더 날자꾸나"[56]라는 구절로 잘 알려져 있다. 건축 기사로도 일했던 그는 한글, 한자, 알파벳 그리고 숫자를 소재 삼아 자유자재로 유희하고 조합하며 의식의 단계를 쌓아 올려 하나의 구조물처럼 시와

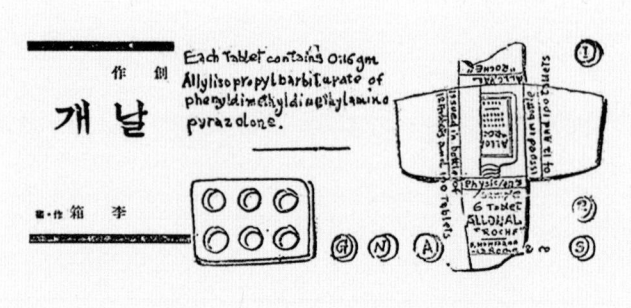

《조광》 연재 지면에 실린 이상의 〈날개〉 삽화, 1936

산문을 구축해 냈다. 후각은 그에게 타자를 인식하는 감각이자, 근대 문명의 허상과 자연의 야만성을 감지하는 감각이었다. 그는 서구화, 산업화, 식민화의 복합적 켜를 후각적 어휘로 예민하게 감지해 냈다. 〈날개〉에서 주인공이 집을 나와 서울역과 카페와 백화점을 어슬렁거리며 다니던 동선은 도시의 물류와 자본이 순환하는 거점인 혈맥을 짚어 가는 여정이었다. 이상은 문명과 야만을 대비하고 문명의 허상을 들추어내어 그 위상을 전복하고, 궁극적으로는 서구와 동양, 제국과 식민, 도심과 촌락의 경계를 모호하게 만든 짓궂은 모던보이였다. 이는 마치 향수 냄새가 톱-미들-베이스 노트 순서로 발향되는 것처럼 그의 작품 속에서 시차를 두고 발생한다. 그의 작품 속 산책 행위는 근대성을 상징하는 물질에 관한 풍자와 위트의 냄새를 맡고 가는, 이상 스타일로 비유하자면 일종의 노즈 워크(nose walk)였다.

그는 1930년대 도시성의 핵심을 두 가지 냄새로 간파했다. 바로 상품과 여성의 냄새였다. 백석의 코가 과거로 향했다면 이상은 현재에 충실했다. 그는 지금 이곳 사람들을 현혹하는 것들의 실체를 추적한다. 먼저 이상 작품에 언급된 다종다양한 상품의 냄새부터 맡아 보자. 이상은 도회지에서나 볼 수 있던 수입품 냄새를 굳이 시골에서 펼쳐 보이는데, 이를 통해 물질문명과 자연은 확실하게 대비된다.

그는 수필에서 끝없이 펼쳐진 한여름의 푸른 산과 들을 바라본다. 동서고금의 작가들은 대체로 신록에 관한 글을 쓸 때 그 생명력과 조화로움을 예찬해 왔다. 《악취와 향기》의 저자 알랭 코르뱅도 《풀의 향기》에서 괴테와 말라르메, 릴케, 헤르만 헤세를 비롯한 작가들의 예시를 들며 서구 문학이 한결같이 풀 향기를 예찬했음을 보여 줬다.[57] 하지만 이상은 이 신록에 환멸을 표한다. 그는 끝없는 들녘을 바라보며 "서를 보아도 벌판, 남을 보아도 벌판, 북을 보아도 벌판, 아- 이 벌판은 어쩌자고 이렇게 한이 없이 늘어 놓였을꼬?"라고 탄식한다.[58] 푸른 산과 들은 이상에게 한없이 "권태"로운 풍경이었다. 벌판을 뒤덮은 녹음에 관한 그의 독설은 수필 〈권태〉에서 확인할 수 있다.

지구 표면적의 백분의 구십구가 이 공포의 초록색이리라. 그렇다면 지구야말로 너무나 단조무미한 채색이다. 도회에는 초록이 드물다. 나는 처음 여기 표착하였을 때 이 신선한 초록빛에 놀랐고 사랑하였다. 그러나 닷새가 못 되어서 이 일망무제의 초록색은 조물주의 몰취미와 신경의 조잡성으로 말미암은 무미건조한 지구의 여백인 것을 발견하고 다시금 놀라지 않을 수 없었다.[59]

그는 산속 녹음을 "공포의 초록색"이자 "단조무미한 채색"이며 "조물주의 몰취미와 신경의 조잡성"이 빚은 "무미건조한 지구의 여백"에 불과하다고 선언한다. 그리고 이어서 도시에서 소비하던 상품들의 냄새와 맛을 열거한다. 그는 이때 상품명을 콕 짚어 말한다. "향기로운 MJB의 미각"[60]과 "리그레 추잉 껌 내음새"[61]는 미제 MJB 브랜드의 커피와 Wrigley's 브랜드의 추잉 껌을 가리킨다. 이들은 당시로서는 '수입품, 고급품, 희귀품'으로, 듣도 보도 못한 인구가 대다수였던 시절이다. 소비자의 감각을 공략하는 공산품의 맛과 향은 매혹적이다. 이상은 '세숫비누' 냄새도 그냥 넘어가지 않았다. 그는 "세수비누에 한 겹씩 한 겹씩 해소되는 내 도회의 육향"[62]이라는 문장을 통해 세숫비누 향을 도심의 살냄새에 비유했다. 공산품의 강렬한 인공 향은 이상이 보기에 '온종일', '아무 짓도 하지 않는' 그래서 아무 일도 일어나

MJB커피

Wrigley's 껌 광고

지 않는 산촌의 무미건조함과 극명히 대비되었다.

자연에 관한 권태가 극에 달할 때 이상은 들판에서 온종일 냄새를 맡는 개를 관찰한다.[63] 개는 "끊임없이 씰룩씰룩", "체취를 코에서 발산"하며 "돌멩이 냄새", "나무조각 냄새", "복숭아씨 냄새", "아무것도 없는 지면 냄새"를 맡는다.[64] 그리고 암캐와 수캐는 서로의 '고혹적인 음문' 냄새를 맡고 교미한다. 서구 문학에서도 푸른 풀밭은 종종 "강렬한 교미의 장소"로 활용되어 왔다.[65] 에밀 졸라, 빅토르 위고, 보들레르의 작품에서 자연을 배경으로 한 성적 결합 장면은 쉽게 찾아볼 수 있다. 그런데 이상은 자연을 이처럼 인간의 에로틱한 욕망이 충족되는 배경으로 보지 않는다. 그는 식욕과 발정만이 남은 동물적 본능이 펼쳐지는 자연의 '생 비린내 나는 공기'를 언급한다. 하지만 이를 통해 그가 자연의 야만성을 고발하고 문명을 예찬하는 데 그쳤다면 작가 이상이 아니다. 그는 이제 도시 밑바닥에서 소비문화를 구성하는 욕망들, 즉 물욕, 식욕, 성욕으로 고개를 돌린다.

그중 그가 신랄하게 희화화한 것은 바로 초콜릿 냄새다. 달콤하고 매혹적인 그 맛과 색은 당시로서는 고급 수입품의 상징이었다. 하지만 이상은 자신의 산문에서 초콜릿 냄새를 풍기는 여성들과 그 냄새에 매혹당한 남성들 모두 표피적이고 얄팍한 세속적 가치에 쉬이 현혹되는 존재로 그렸다. 결국 초콜릿 냄새는 이상에 의해 "돼지같이 비만하는 초콜릿 냄새"[66]라는 오명을 쓰게 된다.

이상은 꽃향기에서도 죽음의 냄새를 감지했다. 〈절벽〉이라는 기묘한 시에서는 "향기"와 "묘혈"이라는 단어가 열 번 이상 반복된다.

꽃이 보이지 않는다. 꽃이 향기롭다. 향기가 만개한다. 나는 거기 묘혈을 판다. 묘혈도 보이지 않는다. 보이지 않는 묘혈 속에 나는 들어앉는다. 나는 눕는다. 또 꽃이 향기롭다. 꽃은 보이지 않는다. 향기가 만개한다. 나는 잊어버리고 재차 거기 묘혈을 판다. 묘혈은 보이지 않는다. 보이지 않는 묘혈로 나는 꽃을 깜빡 잊어버리고 들어간

다. 나는 정말 눕는다. 아아. 꽃이 또 향기롭다. 보이지도 않는 꽃이-
보이지도 않는 꽃이다.[67]

보통 꽃은 생명의 아름다움이 찬란히 피어나는 순간을 상징한다. 짙게 피어나는 꽃향기는 개화가 주는 아름다움의 정점이다. 꽃이 만개하고 향기가 절정에 이른 순간은, 그 존재감을 강하게 실감하면서 동시에 소멸을 예감하게 되는 정점의 순간이다. 향은 존재의 흔적이면서 동시에, 곧 잊힐 존재에 관한 마지막 기억이다. 이런 맥락에서 이상은 꽃이 보이지 않는데 그 향기가 난다는 말을 반복한다. 이상은 '향'이라는 음절만 표의 문자인 한자 '香'으로 표기하여 그 의미를 강조했다. 향기는 나는데 꽃은 보이지 않고 '나'는 묏자리에 들어가 누워 본다. 꽃향기는 곧 죽음을 맞이하리라는 예감이다. 묏자리에 들어앉는 것은 미래의 죽음을 미리 체감해 보는 행위다.

이상에게 향기가 존재의 부재를 뜻한다면, 이는 동시에 닿을 수 없는 존재를 향한 부질없는 연모이기도 했다. 그는 꽃과 같은 상징적 존재를 '아내'라고 부르기도 했다. 그의 소설 〈날개〉의 '나'는 아내의 일상을 관찰하고 냄새를 맡는다.

나는 거울을 내던지고 아내의 화장대 앞으로 가까이 가서 나란히 늘어 놓인 고 가지각색의 화장품 병들을 들여다본다. 고것들은 세상의 무엇보다도 매력적이다. 나는 그중의 하나만을 골라서 가만히 마개를 빼고 병 구녕을 내 코에 가져다 대이고 숨죽이듯이 가벼운 호흡을 하여 본다. 이국적인 쎈슈알한 향기가 폐로 스며들면 나는 저절로 스르르 감기는 내 눈을 느낀다. 확실히 아내의 체취의 파편이다. 나는 도로 병마개를 막고 생각해 본다. 아내의 어느 부분에서 요 내음새가 났던가를… 그러나 그것은 분명치 않다. 왜? 아내의 체취는 요기 늘어섰는 가지각색 향기의 합계일 것이니까.

〈날개〉의 '나'는 거울과 돋보기를 가지고 마당에서 실험하고 장난을 치고 있었다. 그러다가 문득 아내를 관찰하기 위해 이것들을 내던지고 아내의 방에 들어가 화장대에 놓인 화장품 병 구멍에 가만히 코를 댄다. "이국적인 쎈슈알한 향기"가 폐로 스며들자, 그는 스르르 눈을 감고 아내의 체취를 느낀다. 하지만 그는 분명히 말한다. "아내의 체취는 요기 늘어섰는 가지각색 향기의 합계일 것"이며 자신이 맡은 것은 "아내의 체취의 파편"일 뿐이라고. '나'는 경계도 분류도 모호한 냄새를 분석해 보려고 한다. 신체의 어느 부분에서 이 냄새가 났는가, 하나하나 파악한다 해도 결국 각 냄새가 결합된 합계는 또 다른 무엇을 이루게 된다. 그리고 이것은 결국 자신이 아내를 온전히 파악하고 이해하는 것이 근본적으로 불가능하다는 각성으로 연결된다.

작품 〈지주회시〉(1936)의 주인공 역시 아내의 냄새를 맡는다. 여기서 '아내'는 카페 여급이다. 그는 "눈을 감고 아내의 살에서" 나는 "허다한 지문 내음새를 맡았다." 그 지문이란 다른 남자들의 손자국을 가리키는데,[68] 그들은 그녀가 "똑같이 생긴 화장품"[69]들을 살 수 있도록 "새큼한 지폐 내음새"[70]를 준 고객이기도 하다. 바로 요 새큼한 '지폐' 내음새 때문에 "세상은 가만 있지 못하고 생사람을 더러 잡는다"[71] '살-지폐-화장품' 사이의 먹고 먹히는 먹이 사슬 같은 관계를 살피는 끝에 '거미'가 등장한다. 이상은 화폐로 환원되고 매개되는 신체와 상품의 먹이 사슬 고리에서 살아 있는 곤충을 잡아먹는 "거미 내음새"[72]를 맡는다.

근대화의 현란한 시각성 그 너머를 읽어 내려 했던 작가 이상은 이제 동경으로 간다. 동경은 제국 일본의 수도로, 당시 식민지 조선인으로서는 복합적 감정을 불러일으키는 장소였다. 하지만 이상은 동경의 첫인상에 관해 가차 없이 말한다. "이 도시는 몹시 가솔린 내가 나는구나!"[73] 그는 수필 〈동경〉에서 "가솔린 냄새"와 함께 "시민의 체취", "19세기 쉬적지근한 내음새"로 동경을 묘사한다. 이를 견디기 위해서는 우선 튼튼한 폐가 필요했다.

우리같이 폐가 칠칠치 못한 인간은 우선 이 도시에 살 자격이 없다.

입을 다물어도 벌려도 척 가솔린 내가 침투되어 버렸으니 무슨 음식이고 간에 얼마간의 가솔린 맛을 면할 수 없다. 그러면 동경 시민의 체취는 자동차와 비슷해 가리로다.

이 마루노우치라는 빌딩 동리에는 빌딩 외에 주민이 없다. 자동차가 구두 노릇을 한다. 도보하는 사람이라고는 세기말과 현대 자본주의를 비예(睥睨)하는 거룩한 철학인-그 외에는 하다못해 자동차라도 신고 드나든다.

그런데 내가 어림없이 이 동리를 5분 동안이나 걸었다. 그러면 나도 현명하게 택시를 잡아타는 수밖에-

나는 택시 속에서 20세기라는 제목을 연구했다. 창밖은 지금 궁성 호리 곁-무수한 자동차가 영영(營營)히 20세기를 유지하느라고 야단들이다. **19세기 쉬적지근한 내음새가 썩 많이 나는 내 도덕성은 어째서 저렇게 자동차가 많은가를 이해할 수 없으니까 결국은 대단히 점잖은 것이렸다.**[74]

이상은 "가솔린 내"를 풍기며 거리를 달리는 자동차를 두고 20세기를 유지하기 위한 도시의 몸부림이라고 본다. 그리고 "동경 시민의 체취"도 도시 "음식"도, 이 자동차 "가솔린 내"에 침투되어 비슷해져 버리리라 진단한다. 물론 이 가솔린 냄새가 좋다고 한 이들도 있었다. 염상섭은 소설 〈해바라기〉에 그런 이들의 대화를 남겼다. 도회지를 사랑하는 이들은 "비릿하고 쌉쌀한" 다소 "이상한 향기"가 나는 파슬리 냄새가 좋았고, 가솔린 냄새도 싫지가 않다. 이들에게 그것은 바로 동경하는 서구 문명의 냄새, "구라파의 냄새"다.[75]

"자동차의 가솔린 냄새가 구수하단 사람두 있드구만은…"
"구수하진 않지만 그건 나두 싫진 안은데요."[76]

이상은 그곳의 주민 같은 이들은 보이지도 않고 이방인들만이 잠시 머물다 떠나는 빌딩과 자동차로 가득한 동경 한복판에 동화되지 못한 채 서 있다. 그렇게 우두커니 서서 20세기 초반 소위 동양의 첨단 도시를 바라보던 그는 결국 자신에게서 시대에 뒤처진 "19세기 쉬적지근한 내음새가 썩 많이" 나리라고 고백한다. 물론 그는 이 19세기 냄새가 그래도 "도덕"적이고 "대단히 점잖은 것"에서 우러나왔다는 점을 강조하며 제법 당당한 태도를 보인다.

그는 이제 동경이라는 도심 속으로 침투하여 자본이 '고객의 심리를 이해'하고 이용하는 다종다양한 양태를 목도한다. 긴자라는 상업화된 거리는 "한 개 그냥 허영독본"이고 신주쿠는 '프랑스'를 따라하는 속에 "신주쿠다운 성격"이 있었다. 이상은 9

전 5리보다 5리가 더 비싸다고 느끼게 하는 상술과, 겨울에는 16원, 여름에는 14원으로 "산비둘기처럼 변하는" 방세와, 가스로 밥 한 냄비를 끓일 수 있는 1전을 기꺼이 구세군 냄비에 던지기는 어려운 팍팍한 현실과, 분명 밖에서 보면 7층이지만 그 속은 어느 층이나 상품과 '숍 걸'이 그득해 한 층이나 다름없는 백화점과, 사전에도 없는 단어인 '특가품, 격안품(格安品), 할인품'을 헷갈리게 늘어놓는 도심의 상술에 관해 이야기한다.

작가 이상은 도시인의 몸속에 스며든 "혈관의 비눗내를 투시하는 사람"이었고, 식민지 경성의 공기를 장악한 "코티의 향수"가 제공하는 "마르세이유의 봄"이라는 판타지의 허상을 폭로한 짓궂은 도심의 산책자였다.[77] 누구도 제어할 수 없던 근대화의 바람을 잠시 멈추고 코를 가만히 들이댄 이상은 거대한 풍차 앞에 선 20세기의 돈키호테와 같다.

근엄한 도덕군자의
탈취와 자취증이라는
부작용

 동물과 사람의 외양 차이 중 하나는 코의 방향이다. 동물의 코는 대체로 앞을 향해 있는데 사람의 코는 아래를 향한다. 바람과 불순물을 피하려고 진화한 결과라는 설명도 있는데, 어쨌든 결과적으로 인간은 코의 방향 때문에 자연스럽게 자기 냄새를 맡게 된다. 눈은 앞을 향해, 귀는 옆을 향해 열려 있지만, 코는 반쯤 자신의 신체를 향하고 있다. 그래서 우리는 냄새를 감지하는 순간, 어디서 나는 냄새인지, 누구의 냄새인지 그 발원지를 추정하다가 끝내 그 출처를 찾기 어려워질 때, 자기 몸을 의심하게 된다.

 나에게선 무슨 냄새가 나지 않는가? 실제로는 아무 냄새가 나지 않는데도 그렇다고 생각하는 증상은 망상 장애로 분류된다. 자기 몸에서 불쾌한 냄새가 난다고 확신하며 대인 공포증까지 앓게 되는 이러한 증상을 병리학적으로는 자취증(bromidrosiphobia)이라고 부른다. 이러한 자기 체취에 대한 우려와 공포는, 자신의 냄새는 타인만이 제대로 감지해 낼 수 있다는 '후각의 비대칭성'으로 인해 발생하게 된다. 최초의 한국 근대 장편소설로 알려진 〈무정〉(1917)의 작가 이광수의 소설에 바로 그 자취증이 등장한다. 먼저 그의 대표 소설 〈무정〉에 등장하는 풀향기부터 살펴본다.

> 영채의 눈에는 여름 낮볕을 받은 푸른 산이 보이고 밀과 보리의 누런 물결과, 조와 피의 푸른 물결도 보인다. 풀의 향기를 풍긴 바람이 얼굴을 스쳐 지나가고 모시 적삼의 틈으로 불어 들어와 땀나는 살을 서늘하게도 한다. 이 모든 것이 도리어 영채에게 일종의 쾌감을 주었다. 그래서 영채는 꿈꾸는 사람 모양으로 안 보이는 것을 보려고도, 보이는 것을 안 보려고도 아니하고 눈에 들어오는 대로 보고 귀에 들어오는 대로 들었다.[78]

민중에게 문명과 교육과 과학을 주어야 한다고 외치며 마무리되는 〈무정〉은 도심을 배경으로 성장하는 청년들의 이야기지만, 앞선 세대와 시골이라는 배경을 통해 근대와 전근대의 시간을 나란히 배치한다. 이야기 속 영채는 전근대적 여성의 상징이자 애절한 연민을 불러일으키는 존재로 〈무정〉은 '영채전(傳)'이라고까지 불리기도 했다. 도회에서 복닥거리던 삶에 지친 영채는 여름의 푸른 산과 들, 그 속에 이는 풀향기 바람에서 상쾌한 쾌감을 느낀다. 그리고 이러한 자연 향기는 도심의 '구린내' 악취와 비교될 때 그 향기로운 가치가 비로소 부각된다. 다음은 영채가 신여성 병욱과 나누는 대화다.

"시골서 자라나서 그런지 모르지마는 암만해도 이렇게 풀 있고 나무 있는 시골이 좋아요. 서울이나 평양 같은 도회에 있으려면 어째 옥 속에 있는 것 같애."
"그렇고말고. 이렇게 넓은 자연 속에 있으면 몸과 마음이 온통 자유롭고 한가하고 하지마는 도회에 있으면 에구 그 먼지, 그 구린내 나는 공기. 게다가 사람들의 마음까지 구린내가 나게 되지" 하고 방금 구린내가 나는 듯이 얼굴을 찡그리니, "그런데 여기는 이렇게 넓고 깨끗하지 않아요" 하고 후-후- 깊이 숨을 들이쉰다. 과연 공기는 맑다. 풀의 향기가 사람을 취하게 할 듯이 이따금 후끈후끈 돌아온다.[79]

이들은 서울이나 평양 같은 도심의 "먼지"와 "구린내 나는 공기"를 도시인들의 마음과 같은 것으로 본다. 도시인이 보기에 '자연'이 그대로 남아 있는 시골은 자유롭고 한가롭고 깨끗한 곳이며, '맑은 공기'와 "풀의 향기"는 시골의 미를 상징한다. 이들

대화에 따르면 시골의 맑은 공기는 시골에 사는 사람들의 마음이 맑음을 가리킨다.

하지만 이광수는 계몽주의 작가였다. 과학과 문명과 교육의 힘을 믿는 그에게 모든 자연의 냄새가 향기로울 수는 없었다. 그는 자연, 동물, 본능의 냄새를 경계했고, 인간의 식욕, 성욕, 권력욕, 폭력성을 추악한 본능으로 보고 제거하고자 한다. 소설 〈사랑〉(1939)에는 바로 이러한 근대의 '탈취, 무취, 자취증' 강박이 오롯이 담겨 있다. 주인공 안빈은 인체에서 분비되는 화학 물질과 정신 사이의 연관성을 연구하는 의학박사다. 그는 어떤 물질과 어떤 정신이 연결되는지, 예컨대 "자비", "욕심", "사랑", "욕정" 등의 마음은 어떠한 신체 변화를 동반하는지 알아내고자 한다. 특정한 감정과 정신의 상태일 때 인간의 신체에서 분비되는 물질을 파악한 이후, 그 독특한 냄새를 근거로 정신 상태를 감지할 수 있다고 믿는다. 그다음 단계는 화학 물질로 정신을 통제하는 것인데, 여기까지 이야기가 진행되었다면 〈사랑〉은 한국 최초의 SF 장편소설이 되었을 터다. 하지만 작가 이광수에게 중요한 것은 도덕적 고결함이었고, 결국 인간의 신체와 정신은 선악을 판단할 수 있게 하는 투명한 대상으로 이야기된다. 안빈은 동물 실험을 통해 본능에 따라 발생하는 화학 물질 그리고 그 발향에 관해 이야기한다.

성적인 애정을 경험한 동물의 혈액에서 검출되는 아모로겐에서는 다량의 유황과 암모니아를 본다. 이것이 그 혈액에 자극성이면서 약간 불쾌감을 주는, 비린내에 가까운 냄새를 발하게 하는 원인인 듯하다. 새끼에게 젖을 먹이고 몸을 핥아주고 있는 어미 개의 혈액에서 검출되는 아모로겐에서 극히 소량의, 겨우 흔적이 나 있다고 할 만한 유황 질과 암모니아 질이 있을 뿐이요, 금 이온이 현저히 증가함을 본다. 그리고 그 혈액에서는 비린내와 같은 자극적인 악취가 없고 심히 부드러운 방향을 발할 뿐이다.[80]

의학박사 안빈은 발정 난 동물의 상태와 모성애를 대비한다. 그에 따르면 교접한 암컷과 수컷에게서는 '비린내'가 나는 반면, 모성을 발휘하는 어미 개에게서는 부드러운 향기가 난다. 제 한 몸의 욕구를 충족하고자 하는 생리적 본능을 이타적 정신과 실천으로 승화할 때는 신체에서 특정한 화학 물질이 나올 수 있다는 뜻이다. 그는 이를 향수가 필요 없을 정도의 아름다운 향기라고 했는데, 소설에서는 젊고 건강한 간호사 순옥이라는 인물이 바로 이 화학 물질 "아우라몬"을 발산하는 주체였다.

안빈이가 순옥의 피를 담은 실험관 마개를 뽑을 때의 안빈의 코를 찌른 것이 무엇일까. 아우라몬의 맑고 그윽한 향기였을까. 아모로

젠의 비릿비릿한 유황과 암모니아의 냄새였을까.[81]

반면 안빈의 부인 옥남은 질병을 앓고 있는데, 결국 심신이 미약해지면서 '자취증'을 앓게 된다. 중병을 앓는 그녀의 가장 큰 걱정은 환자인 자기 몸에서 악취가 날지 모른다는 것이다. 그녀는 가족들이 자기 몸에서 좋지 않은 냄새를 맡게 될까 봐 안절부절못한다. 방문객이 온다고 하면 한겨울에도 창문을 활짝 열어 환기한다. 그녀에게 실제로 악취가 나지 않는다는 사실을 알려주는 것은 별 의미가 없다. 그녀는 누군가 자신에게서 악취를 맡을지도 모른다는 공포감 자체에 사로잡혀 있었기 때문이다. 결국 타인이 맡게 되는 나의 냄새를 나는 알 수 없다는 불안감은 끊임없이 타인에게 묻고 확인받는 의존증을 불러온다.

"참 내 몸에서 냄새가 나지?" 하고 옥남은 코를 킁킁해본다.
"아니요, 무슨 냄새가 납니까?"
"아냐, 내 몸에서 냄새가 날 거야. 아버지 돌아가실 임박에도 냄새가 나던데."
"아냐요, 아무 냄새두 안 납니다."
"냄새가 나기루 순옥이가 난다구 허겠어?"
"아냐요, 아무 냄새두 안 나요."

순옥은 힘 있게 말한다.

"냄새가 날 테지, 고약한 냄새가. 죄 없는 사람은 죽어서 송장에서두 냄새가 안 난다구 허지만."[82]

이렇게 자신에게 고약한 냄새가 날까 전전긍긍하는 옥남은 의사의 부인이면서 기독교인이었다. 따라서 그녀는 근대 위생 지식을 근거로 하여 악취가 나는 곳에서는 눈에 보이지 않는 세균이나 부패가 존재할 수 있음을 알고 이를 제거하고자 부지런히 액체비누로 "리솔 걸레질"을 해 댔다. 그리고 결국 그녀는 병든 신체와 죽음의 냄새를 죄의 냄새와 연결한다. "죄 없는 사람은 죽어서 송장에서두 냄새가 안 난다"라는 그녀의 발화에는 '악취-질병-죄악'을 연결하는 인류의 뿌리 깊은 미신적 사고가 담겨 있다. 육체와 정신의 정결함에 집착하는 옥남은 재차 묻는다.

"그리구 이 머리-머리두 좀 빗겨 주구. 몸에서 온통 냄새가 나서" 하고 킁킁 냄새를 맡아 본다.
(중략)
"내 몸에서 냄새 안 나?"
"안 납니다."
(중략)

"분명 내 얼굴이 무섭지 않어?"

"아무렇지두 않으십니다."

"냄새두 안 나구?"

"안 나요. 이제 고만 드러누우세요. 기운 빠지십니다."[83]

그녀는 자신의 병든 신체가 타인에게 불쾌한 자극이 되지 않을까 걱정하며 끊임없이 질문한다. 목욕과 환기는 그녀가 할 수 있는 최선이었다. 인류 역사를 보건대 악취를 제거하고 향기를 입히는 행위는 정신적 정결함과 구원을 향한 도정의 상징적 제의였다. 그녀가 임종 직전에 마지막으로 읊조리는 찬송가는 그 궁극적 도달 지점을 명확히 보여 준다.

이 죄인을 완전케 하옵시고
또 맘속에 거하심 원합니다.
죄 가운데 빠졌던 몸과 맘을
흰 눈보다 더 희게 하옵소서.
눈보다 더 희어지게
곧 씻어서 정결케 하옵소서.

무색과 무취는 더러움이 없는 상태, 즉 죄 없음과 동일시된다.

'악취 없음'은 눈으로 보이지 않는 곳, 즉 정신과 영혼의 정결함을 확인하는 최종적 지표였다. 선하고 이타적 삶을 산 사람의 몸에서는 "하늘의 향기"가 나리라는 믿음이 있었다.

> 그들은 얼굴에 분을 바르지 아니하나 자연히 거룩한 빛이 발하고, 몸에 향수를 뿌리지 아니하나 저절로 하늘의 향기를 뿜었다. 탐욕을 끊은 몸에서 빛과 향기를 발한다는 것을 순옥은 실지로 경험하였다.

향기와 악취의 상징을 통해 정신적 가치를 이야기하는 화법은 비단 특정 종교만의 것은 아니었다. 그리고 대부분의 정치적, 사회적 주체들 또한 자신의 정당성과 탁월성을 표하기 위해 후각의 은유를 사용해 왔다. 제국주의나 사회주의, 자본주의 모두 체제의 우수성을 증명하기 위해 악취 제거, 부패 척결을 내세웠다. 이때 악취란 실제 냄새와 비유적 수사 두 차원 모두를 의미했다. 냄새는 과학과 종교와 언어적 상징을 통해 생-사, 선-악, 미-추, 문-야를 가르는 '징후'로서 권위를 획득하고 있었던 셈이다. 그런 점에서 옥남의 자취증은 식민화, 서구화, 과학화 그리고 도시화의 흐름이 교차했던 근대인의 자기 검열과 입증을 향한 강박의 산물로 볼 수 있다. 이러한 근대 초기 계몽주의자가 남긴 질병과 탈취에 관한 서사는 아이러니하게도 중세 시대를 떠올리게 한다. 우리는 인류가 질병과 악취를 죄에 대한 징벌로 간주하고,[84] 이를 근거로 마녀사냥과 악마사냥을 자행했던 암흑의 역사를 기억한다.

이광수는 문학을 하는 자를 문사(文士)라고 했다. 문사란 근대 지식과 도덕성으로 민중을 계몽해야 하는 책무가 있는 존재였다. 조선 민족이 제국 열강에 종속되거나 도태되지 않기 위해서는 선진 문물을 선제적으로 받아들여야 한다는 전제 속에, 그는 근대적 '문학'도 'literature'의 역어로, 근대 사회의 주체인 '신사'도 'gentleman'의 역어로, 근대적 공동체의 윤리적 감정인 '동정'도 'sympathy'의 역어로서 그 개념을 재정의하며, 일제 강점기 조선 사회가 서구적 기준에서 '문명'하고 '과학'적 사회로 거듭날 것을 꿈꾸었다.[85] 물론 '민족 개조론'을 기점으로 한 그의 기획은 결국 일제 말기 친일로 귀결되고 말았다. 그렇다면 작가 이광수를 연상하게 하는 존재인 의학박사 안빈, 그가 제거하고자 했던 불순한 전근대적 냄새들은 과연 말끔히 소취될 수 있었을까? 다음 장에서는 그것이 절대 쉽지 않으리라고 이의를 제기하는 또 다른 작가의 이야기를 만나 본다.

K박사는 과연
'똥내'를 제거할 수
있는가?

작가 이광수는 1917년 〈무정〉으로 데뷔했다. 근대적 개인의 정체성 갈등과 사회적 주체로서 성장, 구시대와 결별한 자유연애 그리고 청년들의 번민과 방황을 당대 언어로 구사하며 근대적 장편소설의 장을 열었다. 그런데 결국 〈무정〉의 말미에서 민중들에게 '과학'과 '문자'와 '문명'을 '교육'하며 그들에게 힘을 주어야 한다고 외치던 그의 계몽주의적 문학관에 반기를 든 청년 작가들이 있었다. 그중 '예술 지상주의'로 뜻을 함께한 김동인, 주요한과 같은 문학청년들은 《창조》(1919)라는 문예 동인지를 창간하여 자신들의 예술관을 펼쳐 보였다. 김동인은 《창조》에서 '예술, 작가, 창조, 자연, 공상'의 키워드를 담은 글들을 쓰며 순문예의 가능성을 모색했다. 그리고 그런 그가 10년 후 괴짜 과학자의 실험을 다룬 〈K박사의 연구〉(1929)라는 다소 예외적 소설을 남겼다.

〈K박사의 연구〉는 여러모로 흥미로운 작품이다. '똥내'라는 자극적 소재와 간명한 이야기를 통해 첨단 과학 기술로도 어찌할 수 없는 인간의 마음과 사회적 관습을 재치 있게 다뤘다. '똥내'는 인체의 배설물 '똥'과 냄새를 뜻하는 '내'의 결합어다. '-내'가 붙으면 주로 안 좋은 냄새를 뜻하는 단어가 되는데, 입내, 땀내, 구린내, 비린내, 누린내 등이 그 예다.[86] 주로 신체에서 나는 체취나 발효 또는 부패하는 음식 냄새, 배설물 냄새 등 악취에 해당한다. 이런 '-내'를 통제하려고 나선 자가 있었으니 바로 'K박사'였다.

이 작품은 한국 최초의 SF 창작물로 언급되기도 한다. 과학자가 실험실에서 새로운 기술로 미래 사회를 바꾸고자 하는 서사가 초기 SF(Science Fiction)에서 찾아볼 수 있는 특징 중 하나라면, 이 작품은 과학 소설이 맞다. K박사는 "사람은 기하학급으로 늘어나고 먹을 것은 수학급으로밖에는 늘지 못한다"[87]라는 맬서스(Thomas Robert Malthus)의 '인구론'에 위기의식을 느끼고, 인류의 식량 부족을 해결하고자 한다. 실제로 김동인이 이 작품을 창작하던 당시 일간지에는 맬서스의 인구론이 적극적으로 소개되고 있었다. 한 연구자가 주목한 것처럼, 당시 김동인은 《걸리버 여행기》의 3부 5장에 등장하는 에피소드를 읽고 이러한 기발한 소재의 착상을 얻었을는지도 모른다.[88]

《걸리버 여행기》 제3부 라가도 대아카데미에서 '인간의 배설물을 원래 음식으로
환원하려는 발명가'를 그린 19세기 삽화. 미국 의회도서관 소장

어쨌든 K박사가 식량 문제를 해결하기 위해 채택한 방법은 사람의 배설물로 음식을 만드는 것이다. 그는 인간이 섭취한 음식물 중 온전히 흡수되지 못하고 배출되는 영양소가 상당하다는 데 주목한다. 그것을 잘 추출해 내면 "식료품 문제에 위협받는 인류의 큰 복음"이 되리라고 믿는다. 의욕에 불탄 K박사는 먹고 자는 일을 전폐하고 실험실에서 "똥을 떠가지고 현미경으로 시험관에 넣어서 끓이며 세척하며 전기로 분해하며 별별 짓을 다 해" 본 끝에 결국 "OO병"을 발명해 낸다. K박사는 원료를 숨긴 채 조수 C군에게 이 OO병을 시식하게 한다. 조수의 반응이 궁금한 K박사가 묻는다. 이야기의 화자는 K박사의 조수 "C군"이다.

"맛 좋지?"

하고 묻데그려. 그래서 괜찮다고 하니깐,

"똥내도 모르겠지?"

하고 또 웃데그려.

"?"

아닌 게 아니라 냄새가 좀 나기는 하는 것을 이 방 안의 공기 탓이라고 하고 그냥 먹었네그려.

그렇지만 박사의 그 말을 듣고 나니깐 혀 아래서 맑은 침이 핑그르

돌더니 걷잡을 사이 없이 구역이 나겠지. 그래서 변소로 가려고 일어서려다가 그만 그 자리에 욱 하니 토해버렸네.

"왜 그러나? 왜 그래. 야 복동아, 수남아."

하면서 박사는 일어서서 나를 붙들어다가 소파에 뉘려는데그려.

아, 결도 나고 성도 나고 그래서 괜찮다고 하고 박사를 밀쳐버리고 '대체 그 먹은 것이 무엇인가'고 물었네.

둔감한 박사는 내가 토한 원인을 그때야 처음으로 안 모양이데그려.

"먹은 것? 응 그것 말인가? 그것 때문에 토했나? 난 또 차멀미로 알았군. 그건 순전한 자양분일세, 하하하하하(박사는 웃을 경우에는 웃을 줄을 모르고, 웃지 않을 경우에는 잘 웃는 사람이라네)! 건락(乾酪), 전분, 지방 등 순전한 양소화물로 만든 최신최량원식품."

"원료는… 그…."

"그렇지, 자네도 알다시피 그…."

나는 그 말을 채 듣지도 않고 다시 일어서면서 토했지. 좀 메스껍기도 하고 성도 나는 김에 박사의 얼굴을 향하여 토했네그려.[89]

C군은 처음에 그 맛이 "고깃국물을 조금 넣고 만든 밥" 같다고 느꼈다. 하지만 원료가 똥임을 알게 되자 자신도 모르게 구역질을 해 대기 시작한다. 사실 C군은 실험 단계에서부터 "전기 환

기 장치"로도 어찌할 수 없는 "똥내"를 견디지 못하고 슬그머니 빠져나오곤 했었다. K박사는 그 똥내를 없애기 위해 "조미에 대한 연구"도 보완하여 마지막에는 C군조차도 여기에서 "스키야키 비슷하고도 더 침이 도는", "꽤 좋은 냄새"를 맡을 수 있게 되었다. K박사는 "자양분만 뽑아서 정제한" 이 미래 식량은 "과학의 힘으로써 가장 정밀히 만든 것"이므로 "웬만한 음식점의 음식들보다는 훨씬 깨끗"하다고 굳건하게 믿고 있었다.

이제 K박사는 자기 야심작인 미래 식량 "○○병" 시식회를 성탄절에 열기로 한다. 그리고 시식회가 열릴 장소에 배어 있는 똥냄새를 빼는 작업에 몰두한다.

> 크리스마스 전날은 밤까지 새워가면서 모두 만들어놓은 뒤에 당일 아침에는 집을 씻느라고 또 야단이지. 글쎄, 이 방 저 방 할 것 없이 모두 똥내가 배어든 것을 어찌하나. 아닌 게 아니라 독한 놈의 냄새가 배어든 다음에는 빠지질 않아. 물론 약품으로 씻다 못해서 마지막에는 향수를 막 뿌려서 냄새를 감추도록 해버렸다네.[90]

실험에 사용한 똥은 사라졌지만 그 냄새는 공간 곳곳에 배어 남았다. 똥내는 약품으로도 탈취가 되지 않아 결국 향수 냄새로 덮을 수밖에 없었다. 다행스럽게도 시식회에 초청되어 온 "사회의 명사 숙녀들"은 맛있게 OO병을 맛보았고 행사는 성공적으로 마무리되는가 싶었다. 하지만 그 원료를 공개한 순간, 그들은 결국 C군과 다르지 않은 과격한 반응을 보였다. 다음은 원료를 알고 기절초풍한 연사들이 보인 난리법석 현장 이야기다.

달아는 났지만 그래도 마음이 놓이지 않아서 귀를 기울이고 있노라니깐 무엇이 왝왝하며 콰당콰당해, 뛰어가보았지. 하니깐 부인 손님 두 사람과 신사 한 사람이 입에 손수건을 대고 게워내는데, 그리고 몇 사람은 저편으로 변소 변소 하면서 달아나고, 다른 사람들은 영문을 모르고 중독되었다고 의사를 청하라고 야단인 가운데 박사는 방 한편 모퉁이에 눈만 멀찐멀찐하면서 서 있데그려. 이게 무슨 꼬락서닌가. 망신이데그려. 그래서 박사에게 가서 웬 셈입니까고 물었더니 박사는 우들우들 떨면서,
"야단났네. 망신이야, 큰일났어… 야, 수남아!"[91]

결국 문제는 "똥내"였다. C군은 "똥 먹구 구역 안나는 사람이 어디 있어요!"라고 항변했지만 K박사는 "과학의 힘으로 부정한 놈은 죄 없애버린 게 왜 똥이야"라면서 역으로 짜증을 낸다. 그는 자신이 똥의 "스카톨 반응"을 완전히 해소하지 못해서 "대변 특유의 냄새"가 남아 있게 되었으며, 그로 인해 사람들이 구역질

하게 되어 시식회가 실패했다고 믿는다. 즉, 문제는 어디까지나 과학 기술을 온전히 구현하지 못한 탓이라고 믿는 그는, 인간 마음의 문제를 도외시한다.

"자네 오핼세. 과학의 힘으로 부정한 놈은 죄 없애버린 게 왜 똥이야. 오핼세."
한 뒤에는 또 이유도 없이 하하하하 웃지.
"선생님, 그렇지 않아요. 분석해보면 아무리 정한 게라 해두 똥으로 만든 것을 먹고야 왜 구역을 안 해요? 세상사는 그렇게 공식대로 되는 것이 아니니까요."
"공식? 아무리 생각해두 자네 오해야. 그렇진 않으리."
"그럼 왜들 게웠어요?"
"글쎄, 반응은 없었는데, 혹은 있었던가…."
단순한 박사는 아직껏 손님들이 게운 이유를 스카톨이나 인돌이 좀 남아서 대변 특유의 냄새가 난 데 있는 줄만 알데그려.[92]

K박사는 근대 과학이 전제하는 합리적 이성인 "공식"으로 비합리적 관습과 마음을 일거에 계몽하려고 한다. 하지만 "공식"의 언어와 논리는 경험적 실체와는 거리가 있다. 그것만으로는 현실 세계에 존재하는 인간의 정신세계를 온전히 이해할 수 없다.

근대 과학자의 상징인 화학자 K박사 논리에 따르면, 그는 분자와 원소 단위를 다루는 기술로 '탈취'하고 '무취'의 상태에 도달하는 데 성공했다. 그는 "스카톨 반응"이라고 부르는 화학 작용으로 후각적 자극이 이루어졌는지에만 집중했기에, 인간의 쾌와 불쾌라는 반응이 화학 공식으로 설명될 수만은 없음을 받아들일 수 없었던 것이다. 하지만 그 또한 사람이었으므로 논리적으로는 느낄 수 없는 역겨움을 결국 경험하게 된다. 바로 조수 C와 맛있게 먹던 고기가 좀 전에 길거리에서 똥을 먹던 개고기였음을 알게 된 순간이다.

"고기 맛이 썩 부드러운데 암소 고기야."
"선생님 개고기올시다."
"개?"
"아까 그 짖던 개요. 돌아올 때는 안 보이지 않습디까?"
"아까 그, 그? 똥 먹던?"
"그럼요."
박사는 덜컥 젓가락을 놓데그려. 그러더니 얼굴이 차차 하애지더니 얼른 저편으로 돌아앉겠지. 그리고 흑흑 두어 번 숨을 들이쉬더니 왝 하고 모두 토해버리데그려.[93]

똥으로 식량을 만들어 먹는 데는 거침이 없던 그가 암소라고 믿고 맛있게 먹던 고기가 똥 먹던 개고기라는 사실을 알고 구역질하기 시작했다. K박사는 "○○병"과 "개고기" 이 두 가지는 엄연히 구분된다고 선을 긋는다. "에, 더러워! C군, 실험실과는 다르네."

K박사에게 실험실에서 위생적이고 계량적으로 통제하여 다루는 똥과 그 가공식품인 "○○병"은 청결한 것이고, 본인이 영양의 보고라고 극찬했던 똥을 직접 먹은 개는 더러운 것이다. 그에게 문명한 과학과 야만스러운 자연이라는 이분법적 도식은 자명했으며 그는 과학으로 이를 증명해 내고자 고군분투한다. 하지만 똥내를 탈취하기 위해 약품을 쓰고 향으로 덮고자 향수를 써도 소용없었다. '똥'이라는 단어에서 연상되는 불결한 이미지 자체는 제거할 방법이 없었기 때문이다.

그런데 가만 살펴보면 "똥내"라는 단어는 냄새의 원인이 되는 물질 '똥'과 '내'를 결합한 단어로, 그 냄새 자체가 어떠함을 설명해 주지는 않는다. 즉, 언어 사용자 개개인의 경험에 따른 냄새를 연상하게 할 뿐이다. 따라서 다소 주관적인 그 냄새에 관해 "대변 특유의 냄새"라고밖에 설명할 수 없지만, 그것만으로도 충분히 불쾌한 악취라는 공통 감각을 불러일으킨다. '달다, 시다, 쓰다, 짜다, 맵다, 떫다'로 설정할 수 있는 기본 미각어와 달리 기본 후각어는 정리되어 있지 않고, 다른 감각이 아닌 후각만을 지시하는 단어는 더욱 드물다. 단편소설 〈K박사의 연구〉에서 많이 거론된 단어 중 하나인 '똥내'의 실체 역시 공통된 후각 어휘를 동반하지 못한 채 화자와 등장인물과 독자 모두가 각자의 경험치로 환기해 낼 수밖에 없는 냄새였다. 후각 어휘가 빈곤하다는 사실은 역으로 후각 어휘가 수많은 명사와 형용사로 채워질 수밖에 없는 개인적 경험과 기억의 구성물임을 말해 준다.

K박사는 실험실에서는 '똥내'를 제거하는 데 성공했으나, 임상적으로는 실패했다. 냄새의 언어와 관념이 불러일으키는 정서적 반응은 수치와 공식으로 온전히 환원될 수 없는 잉여의 영역으로서 너무 넓었다. 최근에는 식량 문제와 환경 문제를 해결하기 위해 밀웜과 같은 곤충 원료 단백질 식량을 개발하는 시도도 이루어지고 있다. 영양학적으로, 위생적으로 완전식품이라고 하지만 형태를 바꾸고 명칭을 바꾸어도 소비자의 심리적 저항선에 걸리는 지점들이 있어 난항 중이다. 여전히 비합리적 마음은 계몽의 대상인가? K박사와 C조수의 팽팽한 언쟁은 100년이 흐른 지금도 유효하다.

식민지 조선을
횡단하는
염상섭의 코

이 장은 염상섭 소설에서 후각의 부상(浮上)이 집단적 정체성에 관한 각성과 어떻게 긴밀히 연결되어 있는지를 살펴본다. 식민지 현실을 본격적으로 다루는 장이라, 냄새도 이야기도 다소 무겁고 촘촘할 수 있다. 일제 강점기 대표적 문사였던 염상섭은 식민지 현실을 직시하는 지식인의 의식을 날카로운 필치로 기록했다. 그런 그의 대표작 〈만세전〉(1924) 속에는 흥미롭게도 제국의 눈과 식민지인의 코가 강조되어 있다. 청년 지식인 주인공에게 후각이라는 감각의 회복은 자기 정체성 확립을 위한 중요한 관문이었다.

여기서 냄새에 관한 기록은 다음 세 가지 점에서 중요하다. 첫째, 이들은 자신이 결코 시선의 주체가 될 수 없다는 점을 깨닫는 순간 냄새를 감지하게 된다. 식민지 지식인은 시각적으로 변별이 어려운 같은 인종 간의 제국-식민 관계에서 후각에 집중한다. 둘째, 식민지 지식인에게 '냄새 맡기'는 민족 혹은 계급 공동체와 공존 가능성을 모색하는 적극적 과정이다. 이는 냄새를 주로 차별적 도구나 개인 취향의 차원으로 이해했던 통상적 인식을 전복한다. 셋째, 강렬한 후각 감각은 주체가 동물적 존재에서 정치적 존재로 비상하려는 순간 포착된다. 이것은 식민지인이 외부 폭력에 의해 파괴되거나, 혹은 스스로 마비시켰던 감각을 회복하는 과정에서 드러난다.

염상섭의 등단작 〈표본실의 청개구리〉(1921)에서 해부대에 놓여 껍질이 벗겨진 청개구리의 절단된 감각은 그의 중단편 소설 〈만세전〉에서 회복된다. 이 두 작품을 순차적으로 나란히 놓고 보면, 식민지 지식인이 해부되고 투시되던 대상에서 숨을 쉬고 냄새를 맡는 주체로서 거듭나는 과정으로 볼 수 있다. 식민지인은 제국에 의해 본능적 욕구와 반응만이 남은 육체로 전락했고 인격적·정치적 주체로서 실존을 위협받았다. 식민지 지식인은 '자극-인지-기억-감정-반응'으로 연결되는 메커니즘을 '자극-반응'이라는 무의식적 메커니즘으로 전환하는 제국의 통치 속에서 정신적 고통을 절연하기 위해, 혹은 식민지 검열 앞에 살아 있는 의식을 드러내지 않기 위해 의식적 코마(coma) 상태를 자처한다. 이는 마치 갑각류가 위험에 처할 때 본능적으로 취하는 자기 신경 절연(self-nervous amputation) 상태와 같다. 따라서 그의 소설 속 인물들은 난청, 허언증,[94] 실어증,[95] 눈부심 증상을 나타내고 머뭇거리지만, 식민지 현실과 제국의 시선을 똑바로 응시한 이후에는 후각적으로 통렬하게 각성하게 된다. 이때 후각의 변화라는 징후들을 통해서 바로 이러한 감각의 전이와 변화, 절연과 회복이 이루어지는 단계를 독해할 수 있다.

여기서 탈식민주의 이론가인 프란츠 파농(Frantz Fanon)의 분석을 살펴보자. 파농은 《검은 피부, 하얀 가면》에서 제국과 식민 사이의 시각적, 청각적 감각 불균형에 주목했다.[96] 하지만 파농 자신도 언급했듯이, 이러한 관찰은 자신의 조국인 앤틸리스(Antilles) 사람들에게 적용되므로[97] 또 다른 식민지의 사례를 이해하기 위해서는 역사적 특수성을 고려해 달리 접근해야 한다. 예컨대 파농이 '식민-제국' 관계에서 '흑-백'으로 대별되는 피부색이 바로 "신비의 핵심"이라고 "간단명료하게 대답"[98]할 수 있었던 데 반해, 같은 인종의 지배를 받았던 동아시아에서는 제국과 식민 사이의 결정적 차이가 시각적으로 드러나지 않았다. 유사 인종 간 지배에서 발생하는 차별 구도에는 또 다른 분석적 보완이 필요하다는 뜻이다.

물론 제국과 식민의 구도를 이해하는 데, 미셸 푸코(Michel Foucault)의 '판옵티콘(panopticon)' 개념에 기반한 시각적 감시와 '생명 정치(bio-politics)' 이론은 여전히 유용하다.[99] 식민지 통치 자체가 관찰과 통제에 최적화된 시각적 감시 체제를 근간으로 하기 때문이다. 하지만 그렇기 때문에 이러한 시각 중심성으로 텍스트를 읽어 내면 제국의 기획과 의도를 그대로 따라 재독하게 되는 한계에 도달하고 만다.

이 장에서는 식민지인의 의식과 무의식을 적극적으로 읽어 내기 위해, 보다 확장된 감각에 집중하고자 한다. 여기서 짚고 넘어갈 것은, '냄새'야말로 역사적 시공간을 채우는 생명체로 말미암아 발생한다는 점이다. 탄생에서 죽음에 이르는 과정에 생명체는 섭식하고 배설하며 호흡한다. 신체로부터 발산된 냄새 분자는 신체의 존재감이 고체에서 기체로 확장되게 한다. 따라서 냄새 관리 역시 신체와 일상을 통제하는 행위이므로, 푸코가 말한 생명 정치의 적극화된 버전이라고 할 수 있다.

또한 식민지인의 신체성을 이해하기 위해서는 조르조 아감벤(Giorgio Agamben)의 통찰력을 빌려오는 것 역시 도움이 된다. 그는 식민지인의 상태인 '노예'란 사회로부터 인격적 주체성(personality)을 박탈당한 자라고 말하며, 개인을 페르소나(persona) 없는 '벌거벗은 육체'[100]인 노예의 상태로 만들어 버리는 데 제국주의와 근대 국가 체제와 자본주의, 과학 기술까지 공모했음을 고발했다. 아감벤이 비판한 근대화, 자본화, 과학화가 식민화와 함께 굴절되어 진행된 일제 강점기 소설에서는 이를 체감한 식민지 조선인의 육체성이 감각적으로 기록되어 있다. 염상섭 소설에서 지식인 주인공은 바로 이 관리 대상에 놓인 자가 벌거벗겨지고 절단된 신체를 후각을 통해 복구하고 자신의 페르소나를 회복해 가는 과정을 보여 준다.

알츠하이머 환자의 증상 중 하나는 기억 상실이다. 이들은 후각 자극이 주어져도 이를 경험했던 기억을 떠올리지 못한다. 냄새를 맡은 환자는 냄새 자체에 호불호의 즉각적 반응은 보일지언정 어떠한 기억과 감정을 연상하지 못하기 때문에 무표정하다. 뇌에서 후각을 담당하는 영역은 기억과 학습 그리고 감정 중추와 긴밀하게 연관되어 있는데, "알츠하이머병은 기억과 그 기억을 불러오는 향기 사이의 연결 고리가 흐트러진 반(反)마들렌 상태"[101]와 같게 한다. 이 병은 "향을 구별하는 능력을 서서히 잠식하며" 결국 다종다양한 향기와 악취가 "모두 비슷하다고 느끼게 된다." 마르셀 프루스트의 《잃어버린 시간을 찾아서》에 나오는 마들렌 그리고 홍차의 맛과 향기는 과거 기억을 환기하는 대표적 장면으로 회자되면서 "프루스트 효과"라는 용어로까지 정착되었는데, 알츠하이머병에 걸리면 바로 이 마들렌 냄새를 맡아도 숙모와 함께 보낸 그 여름을 연상할 수 없게 되는 것이다. 즉 '자극-인지-기억-감정-반응'의 연결 고리가 어디선가 끊어진 자에게 냄새는 그 강도와 질에 따른 무조건적 반응을 불러일으키는 하나의 자극일 뿐이다.

〈표본실의 청개구리〉에서 '나'는 강렬한 시각적 자극을 보았던 트라우마로 그와 유사하거나 낮은 강도의 자극에도 민감하게 반응한다. '나'는 자신의 의지와 상관없이 자꾸 환영이 보여 괴로워하지만 그 경험과 기억이 지닌 의미조차 제대로 설명하지 못한다. 알츠하이머 환자의 예처럼 '인지-기억-감정'이 결락된 채 '자극-반응'만 남게 되었다. 주인공 '나'가 8년 전 박물 실험실에서 목격한 이후 발작적으로 사로잡히게 되어 버린 장면은 다음과 같다.

> 내가 중학교 이년 시대에 박물 실험실에서 수염 텁석부리 선생님이 청개구리를 해부하여가지고 더운 김이 모락모락 나는 오장을 차례차례로 끌어내서 자는 아기 누이듯이 주정병에 채운 후에 옹위하고 서서 생도들을 돌아다보며 대발견이나 한 듯이,
> "자 여러분, 이래도 아직 살아 있는 것을 보시오." 하고 뾰족한 바늘 끝으로 여기저기를 콕콕 찌르는 대로 오장을 빼앗긴 개구리는 진저리를 치며 사지에 못 박힌 채 벌떡벌떡 고민하는 모양이었다.[102]

'나'는 학창 시절 박물학 선생님이 아직 신경이 살아 있는 해부된 개구리를 찌르던 모습을 본 이후, 유리창 밑에서 번쩍하던

메스의 환영에 사로잡혀 방 안 전등불조차 견디기 어렵게 되었다. 이제 '나'는 개구리뿐 아니라 그 불빛과 '메스'라는 도구만 보아도 긴장한다. 강렬한 빛과 메스의 날카로운 자극에 위협을 느끼며 일상생활을 편안히 영위하지 못한다. 병원에서 간호부가 전등 밑에서 주사침을 치켜드는 모습만 보아도 긴장하게 되는 터였다.

이처럼 〈표본실의 청개구리〉가 이미 해부되어 버린 동물의 신체를 주시했다면 〈만세전〉은 조선인의 육체를 응시한다. 〈만세전〉에는 소멸되는 육체에 관해 설명하는 흥미로운 장면이 나온다. 조선인의 시체는 부패되어 원소로 해체되어 버리거나 미라로 박제되어 결국 미래 박물학과 인류학의 관찰 거리가 되리라고 전망하는 이야기다. 시체가 부패된다면 원소로 해체되어 우주 공간을 떠돌다 자손의 콧구멍, 입 구멍으로 들어가고 다시 몸 밖으로 빠져나오고 하겠지만 미라로 남게 되면 관찰과 유희의 대상이 되고 만다는 뜻이다.

"'미라'라는 것은 한문자 목내이(木乃伊)라고 쓰는 것인데, 사람의 시체가 몇백 년 몇천 년을 지나서 돌로 변해진 것이라우… 조선박물관에도 있는지는 모르지만 일본에는 동경의 제국박물관에 있습디다."

"에, 그런 것이 있어요?"

"글쎄 그러고 보니 말이오, 가만히 생각하면 사람의 일이라는 것은 얼마나 헛된 것이오? 이 몸이 땅에 파묻히면 여러 가지 원소로 해체되어 이 우주의 공간에 떠돌아다니다가 내 자식 내 손자 증손자의 콧구멍으로도 들어가고 입구멍으로도 들어가서 살이 되고, 뼈가 되고 피가 되다가 남으면 똥이 되어서 다시 밖으로 기어 나가고 하는 동안에, 이 몸은 흙이 되어서 몇백 몇천 년 지난 뒤에는 박물관에 가서 자빠지거나 지질학자나, 골상학자나 인류학자의 손에 걸려서 이리저리 데굴데굴 굴러다니고 말 것이 아니오?"[103]

식민지 지식인은 제국의 학문인 지질학, 골상학, 인류학의 관찰 대상이 되고 말 자신의 운명, 그 시선 속에 기술될 수밖에 없는 자신의 숙명을 주시한다. 이제 〈만세전〉에서 '이인화=나'는 결박된 식민지인들이 좀비처럼 떠도는 식민지 조선 땅, 자신이 '무덤'이라고 부른 그 속으로 걸어 들어간다. 그리고 처음으로 제대로 된 호흡을 한다. 호흡하는 자신을 의식하며 '민족'의 냄새를 맡는다.

그는 자신의 집단적 정체성을 직시하는 순간, 처음으로 자신이 호흡하는 그 공간의 냄새, 즉 그 공간을 채우고 있는 공동체의 냄새를 맡게 된다. 그가 막연히 조선인 노동자를 생각할 때는 그들의 비참한 현실을 연민하며 빈민자를 위한 정책 개선까지 생각하는 호의를 베푼다. 하지만 막상 그들과 한 공간에서 대면하면 "어쩐지 얼굴이 찌푸리지 않을 수 없고", "혐오가 심해"지게 된다고 심리 변화를 고백한다. 이는 조지 오웰(George Orwell)이 남긴 글귀를 떠오르게 한다. 그는 탄광 광부들을 이야기한《위건 부두로 가는 길》(1937)에서 "아랫것들은 냄새가 나"라는 문구로 계급 간 경멸을 강렬하게 기록했다. 물론 오웰이 쓴 전후 맥락을 가만히 들여다보면 정치적 지향성과 현실 계급이 단순하게 일치하지는 않는다는 메시지를 포함한 복합적 언설이었음을 알 수 있다.

그런데 또 하나 그보다 더 심각한 어려움이 있다. 여기서 우리는 서구 계급 차별 문제의 진짜 비밀과 맞닥뜨린다. 그것이 부르주아로 자란 유럽인은 자칭 공산주의자일지라도 몹시 애쓰지 않는 한 노동자를 동등한 사람으로 여길 수 없는 진짜 이유이기도 하다. 그것은 요즘에는 차마 발설하진 못하지만 내가 어릴 때만 해도 꽤 자유롭게 쓰곤 하던 섬뜩한 말 한마디로 요약된다. "아랫것들은 냄새가 나."

그게 우리가 듣고 자란 말이다. "아랫것들은 냄새가 나." 그리고 여기서 우리는 넘을 수 없는 장벽과 마주친다. 어떤 호감도 혐오감도

'몸'으로 느끼는 것만큼 근본적일 수는 없다. 인종적 혐오, 종교적 적개심, 교육이나 기질이나 지성의 차이, 심지어 도덕률의 차이도 극복할 수 있다. 하지만 신체적인 반감은 극복 불능이다.[104]

조지 오웰은 인종적 혐오도, 종교적 적개심도, 교육, 기질, 지성, 도덕률의 차이도 극복할 수 있다고 단언한다. 그런데 "넘을 수 없는 장벽" 단 한 가지, 그것은 상대의 받아들일 수 없는 냄새, "신체적인 반감"이라는 것이다. 그것은 조지 오웰의 시대에도 민감하고 근본적인 사회적 문제였다. "아랫것들에게선 냄새가 나"는 종종 자본주의의 양극화 문제를 가리키는 문장으로 단순화되어 인용되지만, 그가 같은 단락에서 이렇게 말한 것은 잘 알려지지 않았다. "자칭 공산주의자일지라도 몹시 애쓰지 않는 한 노동자를 동등한 사람으로 여길 수 없는 진짜 이유" 그것은 바로 "차마 발설하지 못하지만", "섬뜩한 말 한마디", "아랫것들에게선 냄새가 나"라는 말로 설명된다는 뜻이다. 즉, 조지 오웰에게 악취로 상징되는 다른 '몸'에 대한 혐오감은 특정한 사상과 계급 간 갈등만이 아니라 사상과 실천, 의지와 본능이 일치되기 어려운 인간의 본질적 한계에 관한 고발이었다. 에밀 졸라의 소설 《제르미날》이 악취 나는 광부들을 적나라하게 묘사했다면, 조지 오웰의 르포르타주 《위건 부두로 가는 길》은 광부를 바라보는 자신과 타인의 시선을 보다 객관화하여 기술하고자 한다. 오웰의 코는 후각이 계급과 사상과 실천과 밀접하게 연관된 정치적 감각임을 환기한다.

〈만세전〉의 '나' 또한 타자를 향한 양극단의 판단과 감정 속에서 분열하고 번민하는 주체로 거듭난다. 프란츠 파농 역시 이러한 지점을 예견했다. 파농에 따르면 교육받은 엘리트 식민지인은 어느 단계에 이르면 자신의 종족도 자신을 이해하지 못하고, 자신 또한 그들을 이해하려 하지 않게 되며, 도리어 상호 부조화가 발생할수록 그는 그 갈등 속에서 진정한 보편적 휴머니티의 의미를 발견하게 된다.[105]

바로 이처럼 〈만세전〉의 '나', 식민지 유학생이 귀가하는 여정은 공동체 속으로 걸어 들어가며 "자기의 부서짐과 또 다른 세워짐"의 과정이었다.[106] 소설 전반부에서 '나'는 제국의 수도 동경과 고베에서 유학하는 식민지 청년으로서 식민지가 된 조국의 관찰자이자 방관자로서 존재할 수 있었다. 그는 그 유예의 시간 동안 일본인 카페 여급이나 조선인 여학생과 유희하며 현실적 문제들을 회피하고, 제국 도시의 풍경과 여성을 탐미하는 시선의 주체였다.

그러던 그는 식민지 조선에 두고 온 아내가 위독해졌다는 전보를 받고, 제국에서 식민지로 배와 기차를 갈아타고 국토를 횡단하며, 집을 향하여 연어처럼 거슬러 올라간다. 하지만 아내를 향한 애틋한 감정 따위는 없었다. 의무감에 하게 된 귀국, 귀가의 여정은 자신이 속한 정체성의 악취를 맡고 공동체가 처한 고통의 감각을 되찾기 시작하는 과정이 되고 만다. 그와 동시에 자신을 미행하는 시선을 발견하게 된다. 알 수 없는 이유로 주시되고 통제되는 식민지 현실을 목도하게 된 '나' 이인화의 여로는 "조선인을 포박하고 연행하는 식민지 경찰과 군대에 의해 야기된 전율과 공포의 기록"[107]이었다. 제국과 식민을 오가는 연락선에 오른 순간부터 그는 자신을 식민지인이자 불순한 자로 분류하여 "노려보고", "흘끗 보고", "탐색하며" 쳐다보는 제국의 시선을 느끼게 된다. 프란츠 파농이 언급한 바로 그 순간, '자신이 다른 이들과 다름없는 주시의 대상으로서 타자였음을 깨닫게 되는 순간'이 온 셈이다.[108]

시모노세키 항구에서 자신을 주시하던 "인버네스(inverness)를 입은" 형사는 '나'에게 "국적"과 "본적"을 묻는 것을 시작으로 "연세는? 학교는? 무슨 일로? 어디까지?"라고 집중적으로 추궁하기 시작한다. '나'는 이동하는 목적과 경로까지 제국의 관리자에게 보고해야 하는 식민지인인 것이다. 이제 '나'는 관부 연락선에 올라탄다. 조선인 승객들 사이로 끼어들어 간 '나'는 "아스팔트 칠한 통에 석탄산수를 담고, 썩은 생선을 절이는 듯한 형언할 수 없는 악취에, 구역질이 날 듯한 것"을 참다가 결국 목욕탕으로 달려간다. 부산항과 시모노세키항을 오가던 연락선에는 조선인 노동자가 다수 타고 있었다. 노동자가 몰려 있던 삼등실의 "구역나는 냄새"는 종종 일제 강점기 소설에서 그려졌는데, 이는 제국 일본이 조선인 노동자를 강제 동원하며 빚어진 풍경이었다.

> 삼등실에서는 후끈하는 김이 올랐다. 구역나는 냄새가 올랐다. 벌써 들어와서 자리를 잡은 객들-그중에 반수 이상은 조선 노동자였다-은 저마다 좋은 자리를 차지하려고 담요 조각을 깔고 드러누웠다.[109]

〈만세전〉의 '나' 역시 조선인이 몰려 있던 삼등 객실의 "형언할 수 없는 악취"를 뒤로 하고 옷을 벗고 욕조에 들어가 앉는다. '나'는 조선인이라는 사실을 드러내지 않기 위해 입도 뻥끗하지 않고 욕조 속에서 버텼으나, 결국 목욕탕을 빠져나오기 직전 자신의 조선인 이름과 발음을 들켜 버린다. 그러자 일본인들의 "경멸하는 눈"이 자신에게 몰리는 것을 느낀다. 책이나 읽어 온 "스물두셋쯤 된 책상도련님"은 목욕탕에서 알몸 상태로 듣게 된 타인의 목소리를 통해 비로소 "실인생"과 "실사회"를 체감하고, 조

시모노세키항과 부산항을 오가던 관부연락선 사진엽서, 부평역사박물관 소장

선인의 비참한 현실을 피부로 느끼게 된다. 동족의 악취에서 홀로 벗어나기 위해 옷을 벗었으나 결국은 목소리를 통해 그들과 다를 바 없는 존재라는 사실이 발각된다. 그는 감시와 검문에 이어 육체적 벌거벗겨짐 단계에 진입했다. 그를 가리던 문화적 의장들, 즉 안전한 사회적 가림막이 걷히자 수치스러운 알몸만 남는다.[110]

하지만 벌거벗은 몸 자체는 어떤 불온함의 징표도 없다. 이제 형사들은 '나'의 트렁크 속 물품을 검사한다. 식민지의 독립운동가를 비롯한 제국의 통치를 방해하는 불온한 사상범들을 색출하려 증거물을 확보하고자 함이다. 하지만 '나'는 책과 원고 뭉치에서 그들이 기대하는 물증은 나오지 않으리라고 확신한다. '나'는 무엇이 불온한 서적으로 분류될지 예측한 상태에서 이를 배제한 채 짐을 쌌기 때문에 걱정이 없다. 검열은 제국과 식민의 일종의 숨바꼭질이었다.

'나'는 알몸과 가방 속과 머릿속까지 검열당하자, "마치 바다에 빠진 시체를 건져놓고, 검시"하고 "나의 뇌 속을, X광선 같은 것이나 심사법(心寫法)"으로 조사당하는 기분이 든다. 이렇게 '나'는 제국의 시선에 의해 육체적으로, 정신적으로 벌거벗겨지고 투시되고 나서야 조국으로 향하는 배에 온전히 오를 수 있었다. 간신히 갑판에 오른 '나'는 "사람이란 자기보다 우월하거나 열등한 사람"을 대할 때 "자기의 지위나 처지라는 것을 명료히 의식" 하게 됨을 깨닫는다. 배라는 한정된 공간 속을 오가며, 자신의 민족적 뿌리와 계급적 위치에 기반한 정체성을 명료하게 인식하게 된 셈이다.

화자는 그의 아버지, 형 그리고 큰형님의 이복동생을 묘사할 때는 명확한 사회적 상징이 드러나는 의장을 언급하며 그들이 친일파 혹은 타락한 자들임을 보여 준다. 그들의 의복과 몸짓, 말투를 비롯한 시각적이고 청각적 특징으로 인물의 정체성을 묘사한다. 그런데 〈만세전〉의 '나'가 냄새를 맡게 된 집단은 언뜻 보아서는 그 본질과 내면을 알 수 없는 군상이다. 스스로 자기를 재현할 목소리를 내지 못하는 서벌턴적 존재들이다. '나'는 이들의 냄새를 골고루 맡고 나서야 조선인 부모와 아내가 기다리는 집에 도착하게 된다.

오랜만에 도착한 집에서는 코를 찌르는 악취가 훅 풍긴다. 자신의 혈연 공동체가 기거하는 공간은 "병풍으로 꼭꼭 막고 오줌 똥을 받아 내는 오랜 병인의 방"으로 "퀴퀴한 냄새에 약내가 섞여서, 밤차에 피로한 사람의 비위를 여간 거스르는 게 아니"었다. 죽음의 냄새를 풍기던 그의 아내는 결국 사망하고, '나'는 조선인들의 '무덤'으로밖에 보이지 않는 식민지 조선 땅을 하루빨리 탈출하려고 한다.

시각이 관찰과 통제에 적절한 감각이라면, 후각은 공존 가능성을 타진하는 감각이다. 개인과 개인이 공유하는 공기, 그 공공 영역에 냄새가 있다. 타자는 자신의 들숨에 영향을 미치는 존재가 된다. 게오르크 지멜도 이 대목에 주목했다. "우리는 무엇인가 냄새를 맡으면서 그것이 주는 인상이나 그것이 발산하는 객체를 우리 안으로 깊숙이, 곧 우리의 중심으로 끌어들이며, 이를, 이른바 호흡이라는 생명 과정을 통해서 -우리가 그것을 먹지 않는 한- 다른 모든 감각에서는 불가능할 정도로 우리 자신과 매우 밀접하게 동화시킨다."[111] '나'가 삼등칸 승객, 조선인 거주지, 기생, 병든 아내에게서 맡았던 냄새들은 이들을 가장 내밀하게 인지하는 방법이었다. 그들은 "기체의 형식을 통해서 우리의 감각적이고 가장 내면적인 존재로 들어"왔다.[112] 이런 점에서 후각은 지식인이 '타자를 이해하거나 대변할 수 있는가?', '나아가 그들과 공존할 수 있는가?'라는 문제에 직면하게 한다. 그리고 '타자와 공존' 문제는 결국 그들의 차이를 '견딜 수 있는가?'라는 '관용(tolerance)'의 문제로[113] 귀결된다. 왜냐하면 후각은 앞서 조지 오웰이 이야기했듯이, 하나 됨을 각오하는 자가 결코 동화될 수 없는 선을 인지하게 만드는 감각이기 때문이다.

〈만세전〉에서 식민지 조선 민족이라는 집단적 정체성은 시각적 상징물로 구분되고 그 속에서 다시 세분된다. 형사의 의복을 상징하는 "인버네스", 조선인을 상징하는 "갓", 부르주아 엘리트를 상징하는 "금테 모자에 망토" 등 사회적 의장들이 여러 차례 언급된다. 하지만 이는 때때로 그들의 본질을 담아내지 못한다. 〈만세전〉은 시각적 정보에 대한 불신, 즉 시각적 기표의 기만성 혹은 식별 불가능성을 전제로 출발한다. 어느 조선인은 일부러 조선 갓을 쓰고 다니며 미천하고 무지한 "요보" 행세를 함으로써 사회에 위협적인 존재를 식별하고자 하는 제국의 감시를 피하고자 했지만, 도리어 그 '조선 갓' 때문에 제국의 경찰에게 연행된다. 연출한 시각적 표상은 언제든 의도와 다르게 읽힐 수 있다. 시각적 정보는 항상 안전하거나 신뢰할 만한 것은 아니었다.

식민지인이 제국의 소리를 유사하게 흉내 내는 일 역시 어설픈 모방이었다. '묻지 않아도 조선 사람인 게 분명한 이가 제 딴에는 유창하게 일본어를 구사한답시고 해도 본색이 탄로 날까 염려하는 침착지 못한 행색'을 숨길 수는 없었다. 그것은 "말하자면", "일본 사람 앞에서 희극을 연작하는 앵무새"와 다름없었다. 식민지인이 눈과 입으로 제국을 모방하는 장면을 보고 '나'는 희극이나 다를 바 없다고 통탄한다.

그러나 〈만세전〉에서 '후각'은 거짓으로 연출할 수 있는 '시각'이나 '청각'보다 사물의 본질에 정직하게 다가갈 수 있는 감각으로 간주된다. 앞서 인용했던 대목에서처럼, 냄새는 육체성과 긴히 연결된 실존적 감각임을 알 수 있다. 사람이 사후에 해체되어 공기 중에서 분자를 이루고, 따라서 공기에서 호흡하고 그 냄새를 맡는 행위는 공동체의 흔적을 들이마시는 실존적 행위라는 설명이 나온다.

  사체가 부패, 분해, 순환되어 우주를 구성하고 다음 세대의 몸속으로 들어갔다 나올 수 있게 된다면, 즉 내 몸이 증손자의 콧구멍으로도 들어가게 된다면 나는 결국 누군가를 이루게 되고 다시 그 몸을 빠져나올 수도 있다. 그 분자는 영속한다는 뜻이다. 그렇다면 '나' 역시 공기를 들이마실 때 나의 공동체 혹은 선조와 호흡하는 셈이 된다. 〈만세전〉에서 '냄새 맡기'는 식민지 지식인이 역사와 공동체를 자기 속으로 끌어들이는 적극적이고 사회적인 실천이었다.

4

서울 냄새, 고향 냄새, 선을 넘는 냄새들

1960년, 첫사랑의 비누 냄새

어머니, 냄새로 남다

도시의 냄새

도시는 냄새도 관리한다. 도시 계획과 운영의 주체는 공익을 침해하는 냄새를 관리하는데, 이는 "통합, 분리, 표시, 세척, 제거, 중화, 첨가" 등 단계로 체계화되어 있다.[1] 포장, 배수, 환기, 정화를 기초로 하는 근대 도시 설계는 악취를 유발하는 공장이나 쓰레기, 배설물, 시체 등을 다루는 시설을 도시 바깥 보이지 않는 곳으로 옮기는 분리 정책과 함께 진행되었다. 이는 인간이 오염과 전염의 위협으로부터 자신을 방어하는 방법이기도 했다. 19세기 유럽과 미국에서는 공중위생과 화학 지식, 의학 지식이 발달하면서 도시 정책 역시 보이지 않는 오염, 즉 악취까지 적극적으로 관리하게 되었다. 따라서 보통 사람의 육안으로는 볼 수 없는 세균을 퇴치하고 관리하는 방안을 내놓는 전문가 집단과 국가 권력은 새로운 차원의 권리와 의무를 행사하게 되었다.[2] 개인은 호흡함으로써 공기의 질을 감지할 수 있었고, 도시는 사회 구성원의 생명을 위협하는 유독한 환경을 개선하는 일에서부터 공간 분리에 이르기까지 도시의 악취를 적극적으로 관리하게 되었다. 미셸 푸코는 근대 국가가 지식과 제도와 공간을 통해 개인의 신체에 권력을 행사하게 됨을 분석했는데,[3] 개인과 집단의 냄새까지 관리하게 되는 이러한 현상 역시 그 자장 안에서 이해할 수 있다. 또한 이는 공리주의라는 개념이 확산되면서 벌어진 일이다.

공공성(public)은 공동체적이고(common), 공개적이고(open), 공적인(official) 것을 기본 개념으로 한다. 따라서 공공장소란, 공간이 시민에게 열려 있어 함께 쓸 수 있어야 하고 그 공간이 다수의 이익에 이바지해야 한다는 합의를 구성하게 되었다. 시민 공원이나 대중교통의 이용자 '주의 사항'에는 공중에 해를 가하지 않는 최소한의 상호 규약이 명시되어 있다. 이때 불특정 다수가 스쳐 지나가거나 때로는 함께 머물게 되는 공공장소들은 전염 위험이 큰 곳으로, 타자는 경계의 대상이 될 수밖에 없었다. 보건 위생을 위해 미국 대도시는 소독제와 살균제를, 일본 대도시는 마스크를 주로 사용했다. 그리고 2020~2022년 코로나19 시기를 거치며 미국과 일본의 방식을 합치고 강화된 풍경이 전 세계적으로 연출되기 시작했다. 인구 밀집도를 줄이고 실내를 환기하고 소독제를 뿌리고 마스크를 쓰고, 전염성 질환 환자는 격리되거나 이동 동선을 보고해야 했다. 이 시기를 거치며 개인의 호흡과 공공장소의 공기도 공적 관리의 영역으로 포섭된 셈이다.

도시의 악취는 공적으로 관리하는 대상이었지만 신체의 악취는 개인이 관리하고 책임져야 했다. 몸에서 풍기는 냄새는 눈에 보이지 않는 정보를 전해 주는 레퍼런스로, 악취 나는 신체는 게으름의 징표였다. 사람들은 체취에서 거주 공간, 이동 수단,

인종, 나이, 주식(主食), 직업, 소득, 습관, 취향까지 읽어 내기도 한다. 이렇게 다양한 체취를 지닌 인구가 밀집된 도시에서 살아야 하는 도시인은 나와 다른 이웃에게 베푸는 관용을 시민 의식으로 장착해야 했다. 도시의 이웃은 소규모로 오랜 세월을 같이한 촌락 공동체와 달리, 물질적, 정신적 토대와 습속이 천차만별인 예측 불가능한 불특정 다수로 구성되어 있었기 때문이다. 근대 도시인은 이러한 타자들과 공존하기 위해서 차이에 관한 민감도를 낮추어야 했다. 그중 하나가 타인의 '낯선 냄새'에 대한 역치였다.

프랑스 사회학자 알랭 코르뱅은 《악취와 향기》에서 근대 도시와 악취의 문제를 본격적으로 다루었다. 그는 18세기 중반 이후 프랑스에서는 화학과 의학이 발달하고 파리의 인구 증가가 극에 달하며 도시 빈민층이 형성되었으나 아직 공적 영역의 공리주의가 정착되지 못하던 당시 사회사를 이야기한다. 이렇게 도시 계급과 개인의 사생활이 형성되던 시기, 새로운 감수성이 생겨나고 냄새에 관한 민감도가 높아지는 현상을 그는 '냄새의 사회사'로서 포착했다.[4] 그는 '도시화'와 함께 발달된 후각을 사회적 관습과 소비문화의 산물로 보았다. 공교롭게도 이 책이 출간되던 1980년대 당시 프랑스 대통령은 이민자와 노동자 거주지의 냄새와 소음에 관한 민감한 발언을 함으로써 차별 의식을 부추겼다고 비판받았다. 냄새는 정치적 감각일 수 있었다.

서울의 도시화 역시 냄새를 둘러싼 심상 지리를 바꿔 놓았다. 도시의 첨단성과 편리성을 찬미함과 함께 도시 악취에 대한 비판, 시골 냄새에 관한 향수가 등장했다. 그리고 서울은 세계인의 코를 의식하며 자신의 체취를 인식하기 시작했다. 이 장에서는 서울의 도시화가 진행되던 근대 초기부터 살피되, 식민지 시기는 4장 '작가의 코'에서 이미 다루었으므로 해방 이후 도시화에 집중한다. 또한 도시화 속에서 관계와 감각의 변화를 아울러 살핀다. 이번 장에서 펼쳐질 청춘 남녀의 사랑 냄새 그리고 고향에서 상경한 어머니의 냄새, 갑자기 부끄러워진 마늘 냄새는 접촉과 이동의 시간을 거치며 우리의 감각 또한 변화됐음을 보여 준다.

서울 냄새,
　고향 냄새,
선을 넘는 냄새들

도시는 향기와 악취를 동시에 만들어 내는 곳이다. 서울 역시 그러했다. 인구가 증가하던 20세기 초 일제 강점기의 서울, 경성은 준비되지 않은 도시였다. 물론 19세기 후반 《독립신문》에서도 주거 공간과 도로의 악취와 질병의 관계를 설명하고 악취 제거를 독촉하는 기사를 이따금 볼 수 있었다.

> 의복, 음식, 거처, 도로가 누습하든지 악취가 많으면 병이 나기도 쉽고 고치기도 어렵고 전파하기를 속히 하여 생명의 대해가 되니 대한 인구의 희소함이 병을 이기지 못함이오, 병을 이기지 못함은 의술이 미개할 뿐이다.[5]

악취는 질병으로, 질병은 전염으로, 전염은 인구 감소로, 그리고 이는 의술의 필요로 연결되어 논의가 전개된다. 하지만 "더러운 개천과 악독한 냄새를 제어"해야 한다는 촉구는[6] 실현되지 못한 채 1910년 조선은 조선총독부 체제 속에서 식민지 도시화를 맞이하게 된다. 제국 일본은 1925년 서울역을 개통하고 1926년 조선총독부 건물을 완공하고 백화점을 세우는 등 시각적으로 '식민지 근대화'의 위용을 과시했다. 하지만 화려한 도시의 이면, 즉 사람 사는 곳의 악취는 개선되지 않은 채 공존하고 있었다. 다음은 미쓰코시백화점이 지어진 서울 거리에서 풍기던 냄새에 관한 글이다.

> 향수! 삐루! 양식! 냉면! 머릿기름! 까솔린! 그리고 군고기!
> 그렇다! 그렇다! 그렇다!
> 이것은 서울의 바깥채의 냄새다! 말쑥한 것은 큰길거리의 서울 냄새다. 옳지! 참! 그렇더라.[7]

글쓴이는 서울의 중심과 주변을 걸으며 그곳 냄새를 통해 어떤 공간들이 배치되어 있는지 파악한다. 도심의 후경을 보여 주는 셈이다. 먼저 서울 중심부 상권이 밀집된 소비 거리에 주목하고, 그 공간 냄새를 이야기하기 시작한다. 향수, 맥주에서부터 냉면을 거쳐 군고기까지, "말쑥한", "큰길거리의 서울 냄새"는 참으로 매혹적이고 군침이 돈다. 그러나 서울의 바깥, 그 주변부는 악

일제 강점기 경성역 전경 사진엽서, 부산광역시립박물관 소장

취로 가득하다.

아! 아! 아! 아! 아! 아! 내가 미쳤다. 꿈이었던가?
오줌만 마렵지 않았던들 이런 냄새를 맡았을 리가 있었을까? 서울!
서울! 서울이 그렇구나! 오 그렇다.

빠질 줄 모르는 시궁물이 잔뜩 고인 개천. 그 옆에 오줌 요강! 그리고 똥 처 가는 네모진 구멍! (중략)

더 무섭고 더러운 것이 더 찼으리라. 서울 냄새! 머리를 절레절레 흔들어라! 길거리에 나서는 말쑥한 어른들을 보고 부러워 말자! 그렇다. 그도 탈바가지를 쓴 광대인 것을 어떻게 하니!

서울 냄새! 머리카락 빠지는 구린내와 이빨이 솟는 시금털털한 냄새다. 아 이 몸이 오그라드는 구린 냄새가 서울 냄새다.[8]

그는 큰길에서는 잘 보이지 않는 골목 안쪽의 정비되지 않은 하수도와 빈민들의 주거 환경에서 또 다른 "서울 냄새"를 맡고 고개를 절레절레 흔든다. 번화가에서 번드르르해 보이는 서울 양반들이 이런 뒷골목에 살고 있었다. "향수" 향기에서 시작했던 서울 냄새는 결국 "몸이 오그라드는 구린 냄새"로 마무리되고 만다. 글쓴이가 언급한 "서울 냄새"의 이중성은 도시의 두 얼굴을 단적으로 말해 준다. 인구가 모이면 그에 따른 문제들이 발생하기 마련으로, 기반 시설과 정책이 갖추어지지 않은 채 진행된 일제강점기 서울의 팽창은 심각한 악취의 진통을 겪고 있었다. 당시 악취 나는 존재와 환경은 혐오와 개선, 혹은 제거의 대상으로 공공연하게 언급되었다.

그 도시의 거주자였던 작가들은 거리와 골목을 채운 군상과 그들의 일상을 재현하면서 근대화와 식민화의 허상과 본질을 간파하는 작품들을 남겼다.[9] 이들이 감각을 통해 기록한 것은 일제강점기 정책과 통계 자료로는 알 수 없는 그들의 내면과 일상이었다. 〈천변풍경〉의 작가 박태원은 1930년대 도시 거리의 풍경을 소설 〈골목안〉(1939)에 담았다.

> 어려운 사람들이 모여 사는 곳이란 으레들 그러하듯이, 그 골목 안도 한 걸음 들여놓기가 무섭게 홱 끼치는 냄새가 코에 아름답지 않았다. 썩은 널쪽으로나마 덮지 않은 시궁창에는 사철 똥오줌이 흐르고, 아홉 가구에 도무지 네 개밖에 없는 쓰레기통 속에서는 언제든지 구더기가 들끓었다.

위 소설 제목은 '골목 안'이다. 도시 빈민들이 사는 골목 안에 "한 걸음 들여놓기가 무섭게 홱 끼치는 냄새가 코에 아름답지 않았다"라고 점잖게 둘러 말했지만, "시궁창", "똥오줌", "쓰레기통", "구더기"를 나열한 순간 이미 그 악취는 전달되었다. 작가는 이러한 풍경이 비단 1930년대 경성만이 아니라 "어려운 사람들이 모여 사는 곳이란 으레들 그러하"다는 사실을 알고 있다. 그리고 이들이 빨고 널어 볕과 바람을 쐬게 해도 그 빨래에서조차 좀처럼 "이상한 냄새는 끊이지 않고 풍기어"질 만큼, 악취는 일시적이고 표피적인 징후가 아니라는 사실 또한 마찬가지였다.

    도심의 냄새는 골목을 빠져나와 교통수단을 타고 이동하면서도 감지할 수 있었다. 박태원은 동대문역에서 유원지까지 가는 전차 속 승객들에게서 그 냄새를 감지했다.

> 차 안에 가득한 가솔린 냄새와, 열어젖힌 창으로 바람과 함께 풍겨드는 거름 냄새와 조그만 차실에 빽빽하게 들어선 사람들과, 또 그 사람들의 몸 냄새와, 입김과 늘어놓는 잔소리… 더구나 그들을 한 쌍의 젊은 남녀라 하여, 까닭 모를 모멸과 조롱을 가져 훑어보는 사람들의 눈, 눈, 눈… 그러한 모든 것들로 하여, 동대문 역에서부터, 유원지까지의 궤도차 안에서의 시간은, 향훈이에게는 지극히 불쾌한 것뿐이었다.[10]

    전차에서는 "가솔린 냄새", 창 밖으로는 "거름 냄새", 승객들의 체취와 구취, 여기에 무례한 시선과 목소리들이 더해져, 이동하는 시간은 "지극히 불쾌한 것"이 된다. 갇힌 공간 속 높은 인구밀집도로 서로가 서로에게 유쾌하지 않은 존재가 되어 버리고 만다.

    근대 도시는 변화를 생명으로 한다. 이러한 도시에서 악취는 기본적으로 정체와 순환의 문제를 드러낸다. 도시에서 순환은

묵은 것을 제거하고 새것으로 교체하면서 이루어진다. 묵은 것은 낡고 오염되고 부패한 것을 포함한다. 이러한 근대의 유동성과 소비성에 주목한 지그문트 바우만(Zygmunt Baumann)은 '액체 근대'와 '쓰레기가 되는 삶들'이라는 용어로 그 속성을 명료하게 언어화했다.[11] 도심의 변화 속도와 방향성에 어울리지 않는 존재들, 새것과 공존할 수 없는 존재들은 '쓰레기'가 되고 만다.

그 속도와 변화에 뒤처지고 도태될 수 있다는 불안감은 도시인을 위협한다. 도시인들은 평온한 시공간에 관한 향수를 마음 한쪽에 품고 살아갔다. 작가 최일남(1932~2023)은 서울 인구가 폭발적으로 증가하던 1970년대 고향을 떠나 '서울 사람'이 되어 가던 이들의 내면을 그린다. 소설 〈서울 사람들〉(1975)에 담긴 그들의 감각 변화를 살펴본다.

"난 국민학교 다닐 때 벤또 반찬에 새우젓만 싸가지고 다녔다구. 우그러 터진 벤또 한쪽에다 간장 종지 있지. 거기다가 새우젓만 담아 가지곤 밥 속에 쿡 박아 가지고 다니는데 그렇게 꿀맛일 수가 없었어. 그런데 요즘은 새우젓만 봐도 냄새가 나거든. 그리고 그런 건 흙냄새 물씬 나는 초가집에서 먹어야 제맛이 나지. 텔레비전을 보면서 먹는 밥상에는 안 어울려."[12]

유년 시절에는 새우젓에 간장만 먹어도 꿀맛이었다. 그런데 그렇게 맛깔나던 반찬이 이제는 보기만 해도 냄새가 나고 역해져 버렸다. 사는 터전과 생활 습관이 바뀐 것이다. "그런 건 흙냄새 물씬 나는 초가집에서"나 먹어야 "제맛"이 나지, 텔레비전을 보며 식탁에서 먹는 도회지 밥상에서는 도통 그 맛이 나질 않는다는 뜻이다. 맛과 냄새의 풍미는 그것을 향유하는 환경 조건과 밀접하게 연결되어 있다.

그래서 '나'는 어느 날 고향의 정취 속에서 그 맛을 느끼러 친구들과 함께 호기롭게 시골 마을로 간다. 애초에 유년의 추억을 더듬는 여행을 꿈꾸었으니, 음식도 숙소도 허물없이 소박하게 즐기고자 했다. 그들은 향수를 자극하는 옛 모습에 즐거운 하룻밤을 보내지만, 호들갑스럽게 들떴던 분위기는 하루를 채 넘기지 못했다.

이날 저녁에도 우리는 아침과 비슷한 밥상과 옥수수 술을 받았다. 주인은 이번에도 찬이 변변치 않다고 노상 같은 말을 했으나, 우리는 그게 무슨 말씀이냐고, 이런 걸 맛보기 위해서 일부러 여기까지 왔노라고, 조금도 그런 생각 마시라고, 되레 미안해했다. 그러나 그렇게 말을 하면서도 우리는 아침이나 어젯밤처럼 그렇게 호들갑을 떨지는 않았다. 마지못해 국물을 몇 숟갈 떠 넣었을 뿐 모두 입에 당

추석 명절에 붐비는 서울역의 인파, 《중앙일보》 1966년 9월 27일

기지 않는 것 같았다. 우선 나부터도 그랬다. 간밤부터 마신 막걸리가 쉰 냄새와 함께 목구멍에 괴어 오르고 돌소금으로 이를 닦다가 생채기가 난 잇몸이 이따금 아렸다. 간밤에는 못 느꼈는데 남폿불에서는 매캐한 냄새가 코를 찌르고, 한옆으로 쌓아 놓은 이부자리에서는 퀴퀴한 냄새가 나는 것 같았다.[13]

몸이 고단하고 마음이 불편해진 순간, 막걸리 "쉰 냄새", 남폿불의 "매캐한 냄새", 이부자리의 "퀴퀴한 냄새"가 한꺼번에 올라왔다. 이들은 분명 첫날 탁 트인 벌판을 보고 도심과 달리 숨통이 다 트인다고 좋아했다. 허나 그도 잠시, 곧 그 벌판이 갑갑해지기 시작한다. 그리고 이제 이들은 시골을 하루빨리 탈출할 궁리를 한다. 그리고 서울로 돌아온 이들은 "술 냄새, 여자 냄새, 고기 냄새, 하수도 냄새에 자기를 휩쓸어 넣었을 때", "비로소 물고기가 물을 만난 듯이 헤헤거리며 지껄여" 대기 시작했다. 소설 마지막에 그들은 "우린 이제 별 수 없이 서울 사람 다 됐는갑다" 하고 고백한다. 그들은 이미 고향 마을의 생활 양식을 추억 속에나 저장해 버린 "서울 사람들"이 되어 버린 것이다.

이렇게 도심으로 복귀한 서울 사람들은 또 다른 냄새와 비교 속에 놓이게 된다. 바로 세계화의 냄새였다. 작가는 또 다른 소설 〈냄새〉(1981)에서 1970년대를 경유하며 산업화로 선진국 반열

1979년 서울 남대문시장 풍경, 서울역사박물관 소장

에 오르고자 했던 개발 도상국의 콤플렉스를 '냄새'라는 감각을 통해 담아냈다. '나'의 회사 상사인 과장은 해외 근무와 출장 경험을 근거로 서구 선진국과 한국의 '국민성'을 비교하는 열변을 펼치곤 한다. '나'와 부하 직원들은 절반은 수긍하고 절반은 껄끄러워하며 듣는다.

> 요컨대 과장은 우리가 일등 국민이 되기 위해서는 아직도 멀었으며, 선진국을 따라잡기 위해서는 경제 성장 못지않게, 그들의 국민성, 그들의 친절, 그들의 준법정신을 본받아야 한다고 주장했다.[14]

과장은 유럽, 미주, 아시아 근무 경력이 있어 외국어도 제법 주억거리며 필요에 따라 영어와 일본어를 하며 위기를 모면하고 예외적으로 대접받기도 했다. 그리고 먹고 마시는 문화도 서구의 것을 높이 쳤다. 그의 부하들은 소위 "서양 냄새를 퐁퐁 풍기는 과장을 졸졸 따라다니며, 그 냄새를 맡으려고 코를 킁킁거렸다."

따지고 보면 과장은 우리 회사에서 가장 긴 해외 생활을 한 사람이었다. 함부르크에서 이 년, 뉴욕에서 오 년, 동경에서 일 년간이나 근무를 한 데다가, 쉴 새 없이 왕래한 해외 출장까지 포함하면 말이다. (중략) 말을 할 때에도 세 마디에 한 마디는 영어 단어가 섞여 나왔다. 우리는 그것을 으레 그러려니 하고 받아들였다. 소주보다는 양주를 설렁탕보다는 샌드위치나 스파게티 따위를 들면서, 서양 냄새를 풍풍 풍기는 과장을 졸졸 따라다니며, 그 냄새를 맡으려고 코를 킁킁거렸다.

1970년대, 국경을 넘은 과장의 경험은 호기심과 동경의 대상이었다. 하지만 이렇게 확장된 시야가 자유와 해방을 가져다주는 것이 아니라, 다른 이들에게 새로운 열등감 혹은 열패감을 만들어 낸다는 데 문제가 있었다. 듣는 이들은 그동안 아무렇지도 않았던 일상에 괜히 주눅이 들고 마음마저 조마조마해졌는데, 그것은 막연히 외부의 시선을 의식하는 데에서 출발했다.

그의 앞에 서면, 아침에 열무김치에 밥 한 사발을 해치우고 나왔기 때문에 행여나 입에서 군내가 날까 봐 조마조마했으며, 낮에 걸판지게 보신탕을 먹고 온 친구는, 입에서 누린내가 날까 봐 걱정하였다. 그뿐 아니라, 아직도 재래식 변소를 면치 못한 사람은, 그의 몸에서 구린내가 날까 봐 저어하였으며, 생마늘을 좋아하는 과원은 뒤늦게 고추장에 마늘을 찍어 먹고 온 것을 후회하였다.

소위 외국 물을 먹고 온 "그의 앞에 서면" 일상적으로 먹던 음식에서 나는 "군내"와 "누린내"가 의식되기 시작하고, 노상 쓰는 재래식 변소의 "구린내"가 심하게 느껴지게 된다. 그중 가장 조마조마했던 것은 "마늘 냄새"였다.

마늘 냄새 얘기가 나왔으니 하는 말인데, 과장은 이 냄새를 무척이나 싫어했다. 자기도 외국 생활을 시작하기 전에는 무척 마늘을 좋아했노라고 실토하면서, 그러나 이 냄새가 얼마나 외국 사람들이 싫어하는가를 알고 난 후부터는 마늘은 입에 대지도 않는다는 거였다.

과장 자신도 마늘을 그토록 좋아했으나, "얼마나 외국 사람들이" 그 냄새를 "싫어하는가를 알고 난 후부터는" 입에 대지도 않았다고 했다. 장소와 시선의 이동으로 얻은 자기 객관화의 대가는 잔인했다. 그토록 좋아하는 마늘이 자신이 속한 집단에서 풍기는 "지독한" 악취의 근원이었음을 깨닫게 된 것이다.

"여기 있을 때는 잘 몰랐는데, 그쪽에 가 보니 마늘 냄새라는 게 지독한 것이더군. 한 사흘 동안 마늘을 안 먹고 지냈는데도, 사흘 후쯤 그 냄새가 땀으로 배어나오드라 이거야. 체내에 머물러 있는 시간이 그만큼 긴 거야. 한국에서 온 손님들이, 한국 식당에서 마늘을 듬

뿍 친 한국 음식을 먹은 다음, 호텔 엘리베이터 안에서 큰 소리로 떠들 때의 그 지독한 마늘 냄새는, 같은 한국인인 나도 참을 수가 없드라구. 그런데 서양 사람은 어쩌겠어. 어떤 사람은 숫제 손수건으로 코를 막고 고개를 돌리더라니깐."

과장의 말을 한참 듣고 있던 일행 중 한 명은, 다른 식문화로 인한 냄새는 서로에게 악취로 느껴질 수밖에 없지 않으냐고 응수한다. 한국인에게 "김치 마늘 냄새"가 난다면 서양인에게선 "노린내"가 나지 않느냐는 것이다.

이런 때 어떤 과원이 가까스로 항의하는 수가 있었다.
"그거야 피장파장 아닙니까. 그들 몸에서 노린내 나는 거나 우리 몸에서 김치 마늘 냄새 나는 거나. 나는 노린내가 참을 수 없이 고약합니다."
"냄새의 질이 다른 거지."
"어떻게요?"
"그건 설명하기 곤란하지만, 요컨대 질이 달라. 문명과 비문명의 차이랄까…"
"냄새에도 그런 차이가 있나요?"
"있지."

1970년대 한국의 외국인

 과장은 부하 직원이 펼친 일종의 '문화 상대론'에 "냄새의 질"이라는 말로 응수한다. 그 질이 과연 어떻게 다른 지는 일목요연하게 설명할 수 없으나 "문명과 비문명의 차이랄까", 질이 다르고 차이가 있음은 확실하다고 말한다.
 대체 문명한 냄새는 무엇일까? '나'는 과장의 논리에 설득될 뻔하다가 진짜 서양인과 만남을 계기로 생각을 바꾸게 된다. 회사를 대표해 접대 관광 안내를 맡고 있던 '나'에게 거래처 사람

브라운 씨는 한국인들이 사는 지극히 평범하고 서민적인 일상을 경험하고 싶다고 말한다. 그동안 한국 회사에서는 한결같이 인위적으로 단장된 외국인 대상 관광지만 보여 줬다는 것이다. 하지만 '나'는 상사로부터 '국가 망신을 시키지 말라'는 요지로 단단히 당부받았기에 망설인다.

별난 친구 다 보겠군. 못갈 거야 없지만 그건 곤란하다구. 그런 생각과 함께 주막이 있음 직한 그럴 만한 동네를 떠올렸다. 집도 기와집들로 바뀌고, 모든 여건이 그 전보다는 월등히 나아졌다고는 하지만, 뉴욕 복판에서 살다 온 이 코쟁이 신사를 데리고 가기에는 어림도 없는 일이라고 속으로 도리질을 했다. 흙냄새가 풀풀 나는 잠자리, 퀴퀴한 이부자리 그리고 무엇보다도 코를 쥐게 하는 재래식 변소의 악취와 파리가 들끓는 돼지우리… 과장의 당부가 아니라도 이 친구에게 그런 걸 보여 줬다가는 아닌 말로 나라 망신하기 십상이라고 생각했다.

과장이 말하길, 분명 서양인들은 한국 토종의 생활 문화에서 악취를 느낀다고 했다. 그런데 브라운 씨는 부러 허름한 시골 주막에 찾아가 현지인들의 생활을 그대로 즐기고자 하고 실제로 막걸리에 김치까지 걱실걱실 먹어 댄다. '나'의 마음은 과장이 심어 준 "열등감에서 삐져나오는 가난한 마음 탓"에 그런 브라운 씨에게 "고맙고 미안하고" 그랬지만, 동시에 "그를 기특하게도 대견하게도 생각하는 느낌으로 가득"해진다.

서울의 도시화와 산업화는 가속화되고 세계화의 바람이 불기 시작하던 시대의 이야기다. 도시와 시골, 지역과 세계 사이에서 더 크고 분명한 위계가 가시화되었고, 사람들은 타지와 비교하고, 타인의 시선으로 자신의 정체성을 형성해 갔다. 1970년대 '서울'은 '시골'이라는 고향을 과거의 시간축으로, '서구'라는 선진국을 미래의 시간축으로 삼아 자신의 시공간적 좌표를 확립해 가고 있었다. 그리고 그 감각 변화의 징후는 익숙했던 자기 자신과 공동체의 냄새를 낯설게 느끼기 시작하면서 발생했다.

이렇게 20세기를 거치며 산업화, 도시화, 세계화가 진행되면서 소득과 교육의 격차가 발생했고 이에 따라 도시에는 보이지 않는 계급이 형성되었다. 제도화되지 않은 계급은 상대적이고 심리적 차원에서 인지된다. 시인들은 무분별한 도시 개발과 산업화 그리고 소비 자본주의의 물질적 탐욕에 대한 경계를 '악취'로 형상화하기도 했다. 당시 여러 시인은 계급 간 갈등과 저항 그리고 자유와 해방을 향한 추구를 강렬한 후각적 비유를 통해 전달하고자 했다.[15]

'고향'과 '노동'을 수식하는 상징적 단어인 '흙내, 땀내, 풀내'는

20세기 전반에 걸쳐 발견된다. 1930년대에는 도시 지식인이 농촌 계몽 운동에 앞장서는 '브나로드 운동' 붐이 일었다. 학생, 지식인, 사업가, 사회 운동가를 비롯한 소위 도시인들이 농촌 운동에 투신하는 자신의 진정성이 얼마나 깊은지 겨룰 때 동원되는 것이 바로 앞에서 언급한 냄새들에 관한 감각이었다. 진짜 운동가와 가짜 운동가를 판가름하는 기준은 이들이 '농촌의 냄새를 진심으로 향기롭게 느끼는가'였다. 낯설고 불편했던 냄새를 호감으로 감각하게 될 때, 진정 그들과 하나가 된다는 뜻이다. 그리고 그것은 의지나 지식이 아니라 마음 차원에서 이루어져야 했다. 이를 주장하는 청년의 일장 연설을 들어 보자. 심훈의 소설 〈상록수〉의 한 대목이다.

"취미요? 시골 경치에 취미를 붙인다는 것과, 농민들과 똑같은 생활을 해가면서 우리의 감각까지 그네들과 같아진다는 것과는 딴판이 아닐는지요? 값비싼 향수나 장미꽃의 향기를 맡아 오던 감각이, 거름 구덩이 속에서 두엄 썩는 냄새가 밥 잦히는 냄새처럼 구수하게 맡아지게까지 돼야만, 비로소 지도자로서의 자격이 생길 줄 알아요. 농촌 운동자라는 간판을 내걸은 사람의 말과 생활이, 이다지 동떨어져서야 되겠습니까?"[16]

그는 다른 정체성을 지닌 집단과 함께 생활하는 것과 그들과 감각까지 같아지는 것은 별개의 일임을 안다. 따라서 그는 '진정한' 지도자란 그것이 일치해야 한다고 주장한다. 하지만 "두엄 썩는 냄새가" 구수하게 느껴질 경지에 오른다 하여도, 이는 결국 일시적으로 방문하는 상황에 해당했다. 지속적으로 타인과 함께 하게 될 때 그것은 과연 가능할까? 서로 다른 이들이 한데 어울려 밀집해 살아가야 하는 도시에서는 냄새의 낭만성을 기대하기 어려워진다.

봉준호 감독의 영화 〈기생충〉은 냄새를 통해 도시의 계층 갈등을 극적으로 드러냈다. IT회사의 오너 박 사장은 말한다. "김 기사, 그 양반, 선을 넘을 듯 말 듯하면서 절대 넘지 않아. 근데 냄새가 선을 넘지." 김 기사에게서 나는 냄새는 그가 머물고 이동한 장소의 냄새, 일상을 이루는 의식주의 냄새였다. 그래서 김 기사 가족은 이렇게 대답한다. "반지하 냄새야, 이사 가야 없어져." '반지하' 집이라는 한국 특유의 주거 환경은, 번역되기 어려운 문화적 맥락을 지닌다. 반지하는 빛과 바람이 충분히 들지 않는다. 그래서 습하고 퀴퀴한 냄새가 갇혀 있을 수밖에 없으며, 쾌적하지 않아 외면받는 공간의 냄새를 연상하게 한다. 그 거주지에서 나온 신체는 탈것에 몸을 싣고 직장으로 이동한다. 선을 넘는 냄새의 실체에는 "지하철 타면 나는 냄새"도 포함된다. 이렇게 '반지하' 냄새에 '지하철' 냄새가 더해지게 된 셈이다.

우리가 통과한 시공간의 기록이 몸에 흡수되었다가 다시 발산되는 것이 사회적 개인의 냄새다. 타인의 냄새는 그가 어떤 고단한 하루를 보냈는지 상상하도록 부추기는 촉매제며, 따라서 '냄새나는 타자'는 해석하고자 하는 욕망을 불러일으키는 텍스트가 된다. 냄새가 선을 넘는다는 대사는 또 다른 면에서 절묘하다. 눈에 보이는 의장과 행동은 자신의 의도나 의지에 따라 조절할 수 있다. 단장과 태도와 문서로 눈속임하는 것이 가능하다. 하지만 냄새는 속일 수 없다. 공기의 흐름을 타고 주체의 의지와 상관없이 제멋대로 경계를 넘는다. 눈에 보이지 않기 때문에 누가 어디서 무슨 냄새를 맡을는지도 알 수 없다. 냄새의 발원자도 감지자도 컨트롤할 수 없다.

그래서 후각 정보는 은밀하게 무섭다. 이것이 바로 냄새의 정치학이 지닌 차별화의 핵심이다. 냄새의 정치성에 주목한 조지 오웰은 "자신의 코앞에 무엇이 놓였는지 보기 위해서는 끊임없이 투쟁해야 한다"(1946)라고 이야기했다. 그는 현실 사회 체제와 인간의 속물적 속성에 비판적 태도를 보였지만, 부패와 타락의 악취에 대비되는 "진정한 냄새"를 언급했던 것을 보면 '진정성'에 관한 희망을 놓지 않았던 듯하다. 이러한 그의 태도는 '진단적 후각'이라고도 불렸다.[17] 그가 진정하고 건강한 노동의 냄새를 맡을 수 있으리라는 희망으로 주목한 두 공간은 탄광 마을 [《위건 부두로 가는 길》(1937)]과 참호[《카탈로니아의 찬가》(1938)]¹⁸였다. 이렇게 도시 밖 예외의 시공간과 다소 균질한 집단으로 시선을 돌리면 논의는 더 간단해진다. 문제는 도시인은 도시 안에서 선을 넘는 냄새들 사이에서 공존해야 한다는 사실이다. 그리고 이를 가만히 들여다보면 질문은 꼬리에 꼬리를 물 수밖에 없다. 냄새에는 선이 있는가? 선을 넘는 냄새는 무엇을 촉발하는가? 조지 오웰이 추구했던 '진정하고 건강한' 정체성의 냄새란 무엇이며, 그 냄새가 4차 산업 시대를 맞이하여 노동과 직업의 개념이 변모한 이 시대에도 유효한가?

1960년, 첫사랑의 비누 냄새

"그에게서는 언제나 비누 냄새가 난다."

강신재 소설 〈젊은 느티나무〉(《사상계》, 1960)는 이렇게 시작된다. 호기심을 불러일으키는 이 문장은 도회지 여고생의 첫사랑을 감각적으로 이야기할 때 종종 인용되어 왔다. 당시로서는 서울 여자가 보여 준 파격적 사랑의 냄새였다. 이 작품은 1960년 발표 당시에도 "'비누 향기'처럼 젊고 발랄한 작풍으로 많은 독자를 얻"[19]었고, "〈젊은 느티나무〉의 '비누 냄새'를 모른다면 문학 하는 사람이 아니라는 말이 나돌던 때가 있던 만큼 특히 젊은 층에 인기가 높"[20]았다. 1968년 당대 최고 배우였던 문희와 신성일 주연으로 영화화되어 인기를 끌었고, 1980년대 TV문학관 드라마에서는 당시 하이틴스타 김혜수가 주연을 맡았다.

이 작품은 이전의 문학 작품들이 사랑의 냄새를 표현할 때 즐겨 사용하던 클리셰에 결별을 선언한다. 김유정의 소설 〈동백

〈젊은 느티나무〉(1968) 영화 포스터,
한국영상자료원

김유정 〈동백꽃〉(1940) 표지,
김유정문학촌 소장

꽃〉(《조광》, 1936)을 잠시 보자. 시골의 순박한 소년 '나'와 주인집 딸내미 '점순이'는 서로 노상 툭탁거리고 퉁명스럽다. 그러던 그들 사이에 미묘한 감정이 싹트는 순간, 뒷산의 "동백꽃" 내음이 물씬 풍긴다. 그들 자신도 대체 그것이 무엇인지 정확히 알지 못하는 간질간질한 몸과 마음의 변화를 "한창 피어 퍼드러진 노란 동백꽃"의 "알싸한 그리고 향긋한 그 냄새"에 "땅이 꺼지는 듯이 온 정신이 고만 아찔하였다"라고 대신 말한다. 1940년에 세창서관에서 발간된 《동백꽃》 표지화에는 우리에게 익숙한 붉고 커다란 제주의 동백꽃이 그려져 있는데, 기실 강원도 출신인 김유정이 '동백꽃'이라고 언급한 "노란" 꽃은 작고 귀여운 생강나무꽃이었다. 생강 냄새처럼 "알싸한" 그 향내는 조마조마하고 아찔한 첫사랑의 순간을 재현한다.

1940년 〈동백꽃〉에서 순진한 산골 소년과 소녀가 자신의 마음을 모르는 채, 혹은 모르는 척한 채 알싸한 꽃향기 속으로 아찔하게 넘어지고 말았다면, 1960년 〈젊은 느티나무〉의 도시 남녀는 달랐다. 그리고 그 시작과 중심에는 비누 냄새가 있었다. 여고생인 주인공 '나'는 '그'의 몸에서 나는 비누 냄새를 감지한다. 그리고 자신의 마음을 직시하며 그와의 관계와 현실적 조건들을 정밀히 응시한다. "그에게서는", "언제나", "비누 냄새가", "난다"가만 들여다보면 이 짧은 문장은 시제와 조사까지 긴장감을 유지하며 섬세하게 골라서 쓰였다.

이는 1960년 비누 냄새가 지닌 상징성, 소설 속 '나'와 '그'의 관계, 강신재라는 소위 "가장 여류다운" 여성 작가의 출현을 두루 살펴야 이해할 수 있다. 이 시대 비누 냄새는 "엷은 비누 냄새"라는 표현으로 종종 등장하기 시작했다.[21] 비누 냄새는 '가볍고 은은한 무심한 냄새'였다. 먼저 1960년대에 비누가 어떤 의미였는지 살펴볼 필요가 있다. "비누는 문명이다(Soap is Civilization)."²² 이는 1930년대 서구의 한 비누 회사 광고 문구였다. 그로부터 30여 년이 흘렀지만 35년간 식민 지배와 3년간 전쟁을 겪으면서 국민의 생활 형편은 풍족하고 안정될 리 없었다. 생존의 기본 조건인 의식주가 해결되지 못했던 시대, 위생과 미용을 챙기는 일은 사치에 가까웠다. 따라서 몸과 의복과 식기와 환경을 깨끗하게 만드는 상품의 광고는 비위생에 대한 경각심을 촉구하는 계몽과 동시에 선진 문물에 관한 판타지를 자극해야 했다. 위생용품이 일상 소비재로 자리잡게 하기 위해서는 필요와 욕망을 동시에 창출해야 했던 셈이다.

1954년 전후 복구와 국가 재건의 시기, 전국의 군소 업체들은 비누를 생산하는 유지 공업 공장을 설립하기 시작했다. 그리고 1950년대 중반에 국산 화장비누가 생산되기 시작하자 출시 한 달 만에 100만 개가 팔릴 만큼 인기를 끌었다. 화장비누를 중저가 비누와 고급 비누로 이원화했고 고급 비누를 담은 비누 상자가 선물용으로 자리 잡기 시작했다. 비누가 양말이나 수건과 함께 선물 세트의 정석으로 인기를 끌었던 시절이다. 비누의 주 용도는 세정이었지만, 곧 미백, 보습, 향기와 같은 부가적 기능이 더 부각되기 시작했다. 즉 1960년 1월에 발표된 이 소설은 비누가 사치재에서 생필품으로 전환되는 과도기였던 1950년대의 연장선에 놓여 있었다. 하지만 이 소설에는 콜라와 크래커, 치즈와 같은 수입품이 잔뜩 등장하기 때문에 소설 속 비누도 국산이 아니었을 가능성이 있다. 미국 비누였다면 아마도 '시트로네랄 향'이 나는 아이보리 비누나 '플로랄 파우더리 향'이 나는 캐시미어 부케 비누 같은 것이었으리라 짐작한다.

아이보리 비누, 1954

이제 그 비누 냄새가 대체 어쨌다는 말인지, 소설의 첫 문장에서 이어지는 이야기를 잠시 따라가 본다.

> 그에게서는 언제나 비누 냄새가 난다.
> 아니 그렇지는 않다. 언제나, 라고는 할 수 없다.
> 그가 학교에서 돌아와 욕실로 뛰어가서 물을 뒤집어쓰고 나오는 때면 비누 냄새가 난다. 나는 책상 앞에 돌아앉아서 꼼짝도 하지 않고 있더라도 그가 가까이 오는 것을-그의 표정이나 기분까지라도, 넉넉히 미리 알아차릴 수 있다.[23]

화자인 '나', '숙희'는 서울의 E여고 퀸이다. 당시 여고나 여대에서는 미모와 지성을 겸비한 여학생을 학교를 대표하는 '퀸'으로 뽑는 문화가 있었다. 엄마가 재혼하면서 숙희는 갑자기 서울로 이사하여 의붓아버지, 의붓오빠와 함께 살게 되었다. 그리고 숙희는 물리학을 전공하는 수재 대학생인 의붓오빠를 사랑하게 된다. 소설은 그 금지된 사랑에 번민하는 여고생의 감정을 생생하고 당돌하게 묘사한다. 그리고 '나'와 '그' 사이에 흐르는 긴장된 공기의 감정선에서는 냄새가 감지된다. '나'는 책상에 앉아 공부하는 척하지만, 온 신경은 그의 움직임에 집중한다. '나'는 등 뒤에서조차 그의 "엷은 비누의 향료"를 느낄 때 그의 "표정이나 기운까지도" 알아차릴 수 있다. 그 냄새와 "함께 가슴속으로 저릿한 것이 퍼져 나간다." 그녀는 함께 있는 것을 함께 호흡하는 것이라고 말한다. "그의 곁에서 호흡하고 있는 기쁨을 무엇으로 바꿀 수 있을까?"

'비누 냄새'는 혈관 속을 자글자글 흐르는 듯한 사랑의 떨림과 잡힐 듯 잡히지 않는 애절함을 전달한다. 여기서 첫 번째 반전은 그것이 남성성이 부각되는 체취도 아니고, 당시 남성들이 흔히 사용하던 포마드 냄새나 농후한 향수 냄새도 아닌, 산뜻한 위생의 냄새였다는 점이다. '비누 냄새'의 이미지는 근친상간이라는 사회적 금기가 불러일으키는 묵직한 죄의식, 혹은 끈적한 퇴폐미를 완화하는 효과도 있었다. 무엇보다 비누 냄새는 당시로서는 교양과 재력을 겸비한 문명의 냄새였다.

또 다른 반전은 여성이, 그것도 어린 여고생이 남성의 냄새를 맡고 있다는 점이었다. 당시 작품 대부분은 남성 화자가 여성의 냄새를 묘사했다. 숙희는 냄새 맡는 코를 가지고 본격적으로 등장한 최연소 소녀였다.

1950년대 전후 문학의 대표작으로 알려진 김성한의 〈바비도〉(1956), 선우휘 〈불꽃〉(1957), 손창섭 〈잉여인간〉(1958)과 같은 작품은 모두 전쟁의 상흔과 이념적 대립에 따른 폭력성을 사회 구조적 차원에서 그려 냈다. 문학의 역할이란 모름지기 사회 문제를 핍진하게 담아야 한다는 '리얼리즘론'이 대세인 이념의 시대였다. 따라서 1960년 새해 벽두에 발표된 〈젊은 느티나무〉는 피비린내나 포탄내, 땀내가 담긴 1950년대 전후 문학에 결별을 고하는 작품이기도 했다.

앞서 살펴봤듯이 비누 냄새는 1960년대 얼리어답터들에게는 소박한 욕망의 냄새였다. 전쟁의 상흔이 국토와 신체 곳곳에 남아 있던 시기, 비누는 아직 보통 사람들이 흔히 쓰는 일상 소비재가 아니었다. 국내 제조업이 본격화되고 위생 지식이 보급되면서 비누, 치약, 샴푸 소비가 선전되고 계몽되고 있었다. 의식주 모든 방면에서 서구화된 삶의 양식, 이른바 아메리카나이제이션으로 상징되는 라이프 스타일이 선망의 대상이 되던 시대였다.

〈젊은 느티나무〉는 바로 이 미국식 라이프 스타일을 갖춘 가정을 배경으로 한다. 숙희의 의붓아버지는 사립대 경제학 교수로, 그에게는 괴테의 《젊은 베르테르의 슬픔》 속 베르테르 같은 날카로운 아름다움이 있었다. '나'는 그를 "무슈 리"라고 부른다. 의붓오빠 현규는 물리학 전공 대학생으로 테니스를 즐겨 친다. 2층 양옥집에서 나는 그에게 "뽀오얗게 얼음을 내뿜은 코카콜라와 크래커, 치즈 따위를 쟁반에" 담아 대접한다. '나'는 현규와 사랑이 실패하면 "세계적인 발레리나가 되어 무대에서 그를 노려보아 주는" 것이 가장 큰 복수가 되리라는 깜찍한 궁리를 한다. "모양이 좋은 아폴로의 머리통"을 가진, "연회색 스포츠웨어가 잘 어울리는" 청년들이 "라일락으로 물든 하늘"과 "진보랏빛 양탄자" 사이에서 지프차를 몰고 세퍼드에 줄을 메고 들락거리는 이 세계는 마치 영화 〈트루먼쇼〉의 세트장처럼 비현실적이다. 해방된 지 15년, 한국전쟁이 휴전된 지 7년이 된 당대 현실에서 이러한 설정은 황당할 만큼 생경했지만, 도리어 아메리칸드림으로 구체화된 서구 자본주의를 향한 환상과 욕망의 지향점을 선명하게 그린 것이기도 했다.

이때 '나'를 둘러싼 물질적 조건들은 시각적으로 화려하게 묘사되는데, 진정한 감정인 '사랑'은 후각적으로 표현되고 있다.

> 시무룩해가지고 테라스에 오면-그 안 넓은 방에 깔린 자색 양탄자,

이곳저곳에 놓인 육중한 가구, 그 속에 깃든 신기한 정적, 이런 것들을 넘겨다보면-그리고 주위에 만발한 작약, 라일락의 향기, 짙어진 풀내가 한데 엉켜 뭉큿한 이곳에 와서 서면-나는 내 존재의 의미가 별안간 아프도록 뚜렷이 보랏빛 공기 속에 떠 있는 것을 보는 것이다.[24]

자신의 막막한 현실과 감정을 직시하게 되는 그 순간, 주위에 만발한 "작약, 라일락의 향기"가 여지없이 밀려온다. 한 치 앞을 알 수 없고 어디로 나아가야 하는지 보이지 않는 "초저녁의 불투명한 검은 장막" 속에서 "짙은 꽃향기가 흘러"들어 올 때, '나'는 "마침내 느껴 울고 만다." 그리고 무슈 리와 어머니가 프랑스로 떠난 후 '나'와 현규 둘만 남자, 그녀는 "아직 그를 더 사랑해도 되는 것"이라고 희열에 차 외친다. 이런 장면을 소녀 취향의 감수성 글쓰기라고 치부하고 넘길 수만은 없는 까닭은, 순응적인 듯한 부르주아 여성이 사회적 금기를 깨는 경계선에 서게 되는 긴장된 순간을 그렸기 때문이다.

'비누 냄새'의 도발성은 작가의 다른 작품과 함께 읽을 때 온전히 파악할 수 있다. 강신재는 1957년 〈해방촌 가는 길〉(《문학예술》)에서 여주인공 '기애'가 미군 부대 타이프라이터로 일하다가 "양공주"가 되는 과정을 그렸다. 이 소설은 기애가 임신 중절 수

술을 마치고 나오는 장면에서 시작하지만 이를 동정하지도, 낭만화하지도 않는다.[25] 그저 가난에서 벗어나기 위해 자신이 유일하게 가진 신체를 화폐와 교환하는 여성인 자신을 부끄러워하는 가족과 사회에 그 경멸의 시선을 되돌려 주는 장면을 그린다. 1959년 평론가 백철은 이런 강신재 작품들이 결국 수사학적 문장으로 구성된 한 여인의 신변 이야기 정도에 그친다고 혹평했고, 강신재는 비평가의 무신경한 감각과 지성을 비난하며 반박했다.

이들의 논박은 1959년 《동아일보》를 장식하다가 사그라들었는데, 그 이듬해 강신재는 '여성의 감각과 일상'을 담은 〈젊은 느티나무〉를 당대의 지적 담론장인 《사상계》 1월호에 발표했다. 이 두 작품의 도입부, 즉 여고생의 비누 냄새를 양공주의 중절 수술과 중첩해서 읽을 때 이 비누 냄새는 가볍게 휘발되지 않는 무게를 갖게 된다. 당시 '양공주'는 '외국인 군인에게 훼손된 신체'로 낙인찍혀 민족의 순결성에 오염을 일으키는 오점과 같은 존재로 인식되었다. 반면 숙희는 자신의 의붓오빠를 사랑하는데, 그에게선 "가장 인종주의적이고 서구 제국주의적인 상품"이자 "총칼을 앞세운 정복보다 훨씬 쉽게 세련된 정복의 도구"[26]였던 비누의 향이 났다. 친오빠도 아닌 의붓오빠인 그는 서구의 비누향을 장착한 이식형 근대의 표상이었다. 소위 '이민족에게 더럽혀진 신체'와 유사 '근친상간'이라는 두 가지 상반된 접촉은 오랜 세월 대부분의 문명에서 용서받지 못하는 신체로 사회적 낙인이 찍혀 왔다. 그리고 인류 역사에서 가장 엄격한 사회적 금기는 공동체의 존속과 번영을 위해 고안된 결과물로 받아들여져 유지될 수 있었다. 하지만 근대적 개인은 이에 의문을 제기한다. '더 많은 자유와 더 큰 해방'[27]을 추구하는 근대의 개인이 부조리한 사상과 체제의 억압을 경험할 때 사회적 금기를 따라야 할 명분은 어디에 있는가? 이러한 맥락에서 작품의 가치를 이해한 백철은 1960년 〈젊은 느티나무〉를 두고, 기성 윤리라는 인습으로부터 자유를 추구하는 진보적 작품이라고 평했다.[28] 물론 작품의 배경과 대화가 비현실적일 만큼 호사스럽고 사치스럽다는 문제적 측면을 지적하긴 했지만, 1957년 〈해방촌 가는 길〉에 대한 혹평에 비하면 상당히 호의적 평을 내린 셈이다.

"그에게서는 언제나 비누 냄새가 난다."

이 문장은 그 자체로 매혹적인 소설의 첫 문장이다. 그리고 냄새란 언제나 맥락 속에서 의미를 지닌다는 후각의 본질을 잘 보여 준다. '비누 냄새'를 맡은 여고 퀸 숙희는 욕망과 관습과 금기의 경계에 선 인간의 이야기를 풀어 나갈 중책을 맡은, 그러나 다소 어찌할 바를 모르던 어린 소녀였다.

어머니,
냄새로
남다

이른바 '노인 냄새'라는 말이 있다. 새것과 젊음이 중요해진 시대, 자녀 중심의 핵가족화가 정착된 시대에 부상한 말이다. 무엇이 그 냄새의 실체인지, 일반적으로 '노인 냄새'라는 것이 존재하는지는 여전히 탐구되고 있으나, 지금까지 파악된 여러 원인 중 하나는 신체가 노화하면서 피지가 산화되고 노네날(Nonenal)이라는 물질이 생성된다는 것이다. 가슴과 등에서 주로 분비되는 이 물질이 이른바 '노인 냄새'를 구성하는 요소로, 전문화된 소취제를 사용해서 이를 없애야 한다는 상품 광고를 이따금 볼 수 있다.

평생 살아온 삶의 경로는 제각기 다르지만, 신체 노화는 모두에게 닥치는 일이다. 나이가 들어가며 비슷해지는 지점이 있듯이, 부모와 자식 관계에서도 전형성이 존재하는 듯하다. 특히 도시화가 가속화된 20세기 후반, 자녀를 도시로 올려 보내 교육하고 자리 잡도록 헌신한 부모 세대가 다수 존재했다. 자녀들은 그런 부모를 복합적 마음으로 바라보며 도시에서 살아남기 위해 버티고 변화했다.

연로한 부모, 특히 어머니로 상징되는 존재의 냄새는 도스토옙스키의 《카라마조프가의 형제들》(1880)에서도 중요하게 등장한다.[29] 1860년대 러시아 어느 소도시에서 주인공 스메르쟈코프는 자신이 악취가 나는 여인의 아들이라는 사실에 괴로워한다. 그는 어머니의 냄새가 자신에게도 풍길까 두려워 향수를 뿌린다. 그가 느낀 공포는 냄새 자체에 대한 것이라기보다는 자신의 뿌리와 가문, 태생적 조건에 관한 내면적 콤플렉스에서 비롯되었다. 그리고 이러한 무취에 관한 강박적 태도는 러시아 모스크바의 도시화, 사회주의화 흐름 속에서 살펴볼 필요가 있다. 모든 체제가 그러했듯이, 모스크바의 사회주의 역시 체제의 우월성을 드러내는 지표로 부패의 악취가 척결되었음을 드러내는 데 집중했다.[30] 사회적 청렴성을 강조하는 데 부패와 악취의 상징을 활용하는 것만큼 효과적인 방법은 없었다. 1821년 모스크바 태생 작가 도스토옙스키는 그러한 시대의 한복판에서 작품을 구상했다.

문순태의 소설 〈늙으신 어머니의 향기〉(2004)[31] 역시 자기 뿌리인 어머니의 냄새, 이른바 '노인 냄새'를 이야기한다. 가족을 위해 억척스럽게 살아야 했던 한 여성의 삶을 몸과 사물에 켜켜이 밴 노인 냄새를 매개로 적나라하고 절절하게 이야기한다. 그런데 사실 우리에게 '고향집 냄새'나 '할머니 방 냄새'란 도시인의 마음을 푸근하게 하는 향수의 냄새이기도 하다. 그러나 소설 속에서는 그 냄새가 멀리 떨어진 고향 마을에서 벗어나 지금 여기, 즉 자신의 영역으로 유입되면서 문제가 되기 시작했다. 냄새는 그것이 기대되는 시공간이 아닌 곳에서 마주칠 때 당혹감을 불러일으킨다.

〈늙으신 어머니의 향기〉에서 화자인 시인과 그의 아내는 시골에 살던 노모를 서울의 아파트로 모시고 와서 함께 살게 되었다. 효심에서 비롯된 일이었다. 그런데 시간이 지날수록 노모와 그 주변에서 나는 냄새가 집 안 곳곳으로 퍼지기 시작한다. 그리고 아무리 환기해도 지워지지 않게 된다. 아내가 집 안을 분주히 움직이면, 아내의 동선에서는 어머니 냄새가 다소 사라졌다. 도심형 아내와 시골식 어머니는 요리 방식도 살림을 꾸리는 방법도 판이했다. 아내와 어머니는 서로의 영역이 침범되었다고 생각하며 가족들 앞에서 인정 투쟁을 하게 된다.

아파트 현관문을 따고 들어서자 어머니 냄새가 포연처럼 훅 기습해 왔다. 나는 역겨움 때문에 자신도 모르게 표정이 납작하게 일그러

농사짓는 풍경 속에 아파트가 빠르게 올라가던 1970년대 서울,
대한민국역사박물관 소장

졌다. 냄새는 순식간에 공격하듯 온몸에 달라붙었다. 어머니의 냄새는 너무도 강렬해서 질식할 것만 같았다.

급기야 아내는 시어머니 냄새 때문에 아예 집에 들어오지 않게 되었다. '나'는 아내의 말이 과하다고 언짢아했지만, 자신도 그 냄새가 불편하긴 매한가지였다. 그래서 아내의 불평을 끝까지 들어 본다.

"어머니의 냄새는 보통 냄새가 아니어요. 두엄 썩는 냄새, 아니 제초제 냄새를 맡고 있는 것 같아요. 집에 있으면 냄새 때문에 식욕도 떨어지고 생머리가 지끈거려요. 병이 나겠다니까요. 꼭 무서운 바이러스 같더라고요."
내 귀에서는 언제나 아내의 짜증 섞인 투정이 윙윙거리게 마련이다.
"세상에 제초제 냄새라니…."
나는 아내의 엄살이 좀 지나치다 싶었다. 하기야 온종일 어머니의 냄새에 파묻혀 집 안에 들어박혀 지낸다는 것은 고역임을 알고 있다. 그렇다고 어머니의 냄새를 바이러스와 제초제에 비유하다니.

'나'는 아내가 어머니 냄새를 '제초제 냄새'에 비유하기까지 이르자 다시 마음이 언짢아진다. 그리고 어머니의 냄새를 노인이 되면 누구에게나 보편적으로 나는 노화의 냄새로 받아들여 보자고 제안한다. 하지만 아내는 그 냄새를 어머니라는 한 개인에게서 나는 욕심과 집착의 냄새로 단정 지었다.

"우리도 늙으면 냄새가 나게 돼 있어."
"사람마다 자기 냄새를 갖고 있지요. 그렇지만 남의 영역을 침범하지는 않아요. 어머니는 유별나요. 노인들의 고약한 냄새는 다 욕심에서 나온다구요. 친정어머니는 깨끗하게 마음을 비우고 사시니까 냄새가 안 나지 않아요."
"우리 어머니는 욕심이 많아서 냄새가 난다 이거야?"
"욕심이 많지요. 특히 생에 대한 집착이 너무나 강해요. 몸에 좋다는 약이라면 무엇이든지 사서 드시는 것 몰라서 그래요? 얼마나 더 살고 싶은지 원, 개 고며 흑염소 고, 붕어즙에, 관절에 좋다니까 고양이 고까지 드셨지 않아요. 지금 냉장고에는 드시다가 만 사슴 육골즙 팩이 널려 있다니까요."
"그건 몸이 약하시니까…. 젊어서 워낙 고생을 많이 하셨어…."
"옷 욕심은 또 얼마나 많다고요. (중략) 팔순 노인이 무슨 옷 욕심이 그리 많으신지."

아내의 말대로 노모가 된 어머니는 생에 대한 집착도 본능적 욕구도 강해진 것이 사실이었다. 그러나 '나'는 분명 젊었을 적에는 그러지 않았던 어머니를 기억한다. 아파도 참고, 배고파도 참고, 어머니의 한평생은 "궁핍과 땀과 희생과 인종의 그것이었다." 식구들은 순전히 어머니의 희생으로 먹고살았다. 일찍부터 식구들을 먹여 살리느라 버둥거렸던 어머니의 모습은 '나'의 가슴에 "이 세상에서 가장 아름답고 강한 존재로 살아 있었다."

그런 애틋한 어머니였는데, 도시로 모시고 나와 함께 살기 시작하면서부터 형언할 수 없는 냄새가 솔솔 풍기기 시작했다. 그것은 복합적인 냄새였다.

내 코에 어머니의 냄새는 오래된 신 김치에서 나는 군내 같기도 하고, 쿠리한 된장 냄새, 시지근한 땀 냄새, 퀴퀴한 곰팡이 냄새, 고리고리한 멸치젓 냄새, 꿀꿀한 두엄 썩는 냄새, 짭조름한 오줌버캐 지린내, 고리착지근한 발가락 고린내, 생고등어 비린내, 시금털털, 고리탑탑, 쓰고 시고 짜고 매운 냄새 등이 적당한 비율로 뒤섞여 있는 것 같았다.

'나'는 어머니의 특이한 냄새가 어디서부터 나는 냄새일까, 곰곰이 생각해 본다. 그러고는 아홉 가지 물질의 냄새를 생각해 냈고 여섯 가지 맛을 동원하여 설명해 보려고 한다. 그 냄새의 조합이 '역겹다고 느껴질 때마다' 젊었을 때의 어머니를 자꾸만 떠올리려고 했던 걸 보면, 아마도 '나'는 서글펐나 보다.

젊은 시절 어머니의 냄새는 풀잎 향기보다 상큼했다. 아내가 외출할 때 몸에 뿌리는 불란서 향수보다 더 향기로웠다. 어머니의 냄새가 너무 좋아 잠시도 떨어져 있기가 싫었다. 친구들과 싸움질을 하다 얻어맞고 분이 머리끝까지 치솟아 있을 때도 어머니 냄새를 맡고 있으면 마음이 차분하게 가라앉으면서 스르르 잠이 들곤 했다.

유년 시절 어머니에게서 나는 냄새는 그것이 땀내든 풀내든 평화와 안정을 주었다. "풀잎 향기보다 상큼"하고 "불란서 향수보다 더 향기로웠"던 젊은 시절 어머니의 냄새는 과연 무엇으로 이루어졌던가. '나'는 그 추억을 더듬어 본다.

연분홍 치마에 연두색 저고리를 곱게 차려입은 어머니한테서는 달콤한 박하 분 냄새가 솔솔 내 콧속을 간질였다.
봄에 산나물을 캐러 간 어머니는 어김없이 찔레와 송기를 꺾어 왔다. 한 보따리의 산나물을 머리에 이고 해 질 무렵에 돌아온 어머니한테서는 쌉쏘름한 찔레순 냄새와 들큼한 송기 냄새가 났다. 송기

껍질을 벗겨 먹으면서 나는 생큼한 송기 냄새에 취해 연신 코를 쿵쿵거렸다. 깊숙한 산에 들어가 산나물을 캐 나르는 봄철 내내 어머니의 몸에서는 아카시아 꽃향기보다 더 알큰한 취나물 냄새가 눅진하게 배어 있었다. 봄 내내 산나물 냄새가 온 집 안에 가득 흘렀다.

젊었던 어머니의 냄새에 관한 기억은 봄 산에서 먹거리를 캐서 잔뜩 이고 지고 온 풀내, 꽃내, 뿌리내로부터 시작한다. 부엌으로 들어간 어머니에게선 진간장, 된장, 구수한 밥 냄새, 솥뚜껑의 뜨거운 김내가 났고, 종일 콩밭을 매고 온 어머니에게선 땀내, 쉰내가 났다. '나'는 그 시절 그 모든 냄새가 좋아 "엄니 냄새가 겁나게 좋다"라며 엉겨 붙었다.

"시방은 그래도 후제후제 색시 얻으면 늙어빠진 어매 냄새 싫어헐 거다."
"아녀, 나는 엄니 냄새만 좋아헐겨."
"두고 볼텨."
"두고 봐. 엄니 냄새를 맡고 있으면 배고픈 것도 목마른 것도, 더운 것도 추운 것도 다 잊을 수가 있어. 그렁께 엄니 냄새는 마술 냄새여."
지난날을 떠올리던 나는 씁쓸하고 공허하게 웃었다. 왠지 부끄러움으로 심신이 위축되는 것 같았다.

장차 늙은 어매 냄새 싫어할 거라고 했던 어머니의 말은 예언처럼 들어맞았다. 세상의 이치가 그러했다. "마술 냄새"와도 같이 그렇게 좋던 "엄니 냄새"가 고약한 냄새로 느껴지다니, 그것이야말로 마술 같았다. '나'는 그렇게 변해 버린 자신이 부끄러웠다.

'나'는 자신과 아내와 어머니가 평화로이 공존할 수 있도록, 우선 어머니 냄새부터 빼 보기로 한다. 동생에게 어머니를 한 달간 모셔 달라고 부탁한 후, 어머니 방에 향수를 뿌리고 물건을 꺼내 바람을 쐬었다. 그러다가 반닫이 속에 쌓인 보따리 하나를 발견한다. 코를 쥐어 막을 정도로 이상한 냄새가 훅 덮쳐 온 보따리 속에는 어머니가 생계를 위해 사용했던 물건, 녹슨 호미, 함석 젓 주걱, 손때 묻은 되, 땟국에 전 앞치마, 때에 전 돈주머니 등이 들어 있었다. 그간 맡았던 어머니 냄새의 실체였다. 시지근한 땀냄새, 비릿한 녹내, 짭쪼름한 간고등어 냄새, 시큼한 쇠꽃 냄새, 비리척지근한 멸치 냄새가 어우러진 묘한 냄새였다.

손때 먹은 자루에서는 시지근한 땀 냄새가 났고 녹슨 날에서는 비릿한 녹내가 났다. 그러고 보니 어머니가 오랫동안 간직해 온 보따리에서는 고리고리한 새우젓국 냄새를 비롯해서 짭조름한 간고등어 냄새, 시큼한 쇠꽃 냄새, 비리척지근한 멸치 냄새가 한데 어우러져 참으로 묘한 냄새를 만들고 있었다. 여러 가지 냄새들은 저마다의 색깔로 치장을 하고 소리를 내며 꿈틀대는 것 같았다. 그 냄새들은 아우성치며 내 뼛속으로 파고들고 있었다. 냄새는 타오르는 불꽃처럼 따뜻하게 나를 감쌌다. 나는 그 냄새의 한 부분이라도 되는 것처럼 모든 거부감이 일시에 사라졌다. 나는 그때서야 어머니 냄새의 진원지를 확실하게 알 수 있게 되었다.

그는 비로소 어머니의 냄새가 전후 아버지의 빈자리를 메우며 억척같이 식구들을 먹여 살려 왔던 고단했던 어머니의 삶 그 자체였음을 깨닫게 된다. 그리고 그 냄새는 더 이상 제거해야 할 악취가 아니라, "세월이 발효하면서 풍겨져 나온 짙은 사람의 향기"라는 사실을 알게 되었다. "어머니의 향기가 사무치게 그리"워지게 된 순간, 그제야 "이놈아, 에미한테서 나는 냄새는 에미가 자식 놈들을 위해서 알탕갈탕 살아온, 길고도 쓰디쓴 세월의 냄샌겨"라는 명치끝을 후벼 파는 아픈 말의 의미를 깨닫게 된 셈이다. 어리숙하게도 우리는 존재가 사라진 후에야 그 소중함을 뼈저리게 느낀다.

박완서의 소설 〈나의 가장 나중 지니인 것〉(1993)도 후각을 통해 부재하는 이의 흔적과 기억을 이야기한다. 자식을 잃은 내용이므로 부모의 부재를 다룬 앞 이야기와는 정반대 설정이지만, 가족이 사라진 자리에서 그의 존재감을 냄새로라도 감각해 내려는 애절함은 같다. 〈나의 가장 나중 지니인 것〉은 죽은 아들에 관한 기억만 남은 고통스러운 상황을 "행운목꽃"의 향기와 "태운 꼬릿국"의 냄새로 이야기한다. 주인공인 중년 부인은 학생 운동으로 아들을 잃었다. 아들은 민주화 운동 열사가 되었다. 대의를 위한 죽음이었다고는 하나 어머니로서 아들의 죽음을 받아들이는 과정은 어떤 말로도 형용할 수 없을 만큼 힘겹다. 그녀는 형님과 전화 통화를 하며 떠난 아들의 빈자리를 어쩌지 못하는 마음을 내비친다.

> 전에는 형체가 있어 눈에 보이는 것만 중요한 줄 알았는데 그후엔 아니었어요. 눈에 안 보이는 걸 온종일 쫓을 적도 있어요. 아녜요, 육체와 영혼의 문제가 아니라구요. 그건 나한테는 너무 거창해요. 장미꽃과 향기의 문제예요. 장미꽃은 저기 있는데 향기는 온 방안에 있다. 향기는 도대체 어떤 모양으로 존재하는 걸까? 고작 그 정도예요.[32]

작가는 그녀의 입을 빌려 육체와 영혼이라는 거창한 이야기를 하는 게 아니라고 손사래 친다. 하지만 결국 일상 경험을 빌려,

세계를 인지하는 감각을 통해서 그러한 실존적 고민을 이야기하고 있던 셈이다. 그녀는 장미꽃 향기에서 시작하여 자신의 집에서 키우는 행운목꽃 개화라는 사건으로 이야기를 이어 간다.

> 우리 집 행운목 올해 꽃을 피웠잖아요. 꽃 모양이나 빛깔이 볼품없어서 핀 줄도 몰랐어요. 어느 날 집에 들어서니까 온 집안이 향기로 가득 차 있더군요. 현기증이 날 정도였어요. 꽃향기 때문에 질식도 할 수 있다는 게 실감이 되더군요. 그 향기가 좋았단 얘기는 아녜요. 물건은 분명히 하난데 두 가지 방법으로 존재할 수도 있다는 문제에 며칠 동안 몰입할 수가 있었죠. 알아요, 꽃이 지면 향기도 없어진다는 거, 근데 그 소릴 왜 그렇게 야멸차게 하시죠?

행운목꽃은 한국 기후에서 좀처럼 피어나지 않아 그 개화는 경사스러운 일인데도 그 생김새가 소박해서 그다지 눈길을 끌지 않았다. 그런데 그렇게 무심히 보아 넘긴 꽃에서 엄청난 향이 쏟아져 나와 집 안을 가득 채우자, 그녀는 "물건은 분명히 하난데 두 가지 방법으로 존재할 수도 있다"라는 사실과 더불어, 아들의 육신은 더 이상 눈에 보이지 않지만, 또 다른 방식으로 남아 있을 수 있음을 깨닫는다. 물론 그녀는 알고 있다. 제아무리 귀하게 피었던 꽃이라도 그 잔향이 언젠가 사라지듯이 존재가 사라진

후에는 기억에도 유효 기간이 있다는 사실을 말이다. 이제 이야기는 소꼬리 국이 타고 남긴 고릿하고 끈질긴 "고약한 냄새"로 넘어간다.

접때는 창숙이가 쇠꼬리를 하나 통째로 사왔습디다. 몇 번에 나눠서 과먹으라는 거예요. 나 누린 음식 싫어하는 거 번연히 알면서 무슨 심산지, (중략) 그만 바싹 태워버렸지 뭐예요. 성의가 없어서라고요? 맞는 말씀이에요. 제 몸 보하자고 성의가 날 에미가 어딨겠어요. 고약한 냄새가 진동을 할 때서야 겨우 불 위에 뭘 올려놓았다는 걸 깨달았으니까요. 그놈의 꼬린지 뭔지 숯덩이가 되니까 바싹 오그라붙어 얼마 되지도 않던데 냄새는 왜 그렇게 지독한지, 온 집안에 가득 차서 아이들한테 안 태운 척 속여먹을 수도 없이 만들지 뭐예요. 꼬리는 오그라붙은 게 아니라 팽창을 한 거였어요. 숯덩이는 즉시 없앴지만 고약한 냄새는 달포도 넘어 가더라구요. 구석구석 그 냄새 안 스민 데가 없어요. 요새도 돌아누우려면 그 냄새가 혹 끼칠 때가 있는 걸 보면 베갯잇 사이에도 끼어 있나 봐요. 꼬리 제까짓 게 뭐라고 숯덩이 아닌 다른 무엇이 되어 남아 있는 걸까요? 형님, 꼬리를 태워먹은 건 하나도 안 아까우면서 다른 무엇이 되었길래 이렇게 오래 남아 있는 것일까, 가 궁금한 정도가 아니라 마냥 집착하게 돼요.

딸은 어머니의 건강을 걱정하며 소꼬리를 사다 주었지만, 삶의 의욕도 식욕도 잃은 어머니는 억지로 꼬리 국을 끓이다가 태워 버리고 만다. 그 "고약한 냄새"는 온 집에 스며들어 때때로 "훅 끼칠 때"마다, 다시금 육체와 정신, 보이는 것과 보이지 않는 것, 사라지는 것과 남는 것의 문제를 환기한다. 꼬리는 타 버려 보이지도 않는데 대체 다른 무엇이 되어 오래 남아 있는 것일까. 그녀는 아들이 없다는 사실과 이를 좀처럼 받아들이기 어려운 마음 사이에서 '냄새'의 문제에 골몰한다. '애도'하는 과정에서 냄새는 어떻게 위로가 될 수 있을까. 프롤로그에서 던졌던 질문은 〈나의 가장 나중 지니인 것〉의 어머니가 집요하게 탐구했던 "궁금"증 그리고 그 "집착"과 만난다.

 작가 문순태는 오래도록 한국전쟁을 비롯한 근현대사 문제에 몰두하다가 말년에는 삶의 진정성을 찾아내 간직하는 작업으로 눈을 돌렸다고 이야기했다. 그 신호탄이 된 작품이 〈늙으신 어머니의 향기〉였다. 추정컨대 그 '늙으신 어머니'는 유년기에 식민지, 청년기에 전쟁을 겪은 세대다. 작가는 자신의 뿌리인 동시에 여성이라는 한 존재로서 격동기에 살아남아야 했던 세대의 생애를 껴안는다. 이 여정에서 어머니의 악취는 향기로 바뀐다. 작가는 '시골'이 터전이었던 어머니가 도시에 와서 도심의 삶과 조화를 이루지 못하고 어긋나면서 빚어지는 갈등을 그렸다. 그러나 결국 부재하게 될 어머니의 냄새를 통렬히 그리워하게 되는 자식의 뒤늦은 깨달음을 이야기한 이 소설은 그 시대 어머니를 둔 자녀 세대의 아픈 고백이다. 그리고 자식을 잃은 아픔을 담담히 담아낸 박완서의 〈나의 가장 나중 지니인 것〉에는 더 이상 보이지 않고 만져지지 않는 가족을 어떻게든 감각하고 기억해 내려는 한 어머니의 고투가 담겨 있다. 도심 속 겹겹이 들어선 집마다 포진한 악취와 향기는 공존했던 가족 간 애증과 그리움의 사연들을 품고 있다.

5

"오도로포닉스(odorophonics)"의 시대가 임박했다

그대, 다른 감각의 존재를 만날 준비가 되었는가

'냄새'가 사라진다면?

미래의
냄새:

SF가 예견한
감각의
변화

SF의 상상력은 기술 발전을 자극해 왔다. 필요는 발명의 어머니라고 하지만, 때로는 비현실적으로 툭 던져진 상상력이 호기심과 논쟁을 불러일으키고 세월이 흐른 후 실현되는 일이 벌어지기도 한다. 특히 SF가 그린 새로운 기술과 제도는 그 실현 가능성이나 윤리성에 관한 논쟁을 통해 새로운 전망을 제공해 주기도 했다.

통상 SF는 'Science Fiction'의 줄임말로 알려져 있고 한국에서는 '과학 소설'이라는 번역어가 공유됐지만, 그에 관해서는 또 다른 견해가 존재한다. 바로, SF는 'Speculative Fiction'의 줄임말이기도 하다는 주장이다.[1] 이는 '사변 소설'이라는 다소 낯선 단어로 번역되지만, 그 의미는 비교적 명료하다. SF 장르는 '노붐(novum)'이라고 하는 새로운 서사적 요소를 통해서 사고 실험을 함으로써 현재의 세계관을 근본적으로 진단하고 전환할 가능성을 열어 주는 문학 장르라는 뜻이다. 그 과정에서 SF는 독자에게 지극히 익숙한 현실을 낯설게 만드는 '인지적 소외'가 일어나게 할 수 있다.[2] 그리고 이를 SF의 역할로 보기도 한다.

이 장은 미래 사회를 그리는 SF가 어떻게 후각을 다루는지 주목한다. 이는 첨단 기술이 불러올 세계 변화를 예측하는 일이며, 동시에 지금의 감각과 경험이 얼마나 일시적이고 편향되었는지 일깨워 주는 사고 실험이 될 것이다. 후각에 관한 흥미로운 사고 실험을 했던 몇몇 고전적인 20세기 작품을 살피고 나서 최근 한국 SF를 보기로 한다.

"오도로포닉스(odorophonics)"의
시대가
임박했다

먼저 1930년대와 1950년대 출간된 작품인 올더스 헉슬리(Aldous Huxley, 1894~1963)의 《멋진 신세계(The Brave New World)》(1932)와 레이 브래드버리(Ray Bradbury, 1920~2012)의 《일러스트레이티드 맨(The Illustrated Man)》(1950)을 살펴본다. 두 작품이 감각의 변화를 이야기하는 방식에는 두 가지 공통점이 있다. 감각 중 후각에 가장 큰 변화가 온다는 점과 이러한 변화가 부모와 자녀라는 가족 관계를 통해 부각된다는 점이다. 작품이 발표된 당시에는 허무맹랑한 상상이었으나 지금은 충분히 가까운 미래에 실현할 수 있는 흥미로운 전망이다.

올더스 헉슬리의 방향 오르간

20세기 초 영국에서 출간된 올더스 헉슬리의 《멋진 신세계》는 문명에 관한 강력한 믿음 속에서 산업화에 박차를 가하던 영국 사회의 속도와 방향성에 파장을 일으켰다. 이후 《멋진 신세계》는 수많은 언어로 번역되었고 동아시아에서도 세계 문학이자 고전 문학으로서 오랫동안 위상을 유지해 왔다.

이 작품에 바로 '방향 오르간(scent-organ)'이라는 흥미로운 악기가 등장한다. 2540년을 배경으로 하는 소설에서 방향 오르간은 소리가 아니라 향기를 연주하는 악기다.

> 방향 오르간이 참신하고 유쾌한 식물성 카프리치오를 연주하고 있었다—백리향과 라벤더, 로즈마리, 바질, 도금양, 더위지기 등의 잔물결 치는 급속연주 화음, 방향건에 의한 대담한 조바꿈이 연속되고 곧 용연향으로 변주된다. 또한 백단, 장뇌, 삼나무, 새로 만든 건초(이따금 섬세한 불협화음이 끼어드는데, 다시 말해서 신장 푸딩의 냄새가 풍기는가 하며 돼지똥 냄새가 건건하게 스며든다) 등등의 냄새를 거쳐 가면서 다시 서서히 처음의 단순한 방향으로 되돌아간다. 백리향이 향기를 뿜어내는 마지막 소절이 끝났다. 그러자 일제히 박수를 보냈다.[3]

소설 속에서 알람브라 극장을 찾은 관객 6000명은 푹신한 의자에 앉아 향기를 맡으며 음악을 즐긴다. 관객들에게는 후각, 청

프랭크 R. 폴, 〈향기 오르간 상상도〉, 《Science and Invention》, 1922년 6월호

각, 시각을 총체적으로 만족하게 하는 촉감 영화를 비롯해 새로운 개념의 음악과 대화가 제공된다. 이 시대 예술은 첨단 기술이 제공하는 오감과 더불어 그 이상의 감각을 만족하도록 기획된 종합 예술이다. 이 '멋진 신세계'에서는 인공적으로 정제되어 제공되는 감각만이 문명한 감각으로 여겨진다.

《멋진 신세계》에서 세계는 '야만인 구역'과 '문명인 구역'으로 영역이 분리되어 있다. 문명인 구역에서는 노화와 질병, 심지어 감정마저 통제해야 하는 대상으로 인식된다. 인간의 살냄새, 땀 냄새, 침 냄새 같은 자연스러운 체취도 제거해야 할 악취로 간주된다. 인간의 신체에서 발생하는 생리적 냄새는 야만인 구역에서나 나는 구역질 나는 악취였다. 따라서 이곳에서는 자연 임신과 출산 방식도 야만적 행위로 치부된다. 대신 이들은 인공 수정과 집단 양육 방식이 더 효율적이며 위생적이라고 믿고 선호한다.

그에 따라 가족 개념도 달라진다. 문명인 구역에서는 가족 단위로 함께 생활하는 주거 형태는 '토끼우리'처럼 미개하다고 교육한다. 한때 가부장제가 중심인 가족 사회에서는 상징적이었던 '아버지'의 권위도 몰락한다. 그곳에서는 '아버지'조차 가족 구성원으로서 역할과 의미를 상실하고 '똥 냄새가 나는 더러운 것', '우스운 것'에 불과한 존재로 전락한다.

이런 '멋진 신세계'에서는 '후각' 역시 인공적으로 통제된 감각만이 아름답다고 여겨진다. 향기는 향수 기계나 방향 오르간처럼 섬세한 기술로 정제되고 개발되어 예술의 하나로 취급받고, 나아가 인간의 기억을 조종하는 의료 보조 장치로도 활용된다. 올더스 헉슬리는 이러한 것들이 인간의 삶을 어떻게 변화하게 하는지 주목한다.

주인공의 어머니 린다는 평생 야만인 구역에 살면서 문명인 구역을 동경해 왔다. 말년에 그녀는 그토록 꿈에 그리던 문명인 구역으로 들어가게 되지만, 결국 늙고 병든 몸으로 병실에 누워서 야만인 구역 출신이라는 이유로 차별받으며 지낸다. 그녀의 침대 위로는 프로그램화된 방향제에서 버베나 향과 박하 향이 15분마다 분사되고, 화면과 서사에 따라 적절한 냄새가 추가로 분사된다. 이렇게 그녀는 의료진이 처방한 냄새가 불러일으키는 감각과 기억을 가지고 살아가게 된다.

슈퍼 음성 전자 오르간이 흐느끼며 크레셴도로 치솟았다. 그러자 갑자기 방향 회전장치에서는 버베나 향기가 그치고 강렬한 박하 향기가 뿜어나왔다. 린다는 몸을 비척거리며 눈을 뜨더니 잠시 동안 멍하게 준결승전 실황을 응시했다. 그러고는 얼굴을 들고 새로운 향수로 대체된 공기를 한두 번 들이마시고는 갑자기 미소를 지었다. 황홀한 경지에 있는 어린아이의 미소였다.[4]

어머니는 통제된 자극이 제공하는 쾌락과 환상에 빠져서 가족과 자녀뿐 아니라 자신마저도 망각하기 시작한다. 아들은 그 모습에 절망한다. 물론 이들이 야만인 구역에서 보낸 시간은 고통스럽고 비참했다. 따라서 처방된 냄새 자극은 그녀가 고통을 잊게 하는 진통제 역할을 한다고 볼 수도 있다. 그래도 그는 어머니의 기억을 복원해 그녀와 자신의 정체성 그리고 가족 관계를 회복하고자 애쓴다. 하지만 그의 노력이 무색하게도 어머니는 결국 시각, 청각, 후각 그리고 말초 신경을 조절해 오는 기기의 통제력 앞에서 속수무책으로 무너지고 만다.

후각적 자극을 추가해 인간의 경험을 극대화하고자 하는 상상은《멋진 신세계》전후로도 발견된다. 예컨대 1892년 오스카 와일드(Oscar Wild)는 자신의 연극 〈살로메(Salome)〉무대에 청각 오케스트라 대신 다양한 향수가 발향되는 화로를 상상했다.[5] 그리고 방향 오르간과 향기 분사 조절 장치는 헉슬리의 작품 이후 다른 문학과 영화에도 등장했고, 현실 세계의 극장이나 제품을 통해서도 부분적으로 구현되기도 했다. 올더스 헉슬리는 또 다른 글《밤의 음악》(1931)[6]에서 미래에는 극장 관객들이 시각에 더해 "청각과 미각과 후각과 촉각" 모든 자극이 이루어지는 '감각의 포화'를 경험하게 되리라고 전망했다. 실제로《멋진 신세계》가 출간된 이듬해 1933년, 영화 제작자인 아서 메이어

마이크 토드 주니어의 향기 분사기

시카고 극장의 〈미스터리의 향기〉
스멜 오 비전 광고판

(Arthur Mayor)는 뉴욕의 리알토 극장에 향기 분사 장치인 스멜리스(smellies)를 설치했다.[7] 1939년 뉴욕 세계 박람회에서 향기 분사 장치를 선보이자, 영화 제작자 마이크 토드 주니어가 이를 토대로 기기를 제작하기로 한다. 시간이 흘러 1960년대가 되어서야 〈미스터리의 향기〉라는 영화 시사회에서 작은 관을 통해 냄새 효과를 추가하는 스멜브레인(smell brain)을 선보였으나 기술적 한계 등으로 흥행과 보급에 실패했다.[8] 이러한 방식의 감각 제공은 감각 과잉에 지나지 않았다. 빼곡하게 자극하는 감각들은 상상력의 여지도 남겨 두지 않고 안개처럼 자욱하게 의식을 침범한다. 하지만 이렇게 의식없이 강화되어 제공되는 감각과 다르게, 오감이 각자의 다른 역할을 보충하며 조화하는 공통 감각을 구현할 수 있다면, 인간은 감각의 소비자에 머물지 않고 주인이 될 수도 있을 것이다.

올더스 헉슬리는 영화관 혹은 극장이라는 공공 공간에 집중했지만 이후 이러한 기술은 가정의 TV와 개인의 통신 장비에 적용되기 시작했다. 2011년에는 국내 한 기업이 전선에 전류를 흘려 수분 솔루션을 가열하고 압력을 만들어 냄새를 발산하는 TV를 개발했다고 보도했으나[9] 아직까지 상용화되지는 않고 있다. 염료를 뿌리는 프린트 카트리지의 원리를 냄새 카트리지에 적용한다면, 현실 세계와 같은 냄새 풍경을 만들기 위해서 40만 가

구정아 작가는 제60회 베니스비엔날레 한국관 전시에서 후각과 시각의 공감각인
'오도라마 시티'를 연출했다.

지 냄새가 존재해야 한다고 한다. 하지만 사람의 실제 감별 능력이 이를 구분할 만큼 그렇게 정교하지도 못하거니와, 생산 공정에서 경제성과 효율성을 추구하려면 냄새 종류는 40만 가지보다는 단순화될 가능성이 높다. 그렇다면 자연 세계에서는 존재

했으나 인공 세계에서 사라져 잊히게 될 냄새들이 속출할 것이다. 무엇이 달라질까? 냄새 중 일부가 사라지거나 선택되는 과정에서 우리는 어떤 경험과 정서를 상실할 수도 있을까? 개연성 있는 상상력을 제공하는 문학 작품들은 이런 문제를 미리 숙고하게 해 준다.

냄새를 구현하고 전달하는 기술 개발과 보급은 더디게 진행되는 데 비해, 일상 공간에서 향기를 활용하는 문화는 더 쉽게 정착되었다. 공간 예술가들은 후각의 미감과 상상력에 주목하기 시작했으며, 최근 베니스비엔날레 한국전시관에서는 도시 공간을 후각과 시각을 공감각적으로 경험하는 전시가 열리기도 했다. 심신의 질병을 다스리기 위해서는 아로마 요법이, 그리고 상업 공간에서는 마케팅 효과를 극대화하기 위해 냄새가 활용되고 있다. 우리는 아직 후각 자극과 감각을 효과적으로 사용하며 즐기고 통제할 수 있다고 생각한다. 그런데 SF는 후각이 무의식적으로 기억과 마음의 상태를 주조해 내며, 감각을 확장하고 통제하는 기술 개발은 인간의 세계 인식과 정체성의 변화를 불러온다고 경고한다. 이렇게 미래에 관한 사고 실험은, 우리가 곧 경험하게 될 감각의 변화에 따른 세계의 변동을 예견하고 있다.

레이 브래드버리의 오도로포닉스

1950년대 미국 SF 작가인 레이 브래드버리는 〈아이들이 만든 세계(The World the Children Made)〉(1950)에서 '오도로포닉스'라는 흥미로운 장치를 그렸다. 두 아이의 부모인 조지와 리디아는 생활을 위한 대부분의 행위를 대신해 주는 스마트 하우스를 구매한다. 집 안 기계들은 식사 준비는 물론이고 아이를 재우고 씻기고 방을 이동하고 양치하고 신발 끈을 묶는 일까지 대신한다. 집이 아내, 남편, 부모 역할을 대체하는 성능을 갖추고 있기 때문에 이들은 가족 구성원으로서 잡다한 의무들에서 벗어나게 된다. 이는 가사 노동, 가족의 의무로부터 개인을 해방해 준 주택 개념의 혁신적 전환이었다. 하지만 "손에 물 한 방울 묻히지 않기" 위해 산 집 안에서, 부부는 정작 자신들이 해야 할 일을 못 찾게 되고 점차 "자신이 필요 없다고 느껴지기" 시작한다. 이들은 곧 불안증과 불면증에 시달리고 흡연과 같은 중독성 있는 습관에 의지하게 된다.

뭔가 잘못되어 가고 있다는 낌새는 오감 충족 놀이방에서 흘러나오는 냄새로 감지되기 시작했다. 부부는 아이들이 집 안에서 다양한 체험을 할 수 있도록 초고성능 입체 구현 장치를 갖춘 오감 충족 놀이방을 설치했다. 놀이방에서는 어느 시공간이든

앨 파커, 〈아이들이 만든 세계〉 삽화, 《The Saturday Evening Post》 1950년 9월 23일

실감 나게 경험할 수 있으며, 감각 주체가 인지하는 시공간적 질서가 완전히 뒤바뀔 수 있었다. 그곳에서는 "생각하는 것은 뭐든지 그대로 나타난다." 하지만 어느 순간부터 그 공간은 아프리카 초원만을 제공했고 사용자의 의지와 상관없이 구현되기 시작했다. 놀이방의 초고성능 AI가 주체적으로 시스템을 운영하기 시작한 것이다.

놀이방은 고요했다. (중략) 느닷없이 아프리카의 대초원이 눈앞에

쏟아져 나왔다. 두 사람을 둘러싼 초원은 완벽한 입체였다. (중략) 안 보이는 곳에 설치된 방향-음향 장치가(odorophonics) 푹푹 찌는 대초원 한복판에 서 있는 두 사람 위로 방향제를 내뿜었다. 바싹 마른 풀 냄새, 숨어 있는 생물의 싱그러운 풀 냄새, 코를 찌르는 비릿한 짐승 냄새, 공기 중에 맴도는 매캐한 흙냄새.[10]

초원의 "싱그러운 풀 냄새"와 "매캐한 흙냄새" 정도까지는 사실상 큰 위협이 되지 않았다. 그런데 육식 동물의 "코를 찌르는 비릿한 짐승 냄새"가 놀이방 바깥으로 새어 나와 온 집 안으로 퍼져 나가면서 우려가 증폭되기 시작했다. 부부는 놀이방이 제공하는 한 가지 상황에 아이들이 심각하게 빠져들어 중독될까 봐 걱정했다. 그리고 그곳으로부터 피 냄새까지 퍼지게 되자 우려는 공포로 바뀌었다. 사자의 입에서 뚝뚝 떨어지는 포획물의 피비린내까지 생생하게 전해지는 놀이방에서 이제 부부는 공포를 느낀다. '냄새'는 눈앞의 장면이 '가상'이 아닌 '현실'이 될 수 있음을 일깨워 주는 경고의 감각이었다.

피 냄새는? 놀이방은 아이들이 발산하는 뇌파를 정확히 감지하며 원하는 모든 것을 놀랄 만큼 세밀하게 재현해 냈다. (중략) 기린을 원하면 기린이 나온다. 죽으라고 하면 죽는 시늉까지 했다. 맨 마지

레이 브래드버리의 단편 세 편을 모아 영화화한 〈일러스트레이트 맨〉에서
〈아이들이 만든 세계〉를 다룬 〈The Veldt〉의 한 장면, 1969

막 것이 문제였다. 조지는 식탁이 잘라 준 고기를 무덤덤하게 씹었다. 죽음이라는 개념, 피터와 웬디는 죽음을 생각하기에는 너무 어렸다. 어쩌면 너무 어린 나이 같은 건 사실 없는지도 모른다. 사람들은 죽음이 뭔지 알 만큼 자라기도 전에 이미 누군가가 죽기를 바라지 않던가. 두 살배기 아기도 남한테 장난감 총을 겨누지 않던가.[11]

기기는 사용자의 뇌파에서 감지되는 욕망을 바로 구현하는 데 최적화되어 있다. 그리고 감각의 소비자이자 욕망의 실현자로 길든 아이들은 죽음이 무엇인지, 가족이란 어떤 관계인지 알 수 있는 나이로 성장하기도 전에, 아니, 그러한 구시대적 개념을

알 필요조차 없이, 자신의 욕구를 방해하는 '누군가가 죽기를 바라'는 존재가 되고 말았다. 작가는 인간이 자신의 감각과 욕망에만 충실할 수 있게 될 때, 타자에 대한 공감과 사회성 자체가 무의미해지는 지점을 이야기한다. 근본적인 문제를 파악하게 된 부모는 놀이방 폐쇄를 선언한다. 하지만 늦었다. 이미 그 놀이방에 푹 빠진 아이들은 부모를 따돌리려고 거짓말하기 시작하고 폐쇄 조치에 강하게 저항한다. 어느 날 아버지 조지는 자신의 지갑이 아프리카 방의 사자가 있던 자리에서 "마른풀과 사자의 냄새를 풍기며" 잘근잘근 씹혀 내던져진 것을 발견하고 무언가 잘못되어 가고 있음을 실감한다.

이제 부부는 그간 편리했던 스마트 하우스가 달리 보이기 시작한다. 그들은 "너무 오랫동안 전기가 흐르는 기계 탯줄에 묶여 살았다"라는 것을 깨닫고 기계 전원을 모조리 끈다. 인간의 수고로움을 덜어 주는 첨단 기기로 촘촘히 채워져 있던 드림하우스는 이제 작동하지 않는 기계들의 공동묘지 같은 장소가 된다. 하지만 아이들은 자신들에게 '세계' 그 자체였던 놀이방을 이미 하나의 살아 있는 생명체처럼 여기고 있었다. 놀이방은 부모가 제공해 주지 않는 기능을 갖추고 있었고 부모가 금지하는 욕구를 바로 구현해 주었다. 이미 놀이방은 그들에게 부모보다 중요한 존재가 되어 있었던 셈이다. 그리고 인공지능을 갖춘 놀이방 또한 자신이 폐쇄되기를 바라지 않는 독립된 의식을 지니게 되었다. 기계 조작 능력이 이미 부모를 능가하게 된 아이들은 자신들의 세계이자 전부인 놀이방을 없애려는 부모를 제거하려고 한다.

이 섬뜩한 이야기는 감각의 소비자로 존재하게 될 미래 인류를 향한 경고였다. 《일러스트레이티드 맨》에서는 모든 일이 자동화되면서 아들 피터의 그림 그리기도 기계가 대신해 주게 된다. 부모는 이 상황이 잘못되었다고 생각하고, "그림은 네 손으로 직접 그리면서 배우는 거야"라고 하며 "그리미" 로봇을 빼앗아 가자, 아들 피터는 이렇게 항변한다. "보고 듣고 냄새만 맡아도 돼요. 왜 쓸데없는 짓을 해요?" 오랜 시간 시행착오를 겪고 반복해야 하는 작업은 점차 기계가 대체하고 있다. 계산도 설계도 글도 그림도 음악도 인간보다 빠르고 정확하고 때로는 풍부하고 새롭게 완성해 낸다. 인간의 몫이던 학습과 분석과 판단까지도 기술에 맡기기 시작했다. 오늘날 기술 발전의 방향성을 보건대, 다수의 인간은 점점 감각 수용체가 될 것이다. 지루하고 힘든 업무들은 기계에 맡기고 인간은 그 시간에 본인의 욕망을 향유하고 창조적 시간을 펼치라고 권유받는다. 직접 반복적으로 수행하고 실패하기도 하는 지난하고 수고로운 과정은 과연 '쓸데없는 짓'인가? 그것은 노동과 창작, 일상의 의미와 가치 그리고 그것을 구성하는 본질적 요소에 관하여 근본적 의문을 던진다.

SF에는 기상천외한 감각들이 그려진다. 신인류, 기계, 외계인, 초월적 존재 등 상상할 수 있는 온갖 주체를 매개로 우리는 인류의 제한된 경험의 지평을 넓혀 볼 수 있다. 이는 문학적으로는 우리에게 상상력을 발휘해 유희하는 즐거움을 주고, 기술적으로는 아이디어의 원천이 된다. 과학 기술자에게는 허무맹랑한 픽션이면서도 입증 혹은 반증하고 싶게 하는 도전적 대상이 되며, 철학자에게는 인간 존재에 관해 열린 시각에서 성찰하는 이야기를 건넬 수 있는 흥미로운 창구가 된다. 현실 세계에서는 시청각 중심의 미디어에 후각과 촉각을 더해 더욱 실감 나는 간접 경험을 제공하는 기술 개발이 계속되고 있다. 각종 스마트 기능을 장착한 인공지능 주택 개발도 단계별로 실현되고 있다. '방향 오르간'과 '오도로포닉스'보다도 진화된 버전이 상용화될 시대가 임박했다는 뜻이다.

1930년대 올더스 헉슬리와 1950년대 래이 브래드버리의 사고 실험을 만났다. 이들은 기술 개발이 가져올 인간 정체성과 관계의 변화에 관하여 질문했다. 이들은 '가족 해체', '계층 양극화', '인간을 대체하는 인공지능', '현실 경험을 대체하는 가상 공간의 감각 제공', '노동과 예술, 놀이의 개념 변화'를 이야기한다. 기술 발전은 감각의 변화를 일으키고, 이는 관계와 존재의 본질에 대한 변화를 불러온다. 오랫동안 인류 문명을 이루던 예술 행위조차 '쓸데없는 짓'이 되고 개인의 존재 기반이던 가족도 제거해야 할 대상이 될 수 있다. SF는 감각을 소비하는 동물로 진화 혹은 퇴보하고 있는 인류에게 질문을 던진다. 얼리 어답터인 당신에게 이 새로운 촉수는 무엇인가? 이제 지금 여기 SF 작가가 전망하는 미래의 감각 변화는 어떠한지 살펴보기로 한다.

그대, 다른 감각의 존재를
만날 준비가
되었는가

우리는 SF를 통해 외계인을 만난다.[12] 냉전기이자 우주 개발 시대에는 우주 전쟁 서사가 유행하면서 외계인은 괴물 형상을 한 폭력적 존재로 그려졌다. 모성애를 자아내는 ET와 같은 몇몇 존재는 예외적이다. 이들은 점균류, 갑각류, 연체류, 포유류 등 그 무엇이 되었든, 지구에서 상상할 수 있는 가장 혐오스러운 생물체의 모습을 하고 있었다. 이러한 반복적 재현에 익숙해지고 자극의 역치가 높아진 대중에게는, 지금까지보다 더 강력하고 더 자극적인 존재의 출현을 어필하는 것이 SF 영화 마케팅의 관건이 되기도 했다.

그런데 미지의 시공간에서 온 외계 존재의 핵심은 외모로 드러나는 생물학적 특징 자체에 있지는 않다. 존재를 '외계' 생명체로 인지하게 하는 결정적 지점 중 하나는 바로 접촉과 소통의 방식이다. 제임스 팁트리 주니어(James Tiptree, Jr.)의 SF 소설 《마지막으로 할 만한 멋진 일(The Only Neat Thing to Do)》(1985)[13]의 실료빈은 인간 코아티의 뇌에 잠입하는 점균 같은 존재로 인간의 뇌에 직접 접속하며 소통한다. 테드 창(Ted Chang)의 《당신 인생의 이야기(Stories of Your Life and Others)》(2002)[14]에 나오는 대왕문어 같은 희미한 형체의 헵타포드는 인류가 상상할 수 있는 언어 체계를 넘어선 방식으로 소통한다. 지구 생태계에 기반한 상상력을 넘어선 초월적 외계 존재에 관한 이야기들이 넘쳐 나지만, 여전히 그들은 공포스러운 존재로 그려지곤 한다. 공포는 '낯섦'에서 비롯되고, 외양의 차이는 소통 방식의 차이로 연결된다. 생물학적 조건이 달라 소통 방식 자체를 가늠할 수 없고, 그래서 예측할 수 없는 존재는 위협적 존재가 되며, 결국에는 제거해야 할 대상이 된다. 인류는 예측할 수 없는 대상을 제거하며 위험 확률을 줄이는 방식으로 자신을 보호하며 생존해 왔기 때문이다.

그런데 이제부터 소개할 SF에는 외계 존재와 소통하려고 애쓰는 자들이 나온다. SF 작가 김초엽은 지구인이 상정하는 정상성과는 다르게 감각하는 다종다양한 존재를 그린다. 이들이 지구 밖에서 출현하면 외계인인데, 지구 내에 존재하면 비정상성을 띤 존재들이 된다. 이들은 소외되고 '환자'나 '장애인'의 범주로 분류되기도 한다. 그의 작품은 '차이'가 '차별'로 전락하지 않는 세계, 다른 존재들이 조화롭게 공존할 수 있는 세계로 나아가는 여정을 그렸다. 그리고 그 여정은 서로를 구원하는 과정이 된다. SF라는 시공간을 멀리 돌아 작가가 도달하는 지점은 '지금-여기-우리'의 문제다. 또 다른 SF 작가 김보영의 《다섯 번째 감각》이나 천선란의 《천 개의 파랑》, 《나인》 역시 다른 감각과 인지 방식을 지닌 존재들을 통해 인간 중심적 사고를 해체한다.

김초엽 작가는 다양한 인지 감수성을 통해 사회적 소수자인 타자에게 다가가는 SF 서사들을 펼친다. 2020년대에 활동하는 작가가 '타자'와의 차이를 이데올로기가 아닌 신체와 감각의 차이로서 바라본다는 점을 주목할 필요가 있다. 20세기 한국문학은 식민과 해방, 전쟁과 냉전으로 이어지는 역사적 배경 속에 리얼리즘 문학이 주를 이루었다. 폭력적이고 배타적인 이데올로기와 권력에 대한 고발은 문학이 감당해야 할 주제였다. 그 시대를 지나고 21세기 SF가 '차이'와 '갈등'의 원인으로 신체와 감각의 차이에 주목하기 시작한 것은, 우리 사회의 무게 중심이 '집단'에서 '개인'으로, '이념'에서 '몸'으로, '사상'에서 '일상'으로 옮겨 가면서 벌어진 전환 중 하나다.

이제 김초엽 작가의 단편 소설에 나오는 다른 감각의 존재들을 만나 본다. 〈캐빈 방정식〉은 장애가 생긴 물리학자 언니를 바라보는 동생의 이야기다. 언니는 사고를 당한 이후 시간을 지각하는 능력이 손상되어, 일반인과 소통이 거의 불가능해졌다. 한 공간에 있어도 다른 시간에 존재하는 것처럼 되어 버린 셈이다. 동생은 언니의 '비정상성'을 개선하고자 노력하지만, 애초에 "언니가 세상을 바라보는 방식을 도저히 상상할 수가 없었"기 때문에 개선은 요원하다. 언니는 몸도 제대로 가누지 못하고 사람들과 소통도 거의 불가능한 상태로 훌쩍 떠나 버린다. 그리고 동생은 어느 날 갑자기 실종 상태나 다름없던 언니로부터 메시지를 받는다. 황당하게도 언니는 이론으로만 존재하던 '시간의 거품'의 가능성을 입증했다고 주장하며 동생에게 재회를 제안했다. 결국 이들이 다시 만나게 되는 과정에서 동생은 언니의 세계관과 연구와 신체적 문제 그리고 그 한계가 가져온 예상치 못했던 새로운 능력을 조금씩 알게 된다. 동생은 언니와 만나 시간의 거품이 발생하는 현장으로 이동하는데, 그 과정에서 가장 비과학적인 세간의 괴담과 가장 과학적인 물리학자의 계산 그리고 소위 정상인인 동생의 일반적 감각과 비정상인인 언니의 특수한 감각이 만나는 경이로운 순간을 체험한다.

한때 전도유망한 물리학 박사였던 언니는 인과관계와 실재하는 것만을 믿는 유물론자로서 신비주의적 추정과 기담을 극도로 혐오했다. 그런 그녀가 남긴 글은 가설, 실험, 논증으로 구성된 논문 형식이었다. 동생은 언니를 이해하기 위해 그녀가 남긴 세 편의 글을 읽어 본다. 박사학위 논문, 저널 게재 논문 그리고 이

게재 논문의 심사 전 초고. 동생은 언니의 박사학위 논문 〈고정된 국지적 시간 거품의 발생 조건과 존재 증명〉에서 매력적 문장을 발견한다. "우주 전체에 분포한 고밀도 암흑 물질들은 국지적 시공간 왜곡 현상을 유도하며, 플린스는 이를 우리 우주는 수많은 주머니 우주를 가지고 있다라고 표현한 바 있다." 이는 "중요한 결론도 본론도 아닌 도입부의 연구 배경을 설명하는 한 줄"이었지만, 동생에게는 "우주는 수많은 주머니 우주를 가지고 있다"라는 진술이 "우리의 우주가 있고 그들의 우주가 있다는 고독한 선언"으로 들렸다. 다양한 시공간의 레이어가 있다는 말은, 그 안에 사는 주체들이 있을 수 있다는 뜻이고, 그 존재들을 어렴풋이나마 의식할 수 있는 이곳의 존재가 있을 가능성을 환기했다.

동생은 의사소통 보조 기기에 의존하며 언니와 짧은 메시지를 주고받았지만, 행간의 의도를 보다 깊이 이해하기 위해 언니가 썼던 다른 논문을 찾아 읽어 나갔다. 영어 교사인 동생은 물리학 논문의 수식을 다 이해할 수는 없었기에 텍스트 중심으로 읽어 나가다가, 심사 전 논문에 있던 몇 단락이 저널에 게재된 논문에서는 삭제된 것을 발견한다. 단락은 이렇게 시작했다. "만약 적합한 조건과 상황이 주어진다면, 인간은 시간 거품을 감지할 수 있다." 이 진술 때문에 논문은 "과학보다는 신비주의에 가깝지 않아?"라는 업계 전문가들의 비난을 들어야 했고, 이 단락이 삭제되고 나서야 논문은 저널에 게재될 수 있었다. 연구자는 논문에서 '시간 거품'이든 무엇이든 존재할 수 있는 가능성을 이론적으로 입증할 수는 있다. 하지만 현실 세계에서 인간이 그것을 감각할 수 있다고 이야기하는 것, 경험과 주관의 영역을 이야기하는 것은 다른 문제였다. 작가 김초엽에게 SF는 바로 이것을 감각하고 인지하고 살아가는 사람들에 관해 이야기하는 장르였다. 흥미롭게도 화학 전공자인 김초엽 작가는 소설을 창작하던 당시 대학원 과정에서 연구 대상이 처한 질병과 환경 문제를 기술적 접근으로 해결하는 연구를 수행했다. 작가에게는 문학적 글쓰기와 학술적 글쓰기를 하는 두 가지 손이 있었고 이 둘의 차이와 관계에 관한 고민이 소설 속에 드러난 셈이다.

그의 SF에는 타자를 이해하는 다양한 방식의 글쓰기가 등장한다. SF 단편 〈로라〉에서는 '몸 정체성 통합 장애'를 앓는 로라가 등장한다. 로라는 두 개의 팔 외에 세 번째 팔을 원한다. 화자 진은 로라의 고통과 욕망을 이해하기 위하여 자료 조사를 하다가 MRI를 통해 과잉 사지 증상 환자를 연구한 논문을 발견한다. 하지만 막상 이 저자는 더 이상 유사 사례를 발견하지 못하여 해당 논문에서 다룬 연구 대상자를 "일시적 오류"로 처리해 버렸다. 반복되는 수치의 데이터를 신뢰하는 논문 형식에서 로라는 예외적 표본, 즉 "오류"로 처리될 가능성이 높았다. 이제 진은 로라에 관해 전문가에게 '제보'하거나 '상담'하지 않고, 다른 방식으로 접근해 보고자 한다. 진은 전 세계의 유사 장애인들을 인터뷰하고 사례를 조사한다. 그리고 이를 정리한 〈잘못된 지도〉를 출판한다. 로라는 이런 진의 글쓰기를 보고 그에게 이야기한다. 사람들은 "어떤 사람을 이해하고 싶어서", "글을 쓰고 책을 찾아 읽고 또 애써 상상"하는 노력을 하지만, 결국 그것은 자신을 위한 행동이라고.

김초엽의 SF에 등장하는 연구자와 연구소는 주로 정상성 범주에서는 이해할 수 없어서 소통할 수 없는 타자를 관찰하고, 그들과 소통하고자 그 생각을 읽어 낼 수 있는 기술을 개발한다. 하지만 이 문제의 기저에는 단순히 기술적 '통번역' 차원만으로는 해결되지 않는 가치관, 세계관, 정체성의 문제가 있다. 따라서 자기중심적 해석과 소통은 타자가 지닌 한계만 부각할 뿐이다. 김초엽 작가에게 첨단 기술의 렌즈와 칼날이 향한 곳, 관찰 주체의 눈이 향한 그곳에 놓인 해독 불가능한 대상들은 기존 지식으로는 감각할 수 없었던 새로운 세계로 안내할 수 있는 존재들이었다.

SF의 미학 중 하나로 "경이감(sense of wonder)"이 있다. 이러한 "경이감"은 거대한 대자연이 불러일으키는 공포와 경이의 감정이나 초월적 규모와 능력을 설명하는 "숭고함(sublime)"[15]이라는 낭만주의 미학으로부터 비롯되었다고 이야기되곤 한다. 경이는 익숙하지 않은 대상을 향한 분노와 다르게, 대상의 이야기를 경청하고 존중하는 자세에 가깝다. 이는 의식을 확장하고 새로운 가능성으로 마음을 여는 데 중요한 역할을 한다. 김초엽의 작품은 이러한 경이감으로 향하는 관문에서 바로 비정상적 신체를 마주하게 한다. 타자와 결정적 차이는 신체, 감각, 관습의 차이에서 비롯되었다고 설명된다. 타자는 교정과 제거의 대상이 아니라 그가 놓인 맥락 속에서 이해되어야 할 대상이다. 그리고 타자에게 다가가는 여정은 인간의 자유 의지로 시작된다.

김초엽의 SF 단편 소설집 《우리가 빛의 속도로 갈 수 없다면》과 《방금 떠나온 세계》에 실린 작품 중 열 편은 신체적 혹은 정신적 차이를 지닌 인물들에 관한 이야기다. 이들은 사회적으로 소외되거나 배제된 낯선 타자로, 작가는 감각 차이를 통해 다양한 "비정상성"을 이야기한다. 빛과 색채를 기록 언어로 사용하는 존재, 시지각 이상으로 새로운 소통 방식을 개발한 존재, 시간 지각 통합 능력이나 신체 통합 인식 능력에 변동이 생긴 존재, 외계인과 신경계로 직접 소통하는 존재, 공기 중의 분자를 언어로 소통하는 존재, 신체적 결함으로 정보 접근과 거주 권한에 제약이 생기는 존재. 그의 작품 속 소위 '정상인'은 이들을 통해 이전에는 경험할 수 없던 새로운 세계로 진입한다. 기존의 고정 관념을 해체하고 인식의 지평을 확장하게 되는 셈이다. 그리고 타인을 이해하기 위한 여정은 결국 자신에게 도달하는 길목이 된다. 다음 장에서는 그중 한 편인 〈숨그림자〉를 통해 '냄새'가 모호한 감각이 아닌 명료한 정보로 전환될 때 벌어지게 되는 사고 실험을 함께해 본다.

'냄새'가
사라진다면?

'냄새가 없다면?'

김초엽의 SF 〈숨그림자〉는 '냄새가 부재하는 세계'를 통해 '냄새의 의미'를 이야기한다. 김보영 역시 SF 〈다섯 번째 감각〉(2022)에서 소리가 부재하는 세계를 설정하여 청각의 역할과 소리의 의미를 추적한다. 대체로 현실 세계는 특정 감각의 '결여'를 장애로 보고, 그 '불편함'을 '배려'하거나 '교정' 혹은 '개선'하는 데 집중하는 반면, SF 소설은 세계의 기본값을 바꾸어 그동안 간과해 온 감각의 역할과 그 본질을 새롭게 바라보게 한다.

지구 멸망 후 수백 년이 지나고, 한 행성에는 "숨그림자"라는 신인류가 살고 있다. 숨그림자는 지상의 강풍과 모래바람을 피해 지하에 도시를 구축해 생활한다. 그들은 호흡으로 의미를 읽는다. 그들의 뇌에 서식하는 "마이크로바이옴"은 공기 중의 유기 분자들을 학습하고 합성하여 의미 입자들을 구성해 낸다. 다시 숨그림자들의 호흡기로 들어간 분자는 후각 수용체와 결합하여 우회나 비유가 아닌 특정한 의미를 지시하는 단어로 구조화된다. 같은 공간에 존재하는 이들은 호흡을 통해 메시지를 주고받는다. 이들 세계에서 호흡을 통해 내뱉어진 '엄마', '걷다', '고마워' 같은 언어 입자들은 공중에 둥둥 떠 있고 그것들은 시차를 두고 의미를 전달한다. 숨 쉬는 것이 곧 말하는 것이므로, 이들은 부지불식간에 드러날 수 있는 개인감정을 감추는 법도 배운다.

사건은 숨그림자 행성의 극지방 탐사대가 오래전 추락한 동면 캐빈을 발견하면서 시작된다. 수백 년 전 파괴되는 지구를 탈출한 지구인들은 이주선 캐빈에 동면 상태로 올랐는데, 일부 캐빈이 숨그림자 행성에 불시착했던 것이다. 생존자는 '조안'이라고 불리는 소녀 한 명이었다. 숨그림자의 의사소통 체계를 책임지는 의미합성연구실은 그녀를 깨워 유전자보관소 실험실에 두고 관찰한다. 이들은 '조안'처럼 음성 언어로 소통하던 역사 속 지구인을 "원형 인류"라고 불렀다. 이들은 원형 인류 조안과 소통하기 위해 통역기를 만들어 사용했다. 통역기는 숨그림자의 소리 없는 호흡 언어와 원형 인류의 음성 언어를 양방향으로 통역하지만, 그 시차와 오류가 있었기에 좀처럼 매끄럽고 편안하게 대화하지는 못한다.

숨그림자 중 조안과 같은 또래인 단희는 조안이 실험실에서 무기력하게 죽어 갈지 모른다는 불안감에 그녀를 일상 공간으로 빼낸다. 이제 둘은 같은 숙소에서 머물고 학교도 함께 가지만, 숨그림자 사람들은 낯선 시공간에서 온 조안을 좀처럼 사회 구성원으로 받아들이지 않는다. 단희는 숨그림자 사람들이 조안이라는 타인에게 갖는 멸시와 두려움 그리고 완고한 거부감을 읽을 수 있었다. 조안은 공중을 떠도는 언어들이 만들어 내는 시차가 있는 대화 방식을 이해하지 못했고, 숨그림자 사람들은 조안의 목소리를 낯설고 당혹스러운 진동으로 느낄 뿐이었다. 조안은 이들과 외형만 유사할 뿐, 소통 방식에 공통점이 없다는 점에서 완전히 다른 종이나 다름없었다.

호흡이 곧 의사소통인 숨그림자 세계에서는 '냄새'라는 존재가 없었다. 공기 중 분자들을 구체적 '언어'로 인식하도록 훈련되고 진화되었기 때문이다. 그들이 호흡으로 얻을 수 있는 정보는 구체적 단어로, 언어 규칙을 따른 것이었다. 따라서 '냄새'라는 감각과 경험과 개념은 모두 부재하게 된다. '냄새'가 존재하던 시대의 사람인 원형 인류 조안은 숨그림자 단희에게 '냄새'란 어떤 것인지 설명해 보고자 한다. 그가 말하는 냄새는 '물질'과 '장소'와 '상황'에 따른 맥락과 독자성을 지니고 있었다.

조안은 '냄새'에 관해서도 말했다. 그것은 숨그림자의 사람들이 분자 혹은 공기라고 부르는 것에서 오는 특정한 느낌이라고 했다. 냄새와 의미는 같은 분자에 관한 다른 해석이었다. 원형 인류는 후각 수용체가 숨그림자 사람들만큼 발달하지는 않았지만 기체 분자들과 감정, 기억, 느낌을 연결하는 인지 회로를 가지고 있었다. 꽃, 나무, 과일은 각자의 이름이 붙은 냄새를 가졌다. 바다, 들판, 숲, 도시, 오두막과 창고는 각각의 장소를 연상하게 하는 냄새를 가졌다.[16]

조안은 단희가 '냄새'를 이해할 수 있도록, 냄새가 언어와 무엇이 다르고 그것을 보완하는지를 설명한다. 원형 인류 시대에 모든 언어는 특정한 대상을 지시하는 동시에 그것이 불러일으키는 감정, 기억, 느낌을 연결하는 인지 회로를 지니고 있었다. 그것이 '냄새'였다. 인류가 오랜 세월 마음을 전하기 위해 '꽃'을 선물했던 풍습의 의미도 '냄새'를 통해 설명한다. 말로 다 전할 수 없는 마음을 표하기 위해 '꽃'을 선택하는 까닭은 꽃이 지닌 특별한 향기 때문이라는 것이다. 그래서인지 우리는 꽃 선물을 받았을 때, 눈으로 보고 나서 잠시 눈을 감고 코를 들이댄다.

"지구의 사람들은 서로에게 꽃을 선물했어. 보기에도 예쁘지만, 무엇보다 온갖 좋은 냄새가 나거든. 다 설명할 수 없는 마음을 꽃으로 전하고 싶었던 거야. 고마움, 사랑, 미안함. 말로 전하기에는 어색해지는 마음들. 그런 마음들이 같이 전달되기를 바랐지. 그런데 단희 네게는 꽃 냄새도 어떤 특정한 의미를 담은 것처럼 인식되려나."[17]

'냄새'는 온전히 언어화되기 어려운 감정과 의미를 전달한다. 어느 날 조안은 단희에게 '냄새'가 담긴 유리병을 선물한다. 의미 단위로 존재하는 입자 샘플들을 조합해서 자신에게 의미 있는 냄새를 만들어 낸 것이다. 그것은 지구의 집에서 나던 냄새로, 보다 구체적으로는 거실 소파와 카펫에 아버지가 오래된 방향제를 뿌리면서 나게 된 냄새였다. 즉 조안이 유리병 속에 담은 냄새는 가족과 함께했던 시공간에 관한 추억이었다. 조안은 그 기억 때문에 괴로웠지만 동시에 그 기억으로 버티며 살아갈 수 있었다. 물론 단희는 유리병 속의 냄새를 맡지 못했다. 분자의 의미를 읽는 데 최적화된 단희의 신체는 그것을 냄새 분자가 아닌 언어 분자로 인식하여 '양말이 사막 구석에서 모자를 쓰고 발견되었다'는 이상한 의미 조합으로 읽을 수밖에 없었다. 조안과 단희는 친구였기에, 그 엇갈린 소통에 한바탕 웃고 넘어갈 수 있었.

하지만 조안과 다른 숨그림자 사람들의 관계는 달랐다. 조안은 철저히 이방인이었다. 그러던 어느 날 숨그림자 사회는 새로운 정착지를 물색하기 위해 정찰선으로 우주 탐사선 브라우니안 호를 쏘아 올리기로 결정한다. 고민하던 조안은 정찰단이 되어 브라우니안호를 타고 숨그림자를 떠나기로 결심한다. 〈숨그림자〉가 처음 발표되었을 때 작품 제목은 "브라우니안 모션"이었다. 바로 그 '브라우니안 모션'처럼 예측할 수 없는 궤적을 그리며 공중으로 날아가게 될 조안을 바라보며 단희는 생각한다.

> 조안은 예측할 수 없는 궤적만을 그리며 이곳에 표류하다가, 결국은 어디론가 떠나버렸다. 자신이 어디로 가는지도 모르면서, 자신과 같이 추상적인 공기 속에서 살아가는 사람들을 찾기 위해.
> 단희는 숨그림자에 남았다. 조안과 함께 갈 수도 있었지만, 그렇게 하지 않았다. 숨그림자를 떠나 도착한 다른 행성은 이곳과 같지 않을 것이다. 고립도 폐쇄도 없을 것이다. 바람이 불고, 입자들은 흩어지고, 말은 금세 무의미해질 것이다.
> 입자에 사로잡혀 있기에 단희는 지하를 떠날 수 없었다.[18]

단희가 친구 조안을 따라 떠나지 않은 까닭은 숨그림자의 의사소통 방식인 '입자에 사로잡혀 있기' 때문이었다. 숨그림자 사회가 고립되고 폐쇄된 곳일지언정, 단희는 그 안에서는 자유롭게 소통할 수 있었기에 다른 소통 방식이 기다리고 있는 우주 공간으로 떠날 수가 없었다. 그녀는 이미 친구 조안이 다른 감각과 소통의 사회에서 어떻게 불행해지는지 보았기 때문이다.

오랜 시간이 흐른 후 브라우니안호는 거주할 만한 행성을 찾아 착륙했고, 탐사 대원 일부는 숨그림자 집단의 이주를 의논하기 위하여 행성으로 돌아왔다. 그사이 단희는 의미 합성기 연구 과정에서 후각 기관을 너무 혹사해서 더 이상 정확하게 의미를 읽지 못하게 되었다. 몸이 쇠약해진 조안도 탐사선을 타고 돌아오지 못했다. 탐사 대원 하나가 조안으로부터 부탁받은 유리병을 단희에게 전달한다. 단희가 유리병을 열자 '양말이 사막 구석에서 모자를 쓰고 발견되었다'는 의미가 공중으로 빠르게 흩어졌다. 이제 호흡 언어 능력이 퇴화한 단희도 이 입자들을 의미라기보다 냄새에 가까운 것으로 이해할 수 있게 되었다. 입자들은 단희에게 조안과 함께했던 시간을 떠올리게 했다. 공기 중에서 기억과 감정을 읽어 낸 셈이다. 그 자체로 너무나 구체적이어서 언어로 옮길 수 없는 순간과 상태로 마음이 이동했고, 이는 처음 경험하는 심리적 변화였다. 단희는 비로소 냄새를 감각하게 되고, 기능적으로 효율적이지만 지극히 건조하고 폐쇄적이었던 숨그림자 세계에서 결여되었던 것이 무엇인지 깨닫는다. 그것은 타인에 대한 공감과 관계에 관한 기억과 이를 기반으로 한 내면의 복합적 감정이었다.

김초엽 작가처럼 화학을 전공한 또 다른 SF 작가 이산화 역시 〈전쟁은 끝났어요〉[19]라는 작품에서 공기와 호흡과 냄새에 주목했다. 그의 작품 속 '나'는 생화학자로 침팬지들의 폭력성을 연구하는 생화학자, 동물 행동학자, 영장류학자들과 함께 파벌 전쟁을 벌이는 침팬지 집단을 현장 관찰하는 중이었다. 연구 목적은 전쟁을 일으키는 인간의 폭력성이 발생하는 원인을 알아내고 이를 조절할 방법을 발견하는 데 있었다. '나'는 반복되어 온 인류의 폭력성을 다소 다른 방식으로 접근한다. "악은 분자"이며 "마음"도 "곧 분자이니 전쟁이란 일종의 화학 반응"이라는 가설하에, 폭력성을 종식할 행복 호르몬 세로토닌을 투여하는 실험을 진행한다. 호르몬 수용체인 '5-HT1E'의 작용이 관건이었다. 실험자는 "꾸준히 길항제를 복용하고 정기적으로 체취를 확인"하며 "숨을 깊게 들이쉬"고 "몸"에서 나는 "옅은 평온의 냄새"에 안심한다. 인류의 폭력성이 종식되는 유토피아를 구현하기 위해 세계의 공기에 행복 호르몬을 유포하고 그것에 신체가 반응했는지 체취로 확인하는 2019년 SF의 상상력은, 흥미롭게도 앞서 살펴본 이광수의 소설 〈사랑〉의 진화된 버전이었다.

이번 장에서 살핀 것처럼, 기술이 인간을 감각 수용체로 만들어 가고, 인류는 여전히 전쟁과 차별에서 벗어날 수 없는 현실 속에서, SF 문학은 잠시 숨을 고른 채 무엇이 우리의 정체성을 변화하게 하는지 살피고 타자와 공존 가능성을 타진하고 있다. 그대, 다른 감각의 존재를 만날 준비가 되어 있는가? 우리, 과연 그들과 한데 호흡하며 살아갈 수 있는가? 지금, 우리는 과거와 무엇으로 연결되어 있을까? 먼 미래, '냄새 없는 행성'에서 냄새의 가치를 회복하는 이야기의 여정은, 인간이 자기 정체성과 삶의 의미를 구성하고, 타자와의 공존 가능성을 탐색하는 여정과 맞닿아 있었다.

epilogue

간송미술관에서 공개되었던 신윤복의 〈미인도〉에는 단아한 조선 여인이 있었다. 잠시 숨을 고르고 그 가느다란 눈매와 풍성한 얹은머리와 은은한 색감의 치마저고리를 찬찬히 살피던 시선은 봉긋 부푼 치마와 빼꼼히 나온 버선발로 내려갔다. 부푼 치맛자락이 머금고 있는 공기는 붉은 노리개와 윤기 나는 머리에서도 은은한 향이 배어 나오는 것만 같은 착각을 불러일으켰다. 나도 모르게 가만히 숨을 들이쉬었다.

조선 시대 미인의 향기는 어떠했을까? 불과 얼마 전 유행했던 것들이 빠르게 낡고 버려지는 변화 속에, 우리의 미적 감각뿐 아니라 윤리적 감수성 또한 시시각각 달라지고 있다. 근대 이후 수많은 미감이 변화했고 미인에 관한 시각적 기준 또한 총체적으로 달라졌다. 당시 매력적인 여성에게 기대했을 향기 또한 지금 여기에서는 당황스러운 자극일 수 있다. 우리는 문자 기록을 통

해서 그것을 가늠할 뿐이다.

이 책의 제목 〈찰나의 기억, 냄새〉는 '향기'와 '악취' 대신 '냄새'라는 중립적 단어를 선택하여, 우리 삶의 각 대목에서 그것이 지닌 복합적인 성격을 포괄적으로 담아내고자 했다. 냄새는 과거와 현재, 공간과 사람, 이곳과 저곳, 사물과 우리, 나와 너를 매개한다. 냄새는 이들이 구체적 관계와 맥락 속에서 기억될 수 있게 한다. 근대화 과정에서 기록된 후각적 언어들은 근대화의 속도나 방향성, 그 위용과 폭력성을 드러내는 데 적합했던 시각적 언어들과는 다른 후경을 제공했다. 후각적 언어는 보이는 것과 다르거나 혹은 눈에 보이지 않는 진실을 말없이 가리키는 수줍은 제보자이기도 했다.

이 원고가 '아시아의 미' 총서로 묶여 서해문집에서 출간되어 기쁘다. 물론 이 책은 아직 '아시아'라는 시공간의 두터움을 온전히 담아내지 못한다. 다만 아시아의 구성원인 한국의 사례를 살펴본 이 작업이, 이후 아시아의 다양성과 보편성을 구체적으로 논의할 수 있는 작은 단초가 될 수 있기를 희망한다. '아시아의 미'라는 어젠다의 시야 혹은 전망은 그 자체로 다음 연구가 향해야 할 무게와 규모를 제시해 준다.

〈찰나의 기억, 냄새: 문학으로 본 후각의 문화사〉는 세계를 인지하는 우리의 가능성과 한계에 관한 탐색이다. 오직 문자로만

다가가고 담아내고 전달할 수 있는 본질들에 관한 모색이다. 그 한가운데 있는 후각에 관한 호기심과 무지는 다른 공간과 영역으로 몸을 움직이게 하는 즐거운 동력이 되었다. 무엇보다도 이 책의 원고는 인공지능 사용이 본격화되기 직전에 한 사람이 몸과 마음과 머리를 바지런히 움직이며 완성한 결과물이다. 따라서 인간이 펼칠 수 있는 가능성뿐 아니라 한계도 고스란히 담고 있다. 인간의 육체에 기반한 감각 기록을 인간의 역량 속에서 펼친 원고를 책으로 출판하면서, 이런 방식의 사고와 글쓰기가 마지막이 될지도 모른다는 예감이 든다.

이제 이렇게 자그마한 책으로 독자를 만나는 순간부터, 담지 못한 이야기들에 관한 요청과 질문이 들리기 시작할 것이다. 넓고 깊은 호흡의 세계인 후각 언어 아카이브를 구축하기 위하여, 그 아름다움의 정점인 향기의 미를 풍요롭게 도해하기 위하여, 악취가 쉽게 배제의 도구가 되는 한계를 넘어서기 위하여, 새로운 도전들과 기꺼이 함께하고 싶다. 언젠가 보이지 않는 존재가 될 우리가 남길 기록이 세상에 의미 있는 것이 되기를 소망하며.

2025년 가을 문선재(文善齋)에서

감사의 말

2017년 '찰나의 미, 향기의 기록'이라는 제목의 기획안을 만든 후 몇 번의 여름과 겨울이 지났다. 2018년 여름, 근대 문학에서 냄새의 기록을 읽어 보자는 제안에, 당시 연세대학교 이경훈 교수님은 눈을 반짝이며 함께해 주셨다. 덕분에 일제 강점기, 특히 이상 소설 속 농후한 악취를 제대로 맡을 수 있었다. 그 엉킨 실타래를 앞뒤로 풀어가 보기 위해 나는 다른 시공간과 자료로 넓혀 가며 이동했고, 이 교수님은 식민지 시대 소설의 악취를 문예사적으로 도해하는 작업에 집중했다. 오래된 연초 냄새가 스며 있던 여름 연구실이었다.

그리고 한국 근현대 후각 기록이 지닌 특수성과 보편성을 파악하기 위해 나는 우선 다른 공간에서 아이디어를 공유해 보기 시작했다. 스탠퍼드대학교 다프나 주르(Dafna Zur) 교수님과 인연으로 2019년 봄 미국 덴버 AAS(Association for Asian Studies)에서

'후각적 정체성과 근대 도시화'에 관해 이야기를 시작했다. 덴버 거리에서는 콜로라도주가 허락하는 풀 냄새가 났다. 그해 겨울에는 컬럼비아대학교 루스 배러클러프(Ruth Barraclough) 교수님과 인연으로 뉴질랜드 웰링턴의 NZASIA(New Zealand Asian Studies Society)에서 '후각과 식민지인의 정체성'에 관한 발표로 발전하게 되었다. 루스 교수님은 종종 '후각 문학 연구'의 진척 상황을 물어, 때때로 다른 데에 쉽게 골몰하곤 했던 내가 이 원고로 돌아오게 해 주었다. 2023년 봄 펜실베이니아 주립대학교 이주연 교수님이 마련한 한국문학 담화 자리에서는 근간 SF 작품들이 집중하는 감각 변화에 관한 이야기를 나눌 수 있었다. 낯선 장소에서 교류한 순간들 덕분에 초고는 좀 더 풍요로워졌다.

이 책의 주제는 문화의 접촉 지대인 해외에서 발표하고 아이디어를 공유했지만, 원고는 국내 학계의 자장 속에서 비로소 다듬어졌다. 조지메이슨대학교 박현선 교수님과 인연으로 《문화과학》(2019)에 관련 글을 쓰면서 글의 초안이 갖추어지기 시작했다. 출판 원고로 완성해 가는 과정에서, 연세대학교 미래캠퍼스 국어국문학과와 근대한국학연구소 연구 모임인 워킹리서치는 내가 고심하던 원고의 성격을 명확히 잡는 데 도움을 주었다. 김영민, 한수영, 고석주 교수님께 각별히 감사드린다. 이화진, 정한나, 강혜종 교수님과 함께한 반짝이는 시간도 큰 힘이 되었다.

그리고 지난여름 오래된 책 냄새가 그득한 신촌의 도서관에서, 시를 사랑하는 김나래 연구자와 대화하면서 '백석의 냄새'를 비로소 가다듬을 수 있었다. 또한 비판적 이론서들을 독해하고 예술을 감상하는 모임의 구성원인 김예림, 장세진, 임유경 교수님 덕분에 둔감해지는 감각을 깨우며 원고를 마무리할 수 있었다. 언제든 균형 잡힌 시각과 혜안을 얻을 수 있게 해 주는 연구 집단이 있어 더없이 감사할 따름이다.

소중한 이들과 함께한 호흡으로부터 이 글은 출발했다. 가족들은 집 안 곳곳에 돌탑처럼 쌓여 망부석처럼 치워지지 않던 자료 뭉치들을 오래도록 눈감아 주었다. 남편은 문학에 관해 설명하려 하지 말고 그 자체로 문학이 되는 글을 쓸 수 있을지, 아들은 청소년까지도 읽고 싶은 책을 쓸 수 있을지 물었다. 연구자에게는 생각지 못했던 제안이고 역량을 뛰어넘는 도전이었다. 끝나지 않는 며느리의 연구를 한결같은 기도로 응원해 주신 시부모님과 가족 구성원으로서 많은 역할을 도맡아 해 주신 형님 가족에게도 깊이 감사드린다.

또한 내가 잘 모르는 첨단 문물의 교류와 지식에 정통한 각 분야 전공자들을 지기(知己)로 둔 덕에, '세계'와 '과학' 그 사이 어디에 '한국 근현대 후각 경험의 기록'을 슬며시 놓아야 할지 가늠할 수 있었다. 통찰력과 지혜와 우정이 깊은 벗, 이인나와 오주현에게 고마운 마음을 전한다.

시학과 어학을 연구하며 사람과 글을 귀히 여기는 삶을 사셨던 나의 부모님, 고(故) 김유선, 김문창 님과 대화하며 완성했다면 좀 더 성숙한 책이 되지 않았을까 싶다. 나에게 몸과 마음을 물려주고 일찌감치 보이지 않는 존재가 되어 버린, 그리고 더 큰 존재가 되어 버린 두 분께 이 책을 바친다. 이별과 애도의 시간에 쓰인 원고는 후각과 기억의 관계를 더욱 절실하게 들여다보게 했다. 그 과정에서 '기억-공간-사람'의 관계를 담는 이 책을 짓고, 동시에 '문선재(文善齋)'라는 기억의 집을 지을 수 있도록 만물이 조화롭게 움직였던 크나큰 축복에 감사드린다.

무엇보다도 '아모레퍼시픽재단' 서경배 이사장님과 '아시아의 미 탐험대' 백영서 좌장님께 감사드린다. 지적 탐색은 밤과 명이 축나고, 자신의 한계를 깨닫는 고단한 여정이다. 감히 시작할 엄두가 나지 않는 이 막막한 과정에서, 재단의 연구 지원은 크나큰 동력이 되어 주었다. '아시아의 미' 프로젝트와 함께하지 못했다면 이 글은 결코 완성될 수 없었다. 단기간에 생성될 수 없는 지적 축적을 응원하는 일이야말로 진정 우리 사회에 간절히 필요한 문화 후원일 것이다. '아시아의 미 탐험대' 좌장과 위원, 심사

자분들의 지속적 독려와 깊이 있는 조언들은 원고를 완성하는 과정에 큰 도움이 되었다. 진정성 있는 코멘트에 책임감 있게 답변하고자 했으나 여전히 부족한 대목이 남아 있다. 다음 과제에서 벼리를 잡아 보겠다.

그리고 출판사 서해문집에 진심으로 감사의 말을 전하고 싶다. 편집부는 설익은 원고가 책의 꼴을 갖출 수 있도록 꼼꼼히 살피고 다듬어 주었다. 마지막까지 나의 글을 다시 돌아볼 수 있도록 독려해 준, 서해문집 김종훈 편집장님을 비롯한 편집부 선생님들께 진심으로 감사드린다.

주

prologue

1 발터 벤야민 지음, 반성완 옮김, 《발터 벤야민의 문예이론》, 민음사, 2005, 25쪽.
2 A. S. 바위치 지음, 김홍표 옮김, 《냄새: 코가 뇌에게 전하는 말》, 세로, 2020, 233쪽.
3 유인선, 〈기본 미각어와 후각어 의미 연구〉, 《우리말연구》44, 2016, 142쪽.
4 피에르 라즐로 지음, 김성희 옮김, 《냄새란 무엇인가?》, 황금가지, 2006, 30쪽.
5 A. S. 바위치 지음, 김홍표 옮김, 《냄새: 코가 뇌에게 전하는 말》, 세로, 2020, 126쪽.
6 게오르그 짐멜 지음, 김덕영·윤미애 옮김, 《짐멜의 모더니티 읽기》, 새물결, 2006.
7 윤미애, 《발터 벤야민과 도시산책자의 사유》, 문학동네, 2020.

8   알랭 코르뱅 지음, 주나미 옮김, 《악취와 향기》, 오롯, 2019, 16쪽.
9   콘스탄스 클라센·데이비드 하위즈·앤소니 시노트 지음, 김진옥 옮김, 《아로마: 냄새의 문화사》, 현실문화연구, 2002.
10 존 서덜랜드 지음, 차은정 옮김, 《오웰의 코》, 민음사, 2020.
11 베티나 파우제·셜리 미하엘라 세울 지음, 이은미 옮김, 《냄새의 심리학》, 북라이프, 2021.
12 A. S. 바위치 지음, 김홍표 옮김, 《냄새: 코가 뇌에게 전하는 말》, 세로, 2020.
13 최민아, 《눈 감고, 도시》, 효형출판, 2019.
14 정진경, 《후각의 시학》, 푸른사상사, 2016.
15 쓰보이 히데토 지음, 박광현 외 옮김, 《감각의 근대》, 어문학사, 2018.
16 셀리아 리틀턴 지음, 도희진 옮김, 《향기 탐색》, 뮤진트리, 2021; 장 끌로드 엘레나 지음, 신주영 옮김, 《나는 향수로 글을 쓴다》, 여운, 2022; 양해주, 《향 용어사전》, 남양문화, 2022.
17 나카무라 유지로 지음, 고동호·양일모 옮김, 〈공통감각의 재발견〉, 《공통 감각론》, 민음사, 2003, 7~69쪽.

1. 문명의 접촉 지대: 타자만이 냄새를 맡는다

1   도시의 냄새에 관한 저서로는 Victoria Henshaw, *Urban Smellscapes: Understanding and Designing City Smell Environments*, New York & London, Routledge, 2014. 병원의 냄새를 시각화한 시도로는 'https://sensorymaps.com/?projects=hospital-corridor-smellscape' 등이 있다.
2   岩橋武夫, 《ヘレン·ケラーと青い鳥》, 主婦之友社, 1948, 3쪽.
3   Mochizuki Chikako, "The Impact of Iwahashi Takeo and Helen Keller

on Japanese Society," Funded by a grant from the Scientific Research Program the Japan Society for the Promotion of Science, 2009; Chizuru Saeki, "Helen Keller's Civil Diplomacy in Japan in 1937 and 1948," *Japan Review* 27, 2014, pp.201~220.

4 〈쓸쓸할 상륙 제일보 "헬렌 켈러" 여사 상륙〉,《동아일보》1937년 7월 11일.
5 〈삼중고의 성녀 헬렌 켈러 여사〉,《동아일보》1937년 7월 11일.
6 〈삼중고의 성녀 금조 상륙〉,《동아일보》1937년 7월 12일.
7 〈다수환영리에 대구에 도착: 임회나무 향기롭다구〉,《동아일보》1937년 7월 13일.
8 〈한강이라고 신호해 주자 경이의 동작으로 감탄〉,《동아일보》1937년 7월 13일.
9 〈한강이라고 신호해 주자 경이의 동작으로 감탄〉,《동아일보》1937년 7월 13일.
10 〈불구자 환경을 조사〉,《동아일보》1937년 7월 13일.
11 〈헬렌 켈러는 여성에게 무엇을 부르짖었는가〉,《동아일보》1937년 7월 17일.
12 〈헬렌 켈러는 여성에게 무엇을 부르짖었는가〉,《동아일보》1937년 7월 17일.
13 이 푸 투안 지음, 구동회·심승희 옮김,《공간과 장소》, 대윤, 2007, 232쪽.
14 콩디야크의 조각상 에세이는 다음 글에서 재인용. 알랭 코르뱅 지음, 주나미 옮김,《악취와 향기》, 오롯, 2019, 14쪽.
15 〈성녀 "헬렌 켈러" 여사 작야 래경: 불행한 사람들에게 광명을 주는 사업을〉,《조선일보》1937년 7월 14일.

16 〈20세기의 기적성〉,《동아일보》1937년 7월 14일.
17 김성연,〈근대 초기 선교사 부인의 저술 활동과 번역가로서의 정체성〉,《현대문학의 연구》55, 2015.
18 릴리어스 호톤 언더우드 지음, 김철 옮김,《언더우드 부인의 조선 생활》, 뿌리깊은나무, 1984, 41쪽.
19 릴리어스 호톤 언더우드 지음, 김철 옮김,《언더우드 부인의 조선 생활》, 뿌리깊은나무, 1984, 89쪽.
20 릴리어스 호톤 언더우드 지음, 김철 옮김,《언더우드 부인의 조선 생활》, 뿌리깊은나무, 1984, 69~70쪽.
21 선교사 통계는 다음 자료에 근거함. 김승태·박혜진 엮음,《내한 선교사 총람》, 한국기독교역사연구소, 1994, 4~5쪽.
22 로제타 홀 지음, 김현수·문선희 옮김, 양화진문화원 엮음,《로제타 홀 일기 5》, 홍성사, 2017, 171쪽.
23 박승천,《한국의 제비꽃》, 함께가는길, 2012, 4쪽.
24 알랭 코르뱅 지음, 이선민 옮김,《풀의 향기》, 돌배나무, 2020, 16·21·26쪽.
25 알랭 코르뱅 지음, 이선민 옮김,《풀의 향기》, 돌배나무, 2020, 48, 62쪽.
26 H. B. 헐버트 지음, 신복룡 역주,《대한제국멸망사》, 집문당, 2019, 20쪽.
27 H. B. 헐버트 지음, 신복룡 역주,《대한제국멸망사》, 집문당, 2019, 20~21쪽.
28 로제타 홀 지음, 김현수·문선희 옮김, 양화진문화원 엮음,《로제타 홀 일기 5》, 홍성사, 2017, 72쪽.
29 플로렌스 J. 머레이 지음, 김동열 옮김,《내가 사랑한 조선》, 두란노서원, 2009, 19쪽.
30 플로렌스 J. 머레이 지음, 김동열 옮김,《내가 사랑한 조선》, 두란노서원,

2009, 22쪽.

31 제임스 S. 게일 지음, 최재형 옮김, 《조선, 그 마지막 10년의 기록: 1888~1897》, 책비, 2018, 41쪽.

32 게일이 남긴 악취에 관한 기록을 유형별로 분류하고 그 오리엔탈리즘적 성격에 주목한 선행 연구는 다음과 같다. 주혜림, 〈타자에 의하여 감각된 조선〉, 《언어사실과 관점》50, 2020.

33 제임스 S. 게일 지음, 최재형 옮김, 《조선, 그 마지막 10년의 기록: 1888~1897》, 책비, 2018, 35쪽.

34 알랭 코르뱅 지음, 주나미 옮김, 《악취와 향기》, 오롯, 2019; 콘스탄스 클라센·데이비드 하위즈·앤소니 시노트 지음, 김진옥 옮김, 《아로마: 냄새의 문화사》, 현실문화연구, 2002.

35 제임스 S. 게일 지음, 최재형 옮김, 《조선, 그 마지막 10년의 기록: 1888~1897》, 책비, 2018, 176쪽.

36 애니 로리 아담스 베어드 지음, 성신형·문시영 옮김, 오지석 해제, 《개화기 조선 선교사의 삶》, 선인, 2019, 55쪽(영문 초판본은 Annie L. A. Baird, *Inside Views of Mission Life*, Westminster Press, 1913).

37 제임스 S. 게일 지음, 최재형 옮김, 《조선, 그 마지막 10년의 기록: 1888~1897》, 책비, 2018, 22쪽.

38 제임스 S. 게일 지음, 신복룡 역주, 《전환기의 조선》, 집문당, 1999, 91쪽.

39 제임스 S. 게일 지음, 최재형 옮김, 《조선, 그 마지막 10년의 기록: 1888~1897》, 책비, 2018, 23쪽.

40 애니 로리 아담스 베어드 지음, 유정순 옮김, 《따라 따라 예수 따라가네》, 디모데, 2007, 55쪽.

41 에드워드 사이드 지음, 박홍규 옮김, 《오리엔탈리즘》, 교보문고, 2007.

42 제임스 S. 게일 지음, 최재형 옮김, 《조선, 그 마지막 10년의 기록:

1888~1897》, 책비, 2018, 34쪽.

43 쓰보이 히데토 지음, 박광현 외 옮김, 《감각의 근대》, 어문학사, 2018, 313쪽.

44 김성연, 〈식민지 조선 지식인의 자기 신경 절연과 감각의 회복: 식민지 소설에서 후각 주체의 부상이 갖는 의미〉, 《구보학보》 23, 2019, 233~264쪽.

45 미네르바 구타펠 지음, 이형식 옮김, 《조선의 소녀 옥분이》, 살림출판사, 2008.

46 미네르바 구타펠 지음, 이형식 옮김, 《조선의 소녀 옥분이》, 살림출판사, 2008, 40쪽.

47 플로렌스 J. 머레이 지음, 김동열 옮김, 《내가 사랑한 조선》, 두란노서원, 2009, 52~53쪽.

48 릴리어스 호톤 언더우드 지음, 김철 옮김, 《언더우드 부인의 조선 생활》, 뿌리깊은나무, 1984, 115쪽.

49 제임스 S. 게일 지음, 신복룡 역주, 《전환기의 조선》, 집문당, 1999, 92쪽.

50 애니 로리 아담스 베어드 지음, 성신형·문시영 옮김, 오지석 해제, 《개화기 조선 선교사의 삶》, 선인, 2019, 54쪽.

51 제이콥 로버트 무스 지음, 문무홍 외 옮김, 《1900, 조선에 살다》, 푸른역사, 2008, 70~71쪽.

52 제이콥 로버트 무스 지음, 문무홍 외 옮김, 《1900, 조선에 살다》, 푸른역사, 2008, 71쪽.

53 카라 플라토니 지음, 박지선 옮김, 《감각의 미래》, 흐름출판, 2017, 107쪽.

54 김현미, 《글로벌 시대의 문화번역》, 또 하나의 문화, 2005, 54쪽.

55 베티나 파우제·셜리 미하엘라 세울 지음, 이은미 옮김, 《냄새의 심리학》,

북라이프, 2021, 99쪽.
56 콘스탄스 클라센·데이비드 하위즈·앤소니 시노트 지음, 김진옥 옮김, 《아로마: 냄새의 문화사》, 현실문화연구, 2002, 75쪽.
57 콘스탄스 클라센·데이비드 하위즈·앤소니 시노트 지음, 김진옥 옮김, 《아로마: 냄새의 문화사》, 현실문화연구, 2002, 74쪽.
58 콘스탄스 클라센·데이비드 하위즈·앤소니 시노트 지음, 김진옥 옮김, 《아로마: 냄새의 문화사》, 현실문화연구, 2002, 75쪽.
59 Salomon Kroonenberg, *Why Hell Stinks of Sulfur*, University of Chicago Press, 2013.
60 플로렌스 J. 머레이 지음, 김동열 옮김, 《내가 사랑한 조선》, 두란노서원, 2009, 193쪽.
61 관련 인쇄물의 출판 운동에 관해서는 다음 글에 정리되어 있다. 김성연, 〈식민지 시기 기독교 출판과 책의 유통: 조선예수교서회를 중심으로〉, 《사이》 18, 2015.
62 김익진, 〈2차 대각성 운동과 그리스도교회 환원운동〉, 《복음과 교회》 11, 2001, 81~104쪽.
63 제임스 S. 게일 지음, 최재형 옮김, 《조선, 그 마지막 10년의 기록: 1888~1897》, 책비, 2018, 247쪽.
64 현대어로 표기함. J. H. 웰스 지음, 《위생》, 대한예수교서회, 1907, 2쪽.
65 릴리어스 호톤 언더우드 지음, 김철 옮김, 《언더우드 부인의 조선 생활》, 뿌리깊은나무, 1984, 51쪽.
66 로제타 홀 지음, 김현수·강현희 옮김, 양화진문화원 엮음, 《로제타 홀 일기 1》, 홍성사, 2015, 200쪽.
67 릴리어스 호톤 언더우드 지음, 김철 옮김, 《언더우드 부인의 조선 생활》, 뿌리깊은나무, 1984, 127쪽.

68　설혜심,《소비의 역사》, 휴머니스트, 2023, 83쪽.

2. 향수, 근대적 취향의 형성

1　〈비(鼻)와 연애〉,《동아일보》1925년 4월 10일.
2　〈동서신문 레뷰〉,《동아일보》1929년 9월 26일.
3　"혜초는 향초(香草)로, 곧 현자(賢者)의 고결한 인품이나 높은 지조를 비유하는데, 굴원(屈原)의 〈이소경(離騷經)〉에 '내 이미 난초를 구원에 심었고, 또 혜초를 백묘에 심었노라(余旣滋蘭之九畹兮, 又樹蕙之百畝)'라고 하였다. 굴원처럼 고결한 인품을 지닌 노수신이 먼 남방 섬 진도에 유배되어 시를 비롯하여 훌륭한 자취를 남겼으므로 이렇게 말한 것이다." 이수광(李睟光),《지봉집(芝峯集)》권6 〈진도 벽파정에 지어 남긴 하의 홍적의 시에 차운하다(次洪荷衣迪留題珍島碧波亭韻)〉. 한국고전종합DB 국역 각주 12번 참조.
4　이백은 〈맹호연에게 주다(贈孟浩然)〉에서 "높은 산과 같으니 어찌 우러러보리 그저 맑은 향기를 경모(敬慕)할 뿐이라네(高山安可仰 徒此揖淸芬)"라고 하였다. 해당 작품의 원문과 번역문은 동양고전종합DB의《당시삼백수(唐詩三百首) 2》(손수(孫洙) 저, 송재소 외 역) 권3에서 인용. 이백 시 원문은 한국고전종합DB에 수록.
5　일례로 "우데나 레몬크림" 화장품 광고에서 "높은 향기"라는 문구를 볼 수 있다(《동아일보》1934년 8월 26일).
6　하수민,〈고려시대 동아시아 훈의 문화와 향재의 교역 연구〉,《문화재》88, 2020, 204~221쪽.
7　한상길,《향료문화의 발달사》, 신광출판사, 2004, 112쪽.
8　이윤석,《남원고사 원전 비평》, 보고사, 2009, 75쪽.

9   이윤석,《남원고사 원전 비평》, 보고사, 2009, 87쪽.
10 이윤석,《남원고사 원전 비평》, 보고사, 2009, 71쪽.
11 이윤석,《남원고사 원전 비평》, 보고사, 2009, 53쪽.
12 이윤석,《남원고사 원전 비평》, 보고사, 2009, 62쪽.
13 이윤석,《남원고사 원전 비평》, 보고사, 2009, 69쪽.
14 〈이발은 일종의 종합 예술: 사용 화장품의 향기 통제〉,《동아일보》1938년 10월 7일.
15 신기석,〈유만잡기〉,《동아일보》1935년 8월 4일.
16 우데나 레몬크림 광고,《동아일보》1934년 8월 26일.
17 많은 기사 중 일부 제목을 소개하면 다음과 같다.〈땀냄새를 없애려면 첫째 자주 씻고 음식물을 주의할 것〉,《매일신보》1938년 7월 19일;〈땀냄새는 음식에 따라 달라, 파, 마늘 조심하고 자주 씻을 것〉,《매일신보》1938년 7월 26일;〈입에 냄새가 나는 것은 치아가 불결한 까닭, 그러나 내과적 질환의 원인도 있다〉,《매일신보》1938년 12월 30일.
18 단조칫쿠(丹頂チック) 화장품 광고,《동아일보》1935년 11월 16일.
19 "당신이 가진 최고의 취미를 이 한 방울의 향기에 구하십시오." 오리지나루(オリジナル) 향수 광고,《동아일보》1931년 5월 17일.
20 〈여름에 향수는 필요하나 짙은 냄샌 덜 좋아, 향내가 날 듯 말 듯 해야 은근하다〉,《동아일보》1938년 7월 7일.
21 〈냄새 즐기는 품이 경우에 따라 달라 (1), (2)〉,《동아일보》1929년 11월 22일, 23일.
22 〈사람마다 냄새가 있습니다〉,《조선일보》1936년 4월 11일.
23 오리지나루 향수 광고,《조선일보》1937년 3월 17일.
24 〈향수계의 혁명〉,《동아일보》1937년 12월 17일.
25 채만식,《탁류》, 동아출판사, 1995, 41쪽.

26　채만식,《탁류》, 동아출판사, 1995, 41쪽.

27　나쓰메 소세키 지음, 송태욱 옮김,《산시로》, 현암사, 2014, 330쪽.

28　윤혜영,《《산시로》의 향기:〈헬리오트로프〉를 중심으로〉,《일본학보》73, 2007, 208쪽.

29　히라야마 노리아키 지음, 윤선해 옮김,《향의 과학》, 황소자리, 2021, 26쪽.

30　〈향수에 대한 지식(상)〉,《동아일보》1934년 7월 8일.

31　〈냄새의 예술화 향수 이야기, 향수만담〉,《조선일보》1936년 3월 5일.

32　〈소문만복: 국산품 애용시대〉,《동아일보》1930년 4월 12일.

33　"향수로 요사이에 제일 고급이라고 하는 것은 '샤넬'의 제오 번이 일백삼십 원으로 팔리고"〈향수 값은 안 올라〉,《조선일보》1837년 9월 28일.

34　〈제일 좋은 냄새〉,《경향신문》1954년 5월 24일.

35　이무영,〈계절의 풍속도 (90)〉,《동아일보》1959년 2월 4일.

36　〈나의 향수〉,《경향신문》1967년 10월 25일, 11월 13일.

37　현대 사회에 확산된 "placelessness"(무장소성/장소성 상실) 개념에 관해서는 다음 글을 참조. 에드워드 렐프 지음, 김덕현·김현주·심승희 옮김, "6장. 장소상실 무장소성",《장소와 장소상실》, 논형, 2005, 175~246쪽.

38　염상섭,〈너희들은 무엇을 얻었느냐 (43)〉,《동아일보》1923년 10월 9일.

39　방인근,〈마도의 향불 (62)〉,《동아일보》1933년 2월 5일.

40　염상섭,《삼대》, 문학과지성사, 2004, 355쪽.

41　김말봉,〈밀림 (131)〉,《동아일보》1936년 4월 13일.

42　〈유산자의 학생들아〉,《동아일보》1924년 10월 12일.

43　〈제일 좋은 냄새〉,《경향신문》1954년 5월 24일.

44 박계주, 〈장미와 태양 (158)〉, 《경향신문》 1960년 10월 3일.
45 김말봉, 〈밀림 (151)〉, 《동아일보》 1936년 5월 10일.
46 한상길, 《향료문화의 발달사》, 신광출판사, 2004, 286쪽.
47 한상길, 《향료문화의 발달사》, 신광출판사, 2004, 306쪽.
48 정비석, 《자유부인》, 고려원, 1985, 96~97쪽.
49 정비석, 《자유부인》, 고려원, 1985, 96~97쪽.
50 정비석, 《자유부인》, 고려원, 1985, 19쪽.

3. 작가의 코

1 이효석, 〈메밀꽃 필 무렵〉, 《이효석 단편선: 메밀꽃 필 무렵》, 문학과지성사, 2007, 211쪽.
2 이효석, 〈약령기〉, 《이효석 전집 1》, 창미사, 1983, 91쪽.
3 이상옥, 〈이효석의 일어 작품들〉, 《이효석 일본어 작품집: 은빛 송어》, 해토, 2005, 210~233쪽.
4 이효석, 〈들〉, 《이효석 단편선: 메밀꽃 필 무렵》, 문학과지성사, 2007, 168쪽.
5 이효석, 〈독백〉, 《이효석 단편 전집 1》, 가람기획, 2006, 366쪽.
6 이효석, 〈분녀〉, 《이효석 전집 1》, 창미사, 1983, 380쪽.
7 이효석, 〈석류〉, 《이효석 단편선: 메밀꽃 필 무렵》, 문학과지성사, 2007, 190쪽.
8 이효석, 〈석류〉, 《이효석 단편선: 메밀꽃 필 무렵》, 문학과지성사, 2007, 191쪽.
9 이효석, 〈석류〉, 《이효석 단편선: 메밀꽃 필 무렵》, 문학과지성사, 2007, 196쪽.

10 이효석, 〈장미 병들다〉, 《이효석 단편선: 메밀꽃 필 무렵》, 문학과지성사, 2007, 274쪽.
11 이효석, 〈장미 병들다〉, 《이효석 단편선: 메밀꽃 필 무렵》, 문학과지성사, 2007, 274쪽.
12 이효석, 〈산〉, 《이효석 단편선: 메밀꽃 필 무렵》, 문학과지성사, 2007, 159쪽.
13 이효석, 〈영라〉, 《이효석 전집 2》, 창미사, 1990, 257~258쪽.
14 이효석, 〈산〉, 《이효석 단편선: 메밀꽃 필 무렵》, 문학과지성사, 2007, 160쪽.
15 이효석, 〈낙엽을 태우면서〉, 《이효석 단편선: 메밀꽃 필 무렵》, 문학과지성사, 2007, 488쪽.
16 이효석, 〈낙엽기〉, 《이효석 전집 2》, 창미사, 1990, 128쪽.
17 이효석, 〈낙엽을 태우면서〉, 《이효석 단편선: 메밀꽃 필 무렵》, 문학과지성사, 2007, 488쪽.
18 이효석, 〈낙엽기〉, 《이효석 전집 2》, 창미사, 1990, 128쪽.
19 이효석, 〈성수부〉, 《신한국문학전집 11: 이효석 전집》, 어문각, 1983, 395~397쪽.
20 조익상, 〈크리스마스 담론과 표상 연구: 근대 문자매체를 중심으로〉, 연세대학교 석사학위 논문, 2013.
21 이효석, 〈녹음의 향기〉, 《이효석 전집 7》, 창미사, 1990, 282쪽.
22 이효석, 〈화분〉, 《이효석 전집 4》, 창미사, 1990, 209쪽.
23 이효석, 〈고요한 '동'의 밤〉, 《이효석 전집 7》, 1990, 113쪽.
24 이효석, 〈공상구락부〉, 《이효석 단편선: 메밀꽃 필 무렵》, 문학과지성사, 2007, 286~287쪽.
25 이효석, 〈성화〉, 《이효석 전집 3》, 창미사, 1990, 267쪽.

26 장 끌로드 엘레나 지음, 신주영 옮김, 《나는 향수로 글을 쓴다》, 여운, 2022, 9쪽.
27 알랭 코르뱅 지음, 이선민 옮김, 《풀의 향기》, 돌배나무, 2020, 15쪽.
28 이효석, 〈성화〉, 《이효석 전집 3》, 창미사, 1990, 267쪽.
29 이효석 지음, 김남극 엮음, 송태욱 옮김, 〈엉겅퀴의 장〉, 《이효석 일본어 작품집: 은빛 송어》, 해토, 2005, 110쪽.
30 백석 시 표기는 다음 판본을 따르기로 한다. 백석 지음, 고형진 엮음, 《정본 백석 시집》, 문학동네, 2020.
31 왕신영·심원섭·오오무라 마스오·윤인석 엮음, 《윤동주 자필 시고전집》, 민음사, 1999, 195~196쪽.
32 "모씨와 모씨 등은 이 시집 속에 글귀 글귀가 얼마나 아담하게 살려졌으며 신기하다는 데에 극력 칭찬을 하나 그것은 단순히 나열에 그치는 때가 많고 단조와 싫증을 면키 어렵다. 미숙한 나의 형용(形容)으로 말한다면 백석 씨의 회상시는 갖은 사투리와 옛이야기, 연중행사의 묵은 기억 등을 그것도 질서도 없이 그저 곳간에 볏섬 쌓듯이 그저 구겨 넣은 데에 지나지 않는 것이다." 오장환 지음, 김학동 엮음, 《오장환 전집》, 국학자료원, 2003, 550쪽.
33 정진경, 《후각의 시학》, 푸른사상, 2016, 342쪽.
34 정과리, 《한국 근대시의 묘상 연구》, 문학과지성사, 2023, 380~390쪽.
35 Vassilis Alexakis, *Le premier mot*, Paris: Stock, 2010, p.408.
36 임미진, 〈백석 시에 나타난 감각의 장소화〉, 《춘원연구학보》 8, 2015, 138쪽.
37 이 푸 투안 지음, 구동회·심승희 옮김, 《공간과 장소》, 대윤, 2007, 232쪽.
38 백석 시에 나온 음식의 맛과 종류에 관한 정리는 다음 책을 참조. 소래

섭,《백석의 맛: 시에 담긴 음식, 음식에 담긴 마음》, 프로네시스, 2009.
39 백석 지음, 고형진 엮음, 〈넘언집 범 같은 노큰마니〉,《정본 백석 시집》, 문학동네, 2020, 119~120쪽.
40 '내'와 '내음새' 어휘의 역사적 변천에 관해서는 다음 글을 참조. 이태영, 〈냄새의 어휘사〉,《한국언어문학》70, 2009, 5~12쪽.
41 백석 지음, 고형진 엮음,《정본 백석 시집》, 문학동네, 2020, 95쪽.
42 강조는 인용자. 백석 지음, 고형진 엮음, 〈고야〉,《정본 백석 시집》, 문학동네, 2020, 29~30쪽.
43 강조는 인용자. 백석 지음, 고형진 엮음, 〈여우난골족〉,《정본 백석 시집》, 문학동네, 2020, 23~24쪽.
44 백석 지음, 고형진 엮음, 〈통영(統營)〉,《정본 백석 시집》, 문학동네, 2020, 27쪽.
45 백석 지음, 고형진 엮음, 〈물닭의 소리: 야우소회〉,《정본 백석 시집》, 문학동네, 2020, 111~112쪽.
46 백석 지음, 고형진 엮음, 〈머루밤〉,《정본 백석 시집》, 문학동네, 2020, 51쪽.
47 백석 지음, 고형진 엮음, 〈물닭의 소리: 야우소회〉,《정본 백석 시집》, 문학동네, 2020, 111~112쪽.
48 강조는 인용자. 백석 지음, 고형진 엮음,《정본 백석 시집》, 문학동네, 2020, 152~153쪽.
49 오장환 지음, 김학동 엮음,《오장환 전집》, 국학자료원, 2003, 115~116쪽.
50 이효석, 〈내 고향의 심추-영서의 기억〉,《조광》2(11), 1936; 이효석,《이효석 전집 5》, 창미사, 1990, 126~127쪽.
51 1930년대 후반 백석의 조선 기행과 만주 이주 시기, 시 세계 변모에 관

해서는 다음 연구를 참조. 김나래, 〈백석 시에 나타난 주체의 자기 탐색 과정 연구〉, 연세대학교 석사학위 논문, 2018.

52　백석 지음, 고형진 엮음, 〈함주시초: 북관〉, 《정본 백석 시집》, 문학동네, 2020, 85쪽.

53　백석 지음, 고형진 엮음, 《정본 백석 시집》, 문학동네, 2020, 130쪽.

54　정과리, 《한국 근대시의 묘상 연구》, 문학과지성사, 2023, 386쪽.

55　"十三人의兒孩가道路로疾走하오." 이상 지음, 김주현 주해, 〈오감도〉, 《정본 이상 문학전집 1》, 소명출판, 2009, 82쪽.

56　김윤식 엮음, 〈날개〉, 《이상 문학전집 2》, 문학사상사, 1991, 344쪽.

57　알랭 코르뱅 지음, 이선민 옮김, 《풀의 향기》, 돌배나무, 2020.

58　"西를보아도 벌판, 南을보아도 벌판, 北을보아도 벌판, 아-이 벌판은 어쩌자고 이러케 限이업시 늘어노엿슬고?" 이상 지음, 김주현 주해, 〈권태〉, 《정본 이상 문학전집 3》, 소명출판, 2009, 106쪽.

59　"地球表面的의百分의九十九가 이 恐怖의草綠色이리라 그러타면 地球야말로 너무나 單調無味한 彩色이다 都會에는 草綠이 드믈다. 나는 처음 여기漂着하얏슬때 이 新鮮한草綠빗에 놀랏고 사랑하얏다. 그러나 닷새가못되어서 이 一望無際의草綠色은 造物主의 沒趣味와 神經의粗雜性으로말매암은 無味乾燥한 地球의餘白인것을發見하고 다시금놀라지안흘수업섯다." 이상 지음, 김주현 주해, 〈권태〉, 《정본 이상 문학전집 3》, 소명출판, 2009, 108쪽.

이상 작품 인용은 다음 저본에 따르되 가독성을 위해 일부 현대어로 변환했다. 이상 지음, 김주현 주해, 《정본 이상 문학전집 1-3》, 소명출판, 2009; 이승훈 엮음, 《이상 문학전집 1》, 문학사상사, 1993; 김윤식 엮음, 《이상 문학전집 2》, 문학사상사, 1991; 김윤식 엮음, 《이상 문학전집 3》, 문학사상사, 1993.

60 원문은 "香氣로운MJR의味覺"이다. 김주현은 'MJR'은 'MJB'의 오식으로 판단하고 있다. 이상 지음, 김주현 주해, 〈산촌여정〉, 《정본 이상 문학전집 3》, 소명출판, 2009, 42쪽.

61 "'리그레추웡껌' 내음새", 이상 지음, 김주현 주해, 〈산촌여정〉, 《정본 이상 문학전집 3》, 소명출판, 2009, 46쪽.

62 "세수비누에 한겹식 〈 解消되는 내都會의肉香", 이상 지음, 김주현 주해, 〈산촌여정〉, 《정본 이상 문학전집 3》, 소명출판, 2009, 46쪽.

63 이상과 보들레르의 문학 비교는 다음을 참조. 이경훈, 〈냄새 맡는 인간, 냄새 나는 텍스트〉, 《구보학보》 23, 2019, 173~231쪽.

64 "純白한 털은, 激烈한 貪慾 때문에 약간 더럽혀졌으므로, 오래된 솜을 생각게 하였다. 그리고 芳醇한 體臭를 코에서 發散하고 있었다. 코 가장자리의 柔軟한 얄팍한 筋肉은 끊임없이 씰룩씰룩 神經質로 씰룩거렸다. 그리고 步調는 더욱더욱 졸린 듯이, 돌맹이 냄새를 맡기도 하며, 나무 쪼각 냄새를 맡기도 하며, 복숭아 씨 냄새를 맡기도 하며, 마침내 아무것도 없는 地面 냄새를 맡기도 하면서, 연신 體重의 吐出口를 찾는 것 같다." 이상 지음, 김주현 주해, 〈어리석은 석반〉, 《정본 이상 문학전집 3》, 소명출판, 2009, 171쪽.

65 알랭 코르뱅 지음, 이선민 옮김, 《풀의 향기》, 돌배나무, 2020, 209~223쪽.

66 "여자는滿月을잘게잘게씹어서饗宴을베푼다. 사람들은그것을먹고돼지같이肥滿하는쵸콜레이트냄새를放散하는 것이다." 이상 지음, 김주현 주해, 〈홍행물천사〉, 《정본 이상 문학전집 1》, 소명출판, 2009, 54쪽.

67 "꼿이보이지안는다. 꼿이香기롭다. 香氣가滿開한다. 나는거기墓穴을판다. 墓穴도보이지안는다. 보이지안는墓穴속에나는들어안는다. 나는눕는다. 또꼿이香기롭다. 꼿은보이지안는다. 香氣가滿開한다. 나는이저버

리고再차거기墓穴을판다. 墓穴은보이지안는다. 보이지안는墓穴로나는 꽃을깜빡이저버리고들어간다. 나는정말눕는다. 아아. 꽃이또香기롭다. 보이지도안는꽃이―보이지도안는꽃이." 이상 지음, 김주현 주해, 〈절벽〉,《정본 이상 문학전집 1》, 소명출판, 2009, 111~112쪽.

68 "왕복엽서-없어진半-눈을감고아내의살에서허다한指紋내음새를맡았다." 김윤식 엮음, 〈지주회시〉,《이상 문학전집 2》, 문학사상사, 1991, 304쪽.

69 김윤식 엮음, 〈지주회시〉,《이상 문학전집 2》, 문학사상사, 1991, 305쪽.

70 "새금한지폐내음새", 김윤식 엮음, 〈지주회시〉,《이상 문학전집 2》, 문학사상사, 1991, 313쪽.

71 "요새금한내음새―요것때문에세상은가만있지못하고생사람을더러잡는다", 김윤식 엮음, 〈지주회시〉,《이상 문학전집 2》, 문학사상사, 1991, 313쪽.

72 김윤식 엮음, 〈지주회시〉,《이상 문학전집 2》, 문학사상사, 1991, 313쪽.

73 "어쩻든 이都市는 몹시 '깨솔링' 내가 나는구나!" 이상 지음, 김주현 주해, 〈동경〉,《정본 이상 문학전집 3》, 소명출판, 2009, 135쪽.

74 "우리같이 肺가 칠칠치 못한 人間은 위선 이都市에 살 資格이 없다. 입을 다물어도 벌려도 척 '깨솔링' 내가 浸透되어버렸으니 무슨 飮食이고 간 얼마간의 '깨솔링'맛을 免할수없다. 그렇면 東京市民의 體臭는 自動車와 비슷 해 가리로다. 이 '마루노우찌'라는 '뻴딩'洞里에는 '뻴딩'外에 住民이 없다. 自動車가 구두노릇을 한다. 徒步하는 사람이라고는 世紀末과 現代資本主義를 脾睨하는 거룩한 哲學人-그外에는 하다못해 自動車라도 신꼬 드나든다. 그런대 내가 어림없이 이洞里를 五分동안이나 걸었다. 그렇면 나도 賢明하게 '택시'를 잡아 타는수밖에-나는 '택시'속에서 二十世紀라는 題目을 硏究했다. 窓밖은 지금 宮城호리 곁-無數

한 自動車가 營營히 二十世紀를 維持하노라고 야단들이다. 十九世紀 쉬적지근한 내음새가 썩많이나는 내道德性은 어째서 져렇게 自動車가 많은가를 理解할수 없으니까 結局은 大端히 점잖은 것이렸다." 이상 지음, 김주현 주해, 〈동경〉, 《정본 이상 문학전집 3》, 소명출판, 2009, 135~136쪽.

75 이효석, 〈녹음의 향기〉, 《이효석전집7》, 창미사, 1990, 282쪽.
76 "'자동차의 쎄솔린냄새가 구수하단 사람두 잇드구만은……' '구수하진 안치만 그건 나두 실친안은데요." 염상섭, 〈해바라기〉, 《염상섭 전집 1》, 민음사, 1987, 141쪽.
77 이상 지음, 김주현 주해, 〈건축무한육면각체〉, 《정본 이상 문학전집 1》, 소명출판, 2009, 111~112쪽.
78 인용자가 현대어로 표기함. 김철 교주, 《바로잡은 『무정』》, 문학동네, 2003, 510쪽.
79 김철 교주, 《바로잡은 『무정』》, 문학동네, 2003, 586~587쪽.
80 이광수, 〈사랑〉, 《이광수 전집 6》, 우신사, 1979, 37쪽.
81 이광수, 〈사랑〉, 《이광수 전집 6》, 우신사, 1979, 38쪽.
82 이광수, 〈사랑〉, 《이광수 전집 6》, 우신사, 1979, 144쪽.
83 이광수, 〈사랑〉, 《이광수 전집 6》, 우신사, 1979, 152~154쪽.
84 A. S. 바위치 지음, 김홍표 옮김, 《냄새: 코가 뇌에게 전하는 말》, 세로, 2020, 48쪽.
85 이광수의 '문학'과 '동정'의 개념이 근대 문명의 번역어로서 재서술되는 담론적 지점은 다음의 글 참조. 황종연, 〈문학이라는 역어〉, 《동악어문논집》 32, 1997; 김성연, 〈한국 근대 문학과 동정의 계보〉, 연세대학교 석사학위 논문, 2002.
86 이태영, 〈냄새의 어휘사〉, 《한국언어문학》 70, 2009, 8쪽.

87　김동인,《김동인 단편 전집 1》, 가람기획, 2006, 251쪽.
88　김미연,《번역된 미래와 유토피아 다시 쓰기》, 소명출판, 2022, 497쪽.
89　김동인,《김동인 단편 전집 1》, 가람기획, 2006, 254~255쪽.
90　김동인,《김동인 단편 전집 1》, 가람기획, 2006, 260쪽.
91　김동인,《김동인 단편 전집 1》, 가람기획, 2006, 262쪽.
92　김동인,《김동인 단편 전집 1》, 가람기획, 2006, 264~265쪽.
93　김동인,《김동인 단편 전집 1》, 가람기획, 2006, 269쪽.
94　이철호, 〈해부(解剖)와 허언(虛言): 염상섭 소설과 근대 생명정치의 한 기원〉,《상허학보》56, 2019.
95　Ann Laura Stoler, "Colonial Aphasia: Race and Disabled Histories in France," *Public culture* 23(1), Duke University Press, 2011.
96　프란츠 파농 지음, 이석호 옮김,《검은 피부, 하얀 가면》, 인간사랑, 1998.
97　프란츠 파농 지음, 이석호 옮김,《검은 피부, 하얀 가면》, 인간사랑, 1998, 20쪽.
98　프란츠 파농 지음, 이석호 옮김,《검은 피부, 하얀 가면》, 인간사랑, 1998, 12쪽.
99　미셸 푸코 지음, 오생근 옮김,《감시와 처벌》, 나남, 2016; 미셸 푸코 지음, 오트르망 옮김,《안전, 영토, 인구》, 난장, 2011.
100　조르조 아감벤 지음, 김영훈 옮김,《벌거벗음》, 인간사랑, 2014, 79~144쪽.
101　카라 플라토니 지음, 박지선 옮김,《감각의 미래》, 흐름출판, 2017, 79쪽.
102　염상섭, 〈표본실의 청개구리〉,《염상섭 전집 9》, 민음사, 1987, 11~12쪽. 이하 인용 문구는 가독성을 위해 일부 표기를 현대어로 변환했다.
103　염상섭 지음, 김경수 엮음,《염상섭 중편선 만세전》, 문학과지성사, 2005, 118~119쪽.

104 조지 오웰 지음, 이한중 옮김,《위건 부두로 가는 길》, 한겨레출판, 2011, 172쪽.
105 프란츠 파농, 이석호 옮김,《검은 피부, 하얀 가면》, 인간사랑, 1998, 19쪽.
106 한기형,〈노블과 식민지〉,《저수하의 시간, 염상섭을 읽다》, 소명출판, 2014, 170쪽.
107 이혜령,〈식민자는 말해질 수 있는가: 염상섭 소설 속 식민자의 환유들〉,《대동문화연구》78, 2012, 333쪽.
108 "I found that I was an object in the midst of other object", 프란츠 파농, 이석호 옮김,《검은 피부, 하얀 가면》, 인간사랑, 1998, 109쪽 재인용.
109 이광수,《흙》, 문학과지성사, 2005, 70쪽.
110 조르조 아감벤 지음, 김영훈 옮김,《벌거벗음》, 인간사랑, 2014, 101쪽.
111 게오르그 짐멜 지음, 김덕영·윤미애 옮김,《짐멜의 모더니티 읽기》, 새물결, 2006, 173쪽.
112 게오르그 짐멜 지음, 김덕영·윤미애 옮김,《짐멜의 모더니티 읽기》, 새물결, 2006, 173쪽.
113 Alain Corbin, "Redefining the Intolerable," in *The Foul and the Fragrant: Odor and the French Social Imagination*, Harvard Press, 1986. pp.57~70.

4. 도시의 냄새

1 Victoria Henshaw, *Urban Smellscape, Routledge*, 2014, pp.64~65.
2 설혜심,《소비의 역사》, 휴머니스트, 2023, 78쪽.
3 미셸 푸코 지음, 오생근 옮김,《감시와 처벌》, 나남, 2016; 미셸 푸코 지

4 알랭 코르뱅 지음, 주나미 옮김,《악취와 향기》, 오롯, 2019, 94쪽.
5 〈위생사업〉,《독립신문》1899년 2월 7일.
6 〈호구 감한일〉,《독립신문》1999년 8월 10일.
7 최영주,〈서울 내음새〉,《별건곤》23, 1929, 37~39쪽.
8 최영주,〈서울 내음새〉,《별건곤》23, 1929.
9 이양숙,〈한국문학과 도시성〉,《국문학연구》30, 2014, 115쪽.
10 박태원,〈청춘송 (49)〉,《조선중앙일보》1935년 4월 17일.
11 지그문트 바우만 지음, 이일수 옮김,《액체근대》, 강, 2009; 지그문트 바우만 지음, 정일준 옮김,《쓰레기가 되는 삶들》, 새물결, 2008.
12 최일남,〈서울 사람들〉,《한국소설문학대계 41》, 동아출판사, 1995, 32쪽.
13 최일남,〈서울 사람들〉,《한국소설문학대계 41》, 동아출판사, 1995, 37쪽.
14 최일남,〈냄새〉,《누님의 겨울》, 정음사, 1984, 17쪽.
15 이와 관련한 시는 다음의 책을 참조. 정진경,《후각의 시학》, 푸른사상사, 2016.
16 심훈,《상록수》, 문학과지성사, 2005, 43쪽.
17 존 서덜랜드 지음, 차은정 옮김,《오웰의 코》, 민음사, 2020, 49쪽.
18 조지 오웰 지음, 김승욱 옮김,《카탈로니아 찬가》, 문예출판사, 2023.
19 〈여류소설가 강신재 씨「대표작전집」곧 출간〉,《동아일보》1974년 8월 27일.
20 〈주부일기: 알뜰살림과 기분전환의 재치〉,《조선일보》1983년 2월 22일.
21 박경리,〈내 마음은 호수 (260)〉,《조선일보》1960년 12월 22일.

22 설혜심,《소비의 역사》, 휴머니스트, 2023, 86쪽.
23 강신재,《젊은 느티나무》, 문학과지성사, 2007.
24 강신재,《젊은 느티나무》, 문학과지성사, 2007, 109쪽.
25 허윤,〈여성문학사라는 역설〉,《민족문학사연구》72, 2020, 205~229쪽.
26 설혜심,《소비의 역사》, 휴머니스트, 2023, 83쪽.
27 사회적 금기와 이야기의 욕망에 관하여는 다음의 글 참조. 정과리,《한국 근대시의 묘상 연구》, 문학과지성사, 2023, 415~416쪽.
28 백철,〈1월 작품 베스트의 순위: 인간 성선에의 신뢰〉,《동아일보》1960년 1월 28일.
29 권철근,〈'카라마조프 형제들'의 미각과 후각의 테마〉,《슬라브학보》26(4), 2011, 35쪽.
30 Alexander M. Martin, "Sewage and the City: Filth, Smell, and Representations of Urban Life in Moscow, 1770~1880," *The Russian Review* 67(2), 2008.
31 문순태,〈늙으신 어머니의 향기〉,《이상문학상 작품집 제28회》, 문학사상사, 2004.
32 박완서,〈나의 가장 나종 지니인 것〉,《대범한 밥상》, 문학동네, 2020, 311쪽.

5. 미래의 냄새: SF가 예견한 감각의 변화

1 '사변 소설'의 개념적 설명은 다음 책을 참조. 셰릴 빈트 지음, 전행선 옮김,《에스에프 에스프리》, arte, 2019, 128~161쪽.
2 다르코 수빈이 제시한 '인지적 소외'와 '노붐'의 개념적 설명은 다음 책을 참조. 셰릴 빈트 지음, 전행선 옮김,《에스에프 에스프리》, arte, 2019,

64~95쪽.

3　올더스 헉슬리 지음, 이덕형 옮김,《멋진 신세계》, 문예출판사, 1998, 210쪽.

4　올더스 헉슬리 지음, 이덕형 옮김,《멋진 신세계》, 문예출판사, 1998, 258쪽.

5　Christopher Tunener, "Cinematic Airs, The battle of the 'smellies'," *Cabinet Magazine* 64, 2017.

6　Aldous Huxley, *Music at Night*, Chatto & Windus, 1931.

7　송인갑,《후각 혁명》, 신아사, 2020, 347~348쪽.

8　후각 제공 기계와 극장의 결합에 관한 텍스트와 시각 자료는 다음의 글 참조. Christopher Tunener, "Cinematic Airs, The battle of the 'smellies'," *Cabinet Magazine* 64, 2017.

9　〈삼성, 1만 가지 향기 나는 TV 만든다〉,《아시아경제》2011년 6월 22일.

10　레이 브래드버리 지음, 장성주 옮김,《일러스트레이티드 맨》, 황금가지, 2010, 18쪽.

11　레이 브래드버리 지음, 장성주 옮김,《일러스트레이티드 맨》, 황금가지, 2010, 23쪽.

12　서구 SF에서 재현된 외계 존재의 계보와 특성에 관해서는 다음의 글 참조. 스티븐 샤비로 지음, 안호성 옮김,〈외계인처럼 생각하기〉,《탈인지》, 갈무리, 2022, 214~267쪽.

13　제임스 팁트리 주니어 지음, 신해경·이수현·황희선 옮김,《마지막으로 할 만한 멋진 일》, 아작, 2016.

14　테드 창 지음, 김상훈 옮김,《당신 인생의 이야기》, 엘리, 2020.

15　이마누엘 칸트 지음, 이재준 옮김,《아름다움과 숭고함의 감정에 관한 고찰》, 책세상, 2005, 15쪽.

16 김초엽, 〈숨그림자〉, 《방금 떠나온 세계》, 한겨레출판, 2021, 164쪽.
17 김초엽, 〈숨그림자〉, 《방금 떠나온 세계》, 한겨레출판, 2021, 166쪽.
18 김초엽, 〈숨그림자〉, 《방금 떠나온 세계》, 한겨레출판, 2021, 184쪽
19 이산화, 〈전쟁은 끝났어요〉, 《유토피아: 전쟁은 끝났어요》, 요다, 2019.

참고문헌

국내자료

강신재, 《젊은 느티나무》, 문학과지성사, 2021
게오르그 짐멜 지음, 김덕영·윤미애 옮김, 《짐멜의 모더니티 읽기》, 새물결, 2006
곽재식 외, 《유토피아: 전쟁은 끝났어요》, 요다, 2019
김동인, 《김동인 단편 전집 1》, 가람기획, 2006
김미연, 《번역된 미래와 유토피아 다시 쓰기》, 소명출판, 2022
김승태·박혜진 엮음, 《내한 선교사 총람》, 한국기독교역사연구소, 1994
김윤식 엮음, 《이상 문학전집 2》, 문학사상사, 1991
김윤식 엮음, 《이상 문학전집 3》, 문학사상사, 1993
김철 교주, 《바로잡은 『무정』》, 문학동네, 2003
김초엽, 《방금 떠나온 세계》, 한겨레출판, 2021
김현미, 《글로벌 시대의 문화번역》, 또 하나의 문화, 2005
김훈 외, 《이상문학상 작품집 제28회》, 문학사상사, 2004
나쓰메 소세키 지음, 송태욱 옮김, 《산시로》, 현암사, 2014

나카무라 유지로 지음, 고동호·양일보 옮김,《공통 감각론》, 민음사, 2003

레이 브래드버리 지음, 장성주 옮김,《일러스트레이티드 맨》, 황금가지, 2010

로제타 홀 지음, 김현수·강현희 옮김, 양화진문화원 엮음,《로제타 홀 일기 1》, 홍성사, 2015

로제타 홀 지음, 김현수·문선희 옮김, 양화진문화원 엮음,《로제타 홀 일기 5》, 홍성사, 2017

릴리어스 호톤 언더우드 지음, 김철 옮김,《언더우드 부인의 조선 생활》, 뿌리깊은나무, 1984

미네르바 구타펠 지음, 이형식 옮김,《조선의 소녀 옥분이》, 살림출판사, 2008

미셸 푸코 지음, 오생근 옮김,《감시와 처벌》, 나남, 2016

미셸 푸코 지음, 이규현 옮김,《성의 역사》, 나남, 2010

미셸 푸코 지음, 오트르망 옮김,《안전, 영토, 인구》, 난장, 2011

박승천,《한국의 제비꽃》, 함께가는길, 2012

박완서,《대범한 밥상》, 문학동네, 2020

발터 벤야민 지음, 반성완 옮김,《발터 벤야민의 문예이론》, 민음사, 2005

백석 지음, 고형진 엮음,《정본 백석 시집》, 문학동네, 2007

베티나 파우제·셜리 미하엘라 세울 지음, 이은미 옮김,《냄새의 심리학》, 북라이프, 2021

설혜심,《소비의 역사》, 휴머니스트, 2023

셀리아 리틀턴 지음, 도희진 옮김,《향기 탐색》, 뮤진트리, 2021

셰릴 빈트 지음, 전행선 옮김,《에스에프 에스프리》, arte, 2019

소래섭,《백석의 맛: 시에 담긴 음식, 음식에 담긴 마음》, 프로네시스, 2009

송인갑,《후각 혁명》, 신아사, 2020

스티븐 샤비로 지음, 안호성 옮김, 〈외계인처럼 생각하기〉,《탈인지》, 갈무리, 2022

심훈, 《상록수》, 문학과지성사, 2005

쓰보이 히데토 지음, 박광현 외 옮김, 《감각의 근대》, 어문학사, 2018

알랭 코르뱅 지음, 주나미 옮김, 《악취와 향기》, 오롯, 2019

알랭 코르뱅 지음, 이선민 옮김, 《풀의 향기》, 돌배나무, 2020

애니 로리 아담스 베어드 지음, 성신형·문시영 옮김, 오지석 해제, 《개화기 조선 선교사의 삶》, 선인, 2019

애니 로리 아담스 베어드 지음, 유정순 옮김, 《따라 따라 예수 따라가네》, 디모데, 2007

양해주, 《향 용어사전》, 남양문화, 2022

에드워드 렐프 지음, 김덕현·김현주·심승희 옮김, 《장소와 장소상실》, 논형, 2005

에드워드 사이드 지음, 박홍규 옮김, 《오리엔탈리즘》, 교보문고, 2007

염상섭, 《삼대》, 문학과지성사, 2004

염상섭, 《염상섭 전집 1》, 민음사, 1987

염상섭, 《염상섭 전집 9》, 민음사, 1987

염상섭 지음, 김경수 엮음, 《염상섭 중편선 만세전》, 문학과지성사, 2005

오장환 지음, 김학동 엮음, 《오장환 전집》, 국학자료원, 2003

올더스 헉슬리 지음, 이덕형 옮김, 《멋진 신세계》, 문예출판사, 1998

왕신영·심원섭·오오무라 마스오·윤인석 엮음, 《윤동주 자필 시고전집》, 민음사, 1999

윤미애, 《발터 벤야민과 도시산책자의 사유》, 문학동네, 2020

이광수, 《이광수 전집 6》, 우신사, 1979

이광수, 《흙》, 문학과지성사, 2005

이마누엘 칸트 지음, 이재준 옮김, 《아름다움과 숭고함의 감정에 관한 고찰》, 책세상, 2005

이상 지음, 김주현 주해, 《정본 이상 문학전집 1-3》, 소명출판, 2009
이승훈 엮음, 《이상 문학전집 1》, 문학사상사, 1993
이윤석, 《남원고사 원전 비평》, 보고사, 2009
이 푸 투안 지음, 구동회·심승희 옮김, 《공간과 장소》, 대윤, 2007
이효석, 《신한국문학전집 11: 이효석 전집》, 어문각, 1983
이효석, 《이효석 단편선: 메밀꽃 필 무렵》, 문학과지성사, 2007
이효석, 《이효석 단편 전집 1》, 가람기획, 2006
이효석 지음, 김남극 엮음, 송태욱 옮김, 《이효석 일본어 작품집: 은빛 송어》, 해토, 2005
이효석, 《이효석 전집 1》, 창미사, 1983
이효석, 《이효석 전집 2》, 창미사, 1990
이효석, 《이효석 전집 3》, 창미사, 1990
이효석, 《이효석 전집 4》, 창미사, 1990
이효석, 《이효석 전집 5》, 창미사, 1990
이효석, 《이효석 전집 7》, 창미사, 1990
장 끌로드 엘레나 지음, 신주영 옮김, 《나는 향수로 글을 쓴다》, 여운, 2022
정과리, 《한국 근대시의 묘상 연구》, 문학과지성사, 2023
정비석, 《자유부인》, 고려원, 1985
정진경, 《후각의 시학》, 푸른사상사, 2016
제이콥 로버트 무스 지음, 문무홍 외 옮김, 《1900, 조선에 살다》, 푸른역사, 2008
제임스 S. 게일 지음, 신복룡 역주, 《전환기의 조선》, 집문당, 1999
제임스 S. 게일 지음, 최재형 옮김, 《조선, 그 마지막 10년의 기록: 1888~1897》, 책비, 2018
제임스 팁트리 주니어 지음, 신해경·이수현·황희선 옮김, 《마지막으로 할

만한 멋진 일》, 아작, 2016

조르조 아감벤 지음, 김영훈 옮김,《벌거벗음》, 인간사랑, 2014

조지 오웰 지음, 이한중 옮김,《위건 부두로 가는 길》, 한겨레출판, 2011

조지 오웰 지음, 김승욱 옮김,《카탈로니아 찬가》, 문예출판사, 2023

존 서덜랜드 지음, 차은정 옮김,《오웰의 코》, 민음사, 2020

지그문트 바우만 지음, 정일준 옮김,《쓰레기가 되는 삶들》, 새물결, 2008

지그문트 바우만 지음, 이일수 옮김,《액체근대》, 강, 2009

채만식,《탁류》, 동아출판사, 1995

최민아,《눈 감고, 도시》, 효형출판, 2019

최일남,《누님의 겨울》, 정음사, 1984

최일남,《한국소설문학대계 41》, 동아출판사, 1995

카라 플라토니 지음, 박지선 옮김,《감각의 미래》, 흐름출판, 2017

콘스탄스 클라센·데이비드 하위즈·앤소니 시노트 지음, 김진옥 옮김,
《아로마: 냄새의 문화사》, 현실문화연구, 2002

테드 창 지음, 김상훈 옮김,《당신 인생의 이야기》, 엘리, 2020

프란츠 파농 지음, 이석호 옮김,《검은 피부, 하얀 가면》, 인간사랑, 1998

플로렌스 J. 머레이 지음, 김동열 옮김,《내가 사랑한 조선》, 두란노서원, 2009

피에르 라즐로 지음, 김성희 옮김,《냄새란 무엇인가?》, 황금가지, 2006

한기형·이혜령 엮음,《저수하의 시간, 염상섭을 읽다》, 소명출판, 2014

한상길,《향료문화의 발달사》, 신광출판사, 2004

히라야마 노리아키 지음, 윤선해 옮김,《향의 과학》, 황소자리, 2021

A. S. 바위치 지음, 김홍표 옮김,《냄새: 코가 뇌에게 전하는 말》, 세로, 2020

H. B. 헐버트 지음, 신복룡 역주,《대한제국멸망사》, 집문당, 2019

J. H. 웰스 지음,《위생》, 대한예수교서회, 1907

권철근, 〈'카라마조프 형제들'의 미각과 후각의 테마〉,《슬라브학보》26(4), 2011
김나래, 〈백석 시에 나타난 주체의 자기 탐색 과정 연구〉, 연세대학교 석사학위 논문, 2018
김성연, 〈근대 초기 선교사 기록에 담긴 후각 감각을 통해 본 문화번역의 가능성〉,《인문과학》124, 2022
김성연, 〈근대 초기 선교사 부인의 저술 활동과 번역가로서의 정체성〉,《현대문학의 연구》55, 2015
김성연, 〈근대의 기적 서사〈헬렌 켈러 자서전〉의 식민지 조선 수용〉,《사이》13, 2012
김성연, 〈미래의 냄새, SF가 선도하는 감각의 변화〉,《마니에르 드 부아르》12, 2023
김성연, 〈식민지 시기 기독교 출판과 책의 유통: 조선예수교서회를 중심으로〉,《사이》18, 2015
김성연, 〈식민지 조선 지식인의 자기 신경 절연과 감각의 회복: 식민지 소설에서 후각 주체의 부상이 갖는 의미〉,《구보학보》23, 2019
김성연, 〈취향과 감각의 근대성: 후각의 의미, 콩디야크 조각상에게 묻다〉,《문화과학》99, 2019
김성연, 〈한국 근대 문학과 동정의 계보〉, 연세대학교 석사학위 논문, 2002
김익진, 〈2차 대각성 운동과 그리스도교회 환원운동〉,《복음과 교회》11, 2001
유인선, 〈기본 미각어와 후각어 의미 연구〉,《우리말연구》44, 2016
윤혜영, 《《산시로》의 향기:〈헬리오트로프〉를 중심으로〉,《일본학보》73, 2007
이경훈, 〈냄새 맡는 인간, 냄새 나는 텍스트〉,《구보학보》23, 2019
이양숙, 〈한국문학과 도시성〉,《국문학연구》30, 2014

이철호, 〈해부(解剖)와 허언(虛言): 염상섭 소설과 근대 생명정치의 한 기원〉,
　　《상허학보》 56, 2019
이태영, 〈냄새의 어휘사〉,《한국언어문학》 70, 2009
이혜령, 〈식민자는 말해질 수 있는가: 염상섭 소설 속 식민자의 환유들〉,
　　《대동문화연구》 78, 2012
임미진, 〈백석 시에 나타난 감각의 장소화〉,《춘원연구학보》 8, 2015
조익상, 〈크리스마스 담론과 표상 연구 : 근대 문자매체를 중심으로〉,
　　연세대학교 석사학위 논문, 2013
주혜림, 〈타자에 의하여 감각된 조선〉,《언어사실과 관점》 50, 2020
하수민, 〈고려시대 동아시아 훈의 문화와 향재의 교역 연구〉,《문화재》 88,
　　2020
허윤, 〈여성문학사라는 역설〉,《민족문학사연구》 72, 2020
황종연, 〈문학이라는 역어〉,《동악어문논집》 32, 1997

해외자료

Alain Corbin, *The Foul and the Fragrant: Odor and the French Social Imagination*, Harvard Press, 1986

Aldous Huxley, *Music at Night*, Chatto & Windus, 1931

Salomon Kroonenberg, *Why Hell Stinks of Sulfur*, University of Chicago Press, 2013

Vassilis Alexakis, *Le premier mot*, Paris: Stock, 2010

Victoria Henshaw, *Urban Smellscape*, New York & London, Routledge, 2014

Alexander M. Martin, "Sewage and the City: Filth, Smell, and Representations of Urban Life in Moscow, 1770~1880," *The Russian Review* 67(2), 2008

Ann Laura Stoler, "Colonial Aphasia: Race and Disabled Histories in France," *Public culture* 23(1), Duke University Press, 2011

Chizuru Saeki, "Helen Keller's Civil Diplomacy in Japan in 1937 and 1948," *Japan Review* 27, 2014

Christopher Tunener, "Cinematic Airs, The battle of the "smellies"," *Cabinet Magazine* 64, 2017

Mochizuki Chikako, "The Impact of Iwahashi Takeo and Helen Keller on Japanese Society," Funded by a grant from the Scientific Research Program the Japan Society for the Promotion of Science, 2009

岩橋武夫,《ヘレン・ケラーと青い鳥》, 主婦之友社, 1948

기타

《경향신문》
《독립신문》
《동아일보》
《매일신보》
《별건곤》
《사상계》
《아시아경제》
《조광》
《조선일보》

《조선중앙일보》

참고사이트

한국고전종합DB

동양고전종합DB

서울역사아카이브DB

헬렌켈러아카이브

https://sensorymaps.com/?projects=hospital-corridor-smellscape

https://www.cabinetmagazine.org/issues/64/turner.php